享受课堂丛书

XIANGSHOU KETANG CONGSHU

张齐华/著

审视课堂

张齐华与小学数学文化

图书在版编目(CIP)数据

审视课堂——张齐华与小学数学文化/张齐华著. —北京：北京师范大学出版社，2010.6(2022.12重印)
(享受课堂丛书)
ISBN 978-7-303-10660-8

Ⅰ. ①审… Ⅱ. ①张… Ⅲ. ①数学课-课堂教学-教学研究-小学 Ⅳ. ①G623.502

中国版本图书馆CIP数据核字(2009)第212912号

图书意见反馈：gaozhifk@bnupg.com 010-58805079
营销中心电话：010-58802755 58800035
北师大出版社教师教育分社微信公众号 京师教师教育

出版发行：北京师范大学出版社 www.bnupg.com
北京市西城区新街口外大街12-3号
邮政编码：100088
印　　刷：天津中印联印务有限公司
经　　销：全国新华书店
开　　本：730 mm×980 mm 1/16
印　　张：18.25
字　　数：268千字
版　　次：2010年6月第1版
印　　次：2022年12月第11次印刷
定　　价：55.00元

策划编辑：倪　花　　　责任编辑：李　志
美术编辑：毛　佳　　　装帧设计：艾博堂文化
责任校对：李　菡　　　责任印制：马　洁

序

他徜徉在数学教学的艺术王国

张兴华(著名特级教师)

从最初课堂上蹒跚学步的“丑小鸭”，到如今众多数学教师心目中追随的“数学王子”，我见证了张齐华的成长过程。有人惊叹于他教学技艺的高速攀升，有人折服于他对数学课堂的深刻见解，亦有人陶醉于他对数学课堂的诗化演绎，而我却亲眼目睹了他——一位平凡而朴素的年轻人，因为热爱、执著和超越，在小学数学教学的艺术王国里演绎精彩自我的真实历程。

深刻的独特：教学艺术的内在生命

“不重复别人，更不重复自己。”这是张齐华的座右铭，更是他每一堂课留给大家的真实写照。有人说，张齐华课堂的这份独特源自于他过人的语言功底，我以为这话至少说对了一半。数学是一门理性十足的学科，数学语言本身的准确、概括、凝练自然制约着数学教学语言的风格。然而，从小喜好文学，博览群书，对朗诵、表演等又颇为爱好的他，无形中成就了那种既有数学教师的准确、凝练，又有语文教师的激情、诗意的教学语言，加上在课堂上快捷的反应与准确的判断，又使其教学语言多了一份特有的敏锐与智慧。至今，我们都能清晰地记起，《圆的认识》一课，那段诗意盎然的课堂结语，《轴对称图形》一课，那段妙语连珠的师生对话以及更多的课堂上，那用无数个浑然天成的语言细节连缀起的华彩的教学乐章。教学首先是一门语言的艺术，是一门借助于外部语言实现内在心灵沟通的艺术。独特而风格化的教学语言，恰恰构成了他数学教学艺术的第一张名片。

当然，张齐华课堂的那份独特，绝不仅仅源自于他风格化的教学语言。一旦进入到他课堂的“内里”，教学目标的多元、课堂立意的深远、教学结构的精巧、课堂进程的丰富，则又构成了他数学教学艺术的另一张独特名片。

"听张齐华上课，你很难预料到他下一个环节可能会做什么。"这种对课堂莫大的心理期待，既吸引着听课教师，更拨弄着每一位学生对数学学习的好奇与向往。在《圆的认识》一课上，从水面上漾起的层层涟漪，到阳光下绽放的向日葵，从光线折射后形成的美妙光环，到用特殊仪器拍摄到的电磁波、雷达波、月球上的环形山，进而再到建筑、美学、民俗、艺术等各个领域，"圆"这一抽象的平面图形以一种瑰丽的姿态走进了孩子们的视野，并悄悄改变着他们对数学抽象面孔的最初印象。《分数的初步认识》一课，当张齐华呈现出他一周岁和成人后的两张照片，进而探讨"不同年龄阶段，人的头长占身高的几分之一"时，所有人倍感惊讶后，都会心地笑了；结束新课前，他为孩子们播放的那则"多美滋奶粉"的广告，则让大家又一次品读出了其匠心独运的教学智慧。有人慨叹："哪有这么巧，这则广告简直就是为这节课量身定做的!"可是，又有谁知道，为了设计好这则教学结尾，让孩子们真切体验到"分数对于生活不可或缺的意义"，他翻遍了多少资料、开展了多少教学调查！顿悟源自于持续思考与强烈关注。可以说，正是这份"不重复别人，更不重复自己"的自我约束，成就了其教学的内在独特。

然而，如果这种独特仅仅源自于"为创新而创新"的话，其又未免失之于标新立异。在张齐华的思想深处，他对独特有着更深刻的体悟。《认识整万数》一课，张齐华为每个学生准备了一个简易的"四位计数器"。为了拨出像30000这样的整万数，已有的计数器数位不够了，怎么办？有学生在千位后添了一个数位万位，问题迎刃而解；更有学生灵机一动，同桌合作将两个计算器"拼"在一起，"四位计数器"一下成了"八位计数器"……至此，所有听课教师恍然大悟。原来，这一"拼"不只是解决了数位不够需要添加的问题，"4＋4"的"拼合"过程，恰恰暗合了我国计数方法中"四位一级"的规则，并为学生深刻理解这一新的计数规则奠定了坚实的基础。在这里，新颖的教学设计因为有了教师对教学内容本身的深刻理解做支撑，而获得了更加丰富的内涵。

专业的自觉：教学艺术的源泉

有人说，张齐华的课堂很特别，他的教学艺术是由他个人的内在气质、个性和风格所决定的。我以为，这同样只说对了一半。个人既有的教学风格、气质固然是影响一个人形成独特教学艺术的重要因素，但与此同时，教师是否拥有相当的专业自觉，比如，能否在对自我教学特质做出清晰把握与深刻洞察的基础上，结合自身的教学特点，确立个性化的教学主张与见解，进而以此为基础，构建出属于自己独有的教学哲学，则是教师形成教学艺术的更深层次的原因。张齐华虽然年轻，但他却以过人的专业自觉，凭着对数学教学的敏锐洞察与深刻理解，从理论与实践层面搭建出了“文化数学”这一崭新的教学平台。

在张齐华看来，数学不只是数学知识、方法、过程的简单堆砌与叠加，数学教学也不仅仅是数学知识、技能和方法的机械传递与搬运。作为基础教育乃至高等教育中必修的一门课程，它拥有其他学科所无法替代的特有的教育与文化价值，比如理性精神的滋养，或者数学思想方法的培育，等等。数学就是一种文化，这种“作为文化的数学”一旦进入课程，尤其是教学视野，势必会呈现出一般课堂所不具有的文化气质，它既可能表现在对数学内容的理解和组织上，也可能表现在对儿童数学需要的把握上，更多的还表现在对具体教学策略的选择与运作上。有人说，张齐华的数学课有一种淡淡的“文化味”，大抵就是指这层意思。

不妨还是回到《圆的认识》一课。众所周知，“在所有平面图形中，圆是最美的!”这已经成为大家的共识。可是，如何引导学生去感受圆这一平面图形的美，进而获得真切的审美体验？课堂上，张齐华设计的几个问题耐人回味：“和其他直线图形相比，你觉得圆美在哪里?”(圆由曲线围成)“可是，不规则的曲线图形或者椭圆也是由曲线围成的呀，和它们相比，圆又有什么特别之处?”(圆看起来更光滑、匀称)“除了外表光滑、匀称以外，还有没有什么内在的原因，让圆成为最美的平面图形?”“所有的半径都相等，这与圆的美有什么重要的关联吗?”(事实上，正因为半径处处相等，才使得圆具备了一种无限对称的和谐结构，美因此而生)一连串的问题，看似都在探寻“圆为什么最美”，但探究的最终结果却指向了圆的内在特征，以及由这些特征所构成的圆的和谐结构。至此，数学知识的习得、数学方法的渗透、数学美的体验，三者有机融合为一体，共同构筑起了这节具有浓郁文化气质的数学课。

此外，张齐华始终坚持，具有文化诉求的数学课堂并不排斥具体的数学知识或方法，相反，数学课程的文化价值和意义正是依托于具体数学知识、方法的学习而得以实现的。知识和方法是载体，是数学的文化价值赖以彰显、实现的母体和根系。在他看来，只有让知识的学习伴随着丰富的数学思考，让方法的渗透伴随着理性精神的培育，这样的数学课堂才是真正具有文化意蕴的，而他的教学艺术的精髓也正在于此。

目　录

课堂打磨篇

理念探索篇

技艺解读篇

课堂打磨篇

Ketang Damo Pian

《圆的认识》从华丽繁复到质朴简约，从《交换律》的艰难深涩到《平均数》的柔和圆润……事实上，通向数学文化的道路并不平坦，甚至充满坎坷和艰辛。然而，正因为有过困顿与失望，有过迂回与曲折，有过彷徨与犹豫，蓦然回首后所获得的那些并不成熟、甚至还很稚嫩的体会，才显得如此弥足珍贵，值得回味。

由外向内的一次华丽转向，以《圆的认识》教学为例

《圆的认识》教学实录与反思

（本课获江苏省小学数学优质课评比一等奖）

［现场］

［一］

师：对于圆，同学们一定不会感到陌生吧？（是）生活中，你们在哪儿见到过圆形？

生：钟面上有圆。

生：轮胎上有圆。

生：有些纽扣也是圆的。

……

师：今天，老师也给大家带来一些。见过平静的水面吗，（见过）如果我们从上面往下丢进一颗小石子（播放动态的水纹，并配以石子入水的声音），你发现了什么？

生：（激动地）水纹、水纹、圆……（声音此起彼伏）

师：其实这样的现象在大自然中随处可见，让我们一起来看看。（伴随着优美的音乐，阳光下绽放的向日葵、花丛中五颜六色的鲜花、光折射后形成的美妙光环、用特殊仪器拍摄到的电磁波、雷达波、月球上的环形山等画面一一展现在学生的眼前，见图1）从这些现象中，你同样找到圆了吗？

图 1

生：(惊异地，感叹地)找到了。

师：有人说，因为有了圆，我们的世界才变得如此美妙而神奇。今天这节课，就让我们一起走进圆的世界，去探寻其中的奥秘，好吗？

生：(激动地)好！

[二]

师：俗话说，“没有规矩，不成方圆”。意思是说，如果没有圆规，是——

生：画不出圆的。

师：同学们都准备了一把圆规，你能试着用它在白纸上画出一个圆吗？

生：能。

(学生尝试用圆规画圆，交流，明确圆规画圆的基本方法。)

师：可要是真没有了圆规，比如在圆规发明之前，我们就真画不出一个圆了吗？

生：不可能。

师：今天，每个小组还准备了很多其他的材料。你能利用这些材料，试着画出一个圆吗？

生：能。

(学生以小组为单位，利用手中的工具和材料画圆。)

师：张老师发现，每个小组都有了各自精彩的创造。让我们一起来分享。

生：我们组将圆形的瓶盖按在白纸上，沿着瓶盖的外框画了一个圆。

师：那叫“拷贝不走样”。(生笑)

生：我们手中的三角板中就有一个圆形窟窿，利用它，很方便地画出了一个圆。

师：真可谓就地取材，挺好！(笑)

生：我们组在绳子的一端系一支铅笔，另一端固定在白纸上，绳子绷紧，将铅笔绕一圈，也画出了一个圆。

师：看得出，你们组的创作已经初步具备了圆规的雏形。

生：我们组在绳子的一端系上一块橡皮，抓住绳子的另一端一甩，也同样出现了一个圆。

师：尽管这一方法没有能在白纸上最终“画”出一个圆，但他们的创造仍然是十分美妙的，不是吗？（生热烈鼓掌）

师：可是，既然不用圆规，我们依然创造出了这么多画圆的方法，那么俗语中为什么还会有“没有规矩，不成方圆”的说法呢？

生：我想，大概是古时候的人们没想到这些方法吧？（生笑）

生：我觉得不是这样，因为，或许一开始，“没有规矩，不成方圆”指的是没有圆规和“矩”画不出圆和方，但是流传到后来，它的意思已经发生了改变，不再仅仅指原来的意思了，而是指很多事情，必须要讲究规矩，遵循章法。（不少同学投以赞许的目光）

师：真没想到，一条普通的数学规律，经过千年流传，竟逐渐成为我们生活中一条重要的人生准则。当然，同学们能够利用各自的智慧，成功演绎“没有规矩，仍成方圆”，足以说明大家不凡的创造力了。

［三］

（通过自学，学生认识完半径、直径、圆心等概念后。）

师：学到现在，关于圆，该有的知识我们也探讨得差不多了。那你们觉得还有没有什么值得我们再深入地去研究？

生：有。（自信地）

师：说得好，其实不说别的，就圆心、直径、半径，还蕴藏着许多丰富的规律呢，同学们想不想自己动手来研究研究？（想）同学们手中都有圆片、直尺、圆规等，这就是咱们的研究工具。待会儿就请同学们动手折一折、量一量、比一比、画一画，相信大家一定会有新的发现。两点小小的建议：第一，研究过程中，别忘了把你们组的结论，哪怕是任何细小的发现都记录在学习纸上，到时候一起来交流；第二，实在没啥研究了，别急，老师还为每一小组准备一份研究提示，到时候打开看看，或许对大家的研究会有所帮助。

（随后，伴随着优美的音乐，学生们以小组为单位，展开研究，并将研究的成果记录在教师提供的“研究发现单”上，并在小组内先进行交流。）

师：光顾着研究也不行，我们还得善于将自己的发现和大家一起交流、一起分享，你们说是吗？(是)很多小组都向老师推荐了他们刚才的研究发现，老师从中选择了一部分。下面，就让我们一起来分享大家的发现吧！

生：我们小组发现圆有无数条半径。

师：能说说你们是怎么发现的吗？

生：我们组是通过对折发现的。把一个圆先对折，再对折、对折，这样一直对折下去，展开后就会发现圆上有许许多多的半径。

生：我们组是通过画得出这一发现的。只要你不停地画，你会在圆里画出无数条半径。

生：我们组没有折，也没有画，而是直接想出来的。

师：噢？能具体说说吗？

生：因为连接圆心和圆上任意一点的线段叫做圆的半径，而圆上有无数个点(边讲边用手在圆片上指)，所以这样的线段也有无数条，这不正好说明半径有无数条吗？

师：看来，各个小组用不同的方法，都得出了同样的发现。至少直径有无数条，还需不需要再说说理由了？

生：不需要了，因为道理是一样的。

师：关于半径或直径，还有哪些新发现？

生：我们小组还发现，所有的半径或直径长度分别都相等。

师：能说说你们的想法吗？

生：我们组是通过量发现的。先在圆里任意画出几条半径，再量一量，结果发现它们的长度都相等，直径也是这样。

生：我们组是折的。将一个圆连续对折，就会发现所有的半径都重合在一起，这就说明所有的半径都相等。直径长度相等，道理应该是一样的。

生：我认为，既然圆心在圆的正中间，那么圆心到圆上任意一点的距离应该都相等，而这同样也说明了半径处处都相等。

生：关于这一发现，我有一点补充。因为不同的圆，半径其实是不一样长的。所以应该加上“在同一圆内”，这一发现才准确。

师：大家觉得他的这一补充怎么样？

生：有道理。

师：看来，只有大家互相交流、相互补充，我们才能使自己的发现更加准确、更加完善。还有什么新的发现吗？

生： 我们小组通过研究还发现，在同一个圆里，直径的长度是半径的两倍。

师： 你们是怎么发现的？

生： 我们是动手量出来的。

生： 我们是动手折出来的。

生： 我们还可以根据半径和直径的意义来想，既然叫"半径"，自然应该是直径长度的一半喽……

师： 看来，大家的想象力还真丰富。

生： 我们组还发现圆的大小和它的半径有关，半径越长，圆就越大，半径越短，圆就越小。

师： 圆的大小和它的半径有关，那它的位置和什么有关呢？

生： 应该和圆心有关，圆心定哪儿，圆的位置就在哪儿了。

生： 我们组还发现，圆是世界上最美的图形。

师： 能说说你们是怎样想的吗？

生： 生活中，我们到处都能找到圆。如果没有了圆，我们生活的世界一定会缺乏生机。

生： 我们生活的世界需要圆，如果没有了圆，车子就没法自由地行驶……

师： 当然，老师相信，同学们手中一定还有更多精彩的发现，没来得及展示。没关系，那就请大家下课后将刚才的发现剪下来，贴到教室后面的数学角上，让全班同学一起来交流，一起来分享，好吗？

生： 好。

［四］

师： 其实，早在两千多年前，我国古代就有了关于圆的精确记载。墨子在他的著作中这样描述道："圆，一中同长也。"所谓一中，就是指一个——

生： 圆心。

师： 那同长又指什么呢？大胆猜猜看。

生： 半径一样长。

生： 直径一样长。

师： 这一发现和刚才大家的发现怎么样？

生： 完全一致。

师： 更何况，我国古代这一发现要比西方整整早一千多年。听到这里，同学们感觉如何？

生： 特别自豪。

生： 特别骄傲。

生： 我觉得我国古代的人民非常有智慧。

师： 其实，我国古代关于圆的研究和记载还远不止这些。老师这儿还收集到一份资料，《周髀算经》中有这样一个记载，说"圆出于方，方出于矩"，所谓圆出于方，就是说最初的圆形并不是用现在的这种圆规画出来的，而是由正方形不断地切割而来的(动画演示：方向圆的渐变过程，如图 2)。现在，如果告诉你正方形的边长是 6 厘米，你能获得关于圆的哪些信息？

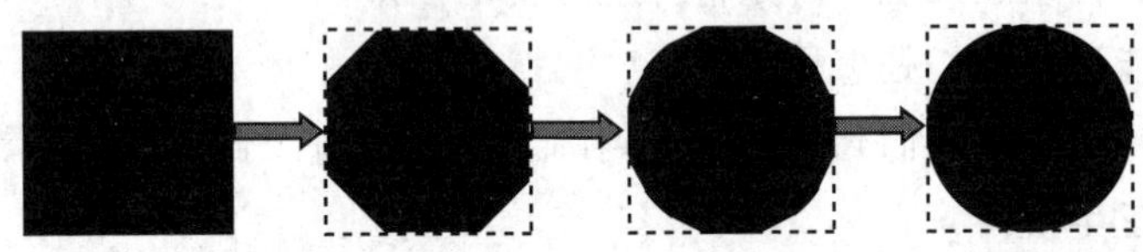

图 2

生： 圆的直径是 6 厘米。

生： 圆的半径是 3 厘米。

师： 说起中国古代的圆，下面的这幅图案还真得介绍给大家(出示图 3)，认识吗？

生： 阴阳太极图。

师： 想知道这幅图是怎么构成的吗？(想)原来它是用一个大圆和两个同样大的小圆组合而成的(出示图 4)。现在，如果告诉你小圆的半径是 3 厘米，你又能知道什么呢？

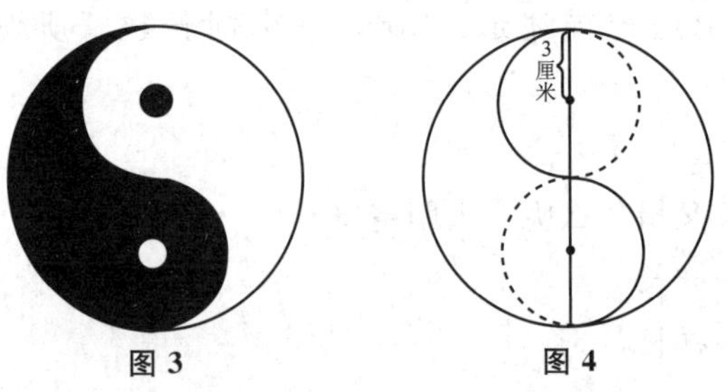

图 3　　**图 4**

生：小圆的直径是 6 厘米。

生：大圆的半径是 6 厘米。

生：大圆的直径是 12 厘米。

生：小圆的直径相当于大圆的半径。

……

师：看来，只要我们善于观察，善于联系，我们还能获得更多有用的信息。现在让我们重新回到现实生活中来。平静的水面丢进石子，荡起的波纹为什么是一个个圆形？现在，你能从数学的角度简单解释这一现象了吗？

生：我觉得石子投下去的地方就是圆的圆心。

生：石子的力量向四周平均用力，就形成了一个个圆。

生：这里似乎包含着半径处处相等的道理呢。

师：瞧，简单的自然现象中，有时也蕴涵着丰富的数学规律呢。至于其他一些现象中又为何会出现圆，当中的原因，就留待同学们课后进一步去调查、去研究了。

师：其实，又何止是大自然对圆情有独钟呢，在我们人类生活的每一个角落，圆都扮演着重要的角色，并成为美的使者和化身。让我们一起来欣赏——

（伴随着优美的音乐，如下的画面一一展现在学生眼前：生活中的圆形拱桥、世界著名的圆形建筑、中国著名的圆形景德镇瓷器、中国民间的圆形中国结、中国传统的圆形剪纸、世界著名的圆形标志设计等，如图 5。）

图 5

师：感觉怎么样？

生：我觉得圆真是太美了！

生：我无法想象生活中如果没有了圆，将会是什么样子。

生：生活中因为有了圆而变得格外多姿多彩。

……

师：而这，不正是圆的魅力所在吗？

[五]

师：西方数学、哲学史上历来有这么种说法，“上帝是按照数学原则创造这个世界的。”对此，我一直无从理解。而现在想来，石子入水后浑然天成的圆形波纹，阳光下肆意绽放的向日葵，甚至于遥远天际悬挂的那轮明月、朝阳……而所有这一切，给予我们的不正是一种微妙的启示吗？至于古老的东方，圆在我们身上遗留下的印痕又何尝不是深刻而广远的呢。有人说，中国人特别重视中秋、除夕佳节；有人说，中国古典文学喜欢以大团圆作结局；有人说，中国人在表达美好祝愿时最喜欢用上的词汇常常有“圆满”“美满”……而所有这些，难道就和我们今天认识的圆没有任何关联吗？那就让我们从现在起，从今天起，真正走进历史、走进文化、走进民俗、走进圆的美妙世界吧！

[反思]

多少年来，在孩子们的心目中，在教师们的课堂里，数学一直与定理、法则、记忆、运算、冷峻、机械等联系在一起，难学难教、枯燥乏味一直成为阻碍学生数学学习的绊脚石。事实上，造成这一现象的原因是多方面的，而一味注重数学知识的传递、数学技能的训练，漠视数学本身所内含的鲜活的文化背景，漠视浸润在数学发展演变过程中的人类不断探索、不断发现的精神本质、力量以及数学与人类社会(包括自然的、历史的、人文的)千丝万缕的联系，显然应看成造成这一现象的重要原因之一。

众所周知，数学本质上是一种文化，《数学课程标准》在前言中明确指出：数学的“内容、思想、方法和语言是现代文明的重要组成部分。”如何在课程实施过程中践行并彰显数学的文化本性，让文化成为数学课堂的一种自然本色，我立足从过程与凝聚两个角度进行探索。《圆的认识》一课正是我所做的一次粗浅尝试。

数学发展到今天，人们对于它的认识已经历了巨大的变化。如今，与其说数学是一些结论的组合，毋宁说它更是一种过程，一种不断经历尝试、反思、解释、重构的再创造过程。因而对于圆的特征的认识，我并没有沿袭传统的小步子教学，即在亦步亦趋的“师生问答”中展开，而是将诸多细小的认知活动统整在一个综合性、探究性的数学研究活动中，通过学生的自主探索、合作交流、共同分享等，引领学生经历了一次“研究与发现”的完整过程。整堂课，“发现与分享”成为真正的主旋律，而知识、能力、方法、情感等恰恰在创造与分享的过程中得以自然建构与生成。

在承认“数学是一种过程”的同时，我们也应清晰地意识到，作为人类文化重要组成部分的数学，在经历了漫长的发展过程后，“凝聚”并积淀下了一代代人创造和智慧的结晶，我们有理由向学生展现数学所凝聚的这一切，引领学生通过学习感受数学的博大与精深，领略人类的智慧与文明。借此，教学尹始，我们选择从最最常见的自然现象引入，引发学生感受圆的神奇魅力；探究结束，我们介绍了中国古代关于圆的记载，从宏观的视野丰富学生的认识视阈；最后，我们更是借助“解释自然中的圆”和“欣赏人文中的圆”等活动，帮助学生在丰富多彩的数学学习中层层铺染、不断推进，努力使圆所具有的文化特性浸润于学生的心间，成为学生数学成长的不竭动力源泉，让数学课堂摆脱原有的习惯思维与阴影，真正美丽起来。

当然，“理想的课程”如何转化为“现实的课程”，这当中仍然有许多值得深切关注的话题。就拿本课教学而言，实施下来，应该说，学生对于“圆”这一冰冷图形背后所蕴涵的人文的、文化的特性的感受还是十分真切的，然而，作为问题的另一方面，对于基本的数学知识、数学技能的掌握，在教学后的反馈中也确实暴露出了一定的问题，尤其表现在部分学生对于圆的半径、直径等概念的理解不够到位，对于直径、半径及其与圆之间的关系的掌握不够透彻等。因而，今后我们在数学课堂演绎数学文化、数学精神等层面的同时，如何兼顾知识与技能的教学，如何使我们的课堂活中有实，实中见活，应该还是有一定的启示意义的。

给数学课注入些“文化的元素”

——第一版《圆的认识》打磨记

2002年，江苏，南通。年轻的我因为一个偶然的机会，踏上了一条可能通向全国课堂教学大赛的路：两年一度的全国小学数学优质课选拔赛正式拉开了帷幕。记得同样年轻的校长当时这样告诫我：路已经为你铺好，能走多远，全看自己的努力与造化了。我深知，从人才济济的实验小学，拿到这样一张入场券，已属不易，我应该努力把握好这一机遇。

首先得过了海门市这一关，然后才是南通市、江苏省，最终才能冲向全国。既然未来的路遥远得有些渺茫，那我也就不多去想它了。当时只有一个念头：走好脚下的那一步，这才是最重要的。

课题很快就确定了下来，《圆的认识》。这是一节经典的数学课，几乎每一位小学数学界的名师、大师，都用过这节课。朋友提醒我，这是一件好事，可以借鉴的资料应该不少，如能优化整合，再加以必要的创造，应该不会差。然而，天性渴望超越的我，却有着自己的考虑：每个人的数学课堂理应是独一无二的，我应该选择走自己的路，并形成自己的风格。尽管这样的探索充满艰辛与风险，并可能意味着失败，但我可以一试。

拿定这一主意，事实上还有着另外的背景。2001年，远在北京的朋友给我寄来两本书，一本是郑毓信的《数学文化学》，另一本是M. 克莱因的《西方文化中的数学》，读后竟十分喜欢。尤其是，书中关于“数学是一种文化”的描述与阐释，对于当时自己那波澜不惊的数学课堂而言，无疑是平静水面上投下的一颗石子，让我从灰暗的教育现实中窥见了些许光亮。“数学既然是一种文化，那么，数学课堂理应成为一种文化的课堂。”尽管当时，自己对于“到底什么是数学文化”“作为文化的数学，究竟可以有何作为”等知之甚少，但毕竟还是有了模糊的感知，于是隐约地形成这样一种期待：能不能以数学文化为突破口，借助“文以化人”的数学力量，从根本上改变数学课堂的现状，提升数学课堂的文化价值？

不久后，新的《数学课程标准》颁布。其间关于“数学是人类的一种文化，它的内容、思想、方法和语言是现代文明的重要组成部分”的论述又一次坚定了自己的信念。何不以《圆的认识》一课为契机，就数学文化课堂做一次全新的探索与尝试？

为了不受其他教学思路的干扰，备课的最初日子里，我避开了网络和期刊等重要的资源平台。那段时间里，托朋友、逛书店，为的是能够从更源头的地方汲取新鲜的养分。从三种不同版本的《辞海》里，我尝试寻找着关于圆的最权威的定义与表述；从《九章算术》到《几何原本》，从《周髀算经》到《墨子》，大凡与圆有关的古今中外的数学典籍，都成为我探访圆的踪迹的新地盘；甚至于到了后来，圆与东方人文化心理结构的内在关联，中国人对于圆的图腾崇拜等，也渐渐进入自己的视野，成为数学课堂上试图表现数学文化内涵的突破口……那一段时间，圆几乎成为我生活和生命的全部。有朋友戏谑："你的眼睛，好像也比原来圆了。"

然而，从资料的收集、整理到具体教学线索的确定，还需要一个整合与转化的过程。这需要一步步来。我决定从本课的导入开始着手。就我有限的视野来说，通常，老师们在导入这节课时，往往都是从现实生活中的圆引入的：车轮、硬币、钟面、圆桌……

无疑，作为圆这一抽象平面图形在现实生活中的原型，这些素材有其重要的价值。尤其是，作为数学教学的另一侧面，这些素材的介入还可以在某种程度上自然地拉近数学与生活的联系，改变学生对于圆这一抽象数学知识的感受。然而，别人都这样用，我就不能有一些新的选择吗？再说，硬币、钟面、圆桌尽管都是圆的，但硬币也有方的呀，古时候还有刀币呢；钟面、桌子，也能做得其他各种各样的形状呀；就算是车轮吧，据说，在一些特殊的地面上，正方形车轮比圆形车轮行进得更为平稳呢，圆形车轮也不是唯一的、不可替代的。思考至此，思维已经有了一定的线索，那就是，在我们周围的世界中，有没有什么东西，只能是圆形的，不可能会出现其他形状。如果有，那么，随之而来的问题是，这些东西为什么一定是圆形的？其中会不会蕴涵着与圆有关的数学知识呢？

问题的最后破解纯粹是出于一种机缘。那一天，陪儿子在河边散步，突然想起儿时自己和同伴们常玩的游戏：打水漂。于是，信手拿起一块瓦片，嗖——瓦片在水面上轻盈地跳跃起来，一路向远处滑去，而一个又一个漂亮的、连缀着的圆形涟漪，在水面一圈圈地荡了开去。

灵机一动，有了！何不就从水纹这一"纯天然"的自然现象引入呢？当然，独木难成林，随之而来的问题是，除了水纹，还有哪些自然现象也和圆有着如此神秘而密不可分的联系？当思维获得了聚焦，寻找到了其明确的方向后，下面的事情就变得自然而然了。从阳光下绽放的向日葵到五颜六色的花盘，从光环、电磁波到月球上的环形山……不出两个晚上，这些蕴涵着大自然神奇力量的"圆"，一一从认知背景中浮现了出来，导入的设计至此告一段落。

然而，作为赛课，最忌讳的是"虎头蛇尾"。好的开端如果没有精彩纷呈的核心教学内容以及同样引人入胜的结尾做呼应，要想取得好的成绩，仍然很悬。于是，我给自己的这节课定下了这样的目标：虎头、猪肚、豹尾。“虎头”算是有了，至于“猪肚”嘛，问题不大。想起前些时日在《墨子》中找到的“圆，一中同长也”，《周髀算经》中找到的“没有规矩，不成方圆”“圆出于方，方出于矩”，又想到在传统典籍中找到的“阴阳太极图”等，我知道，如果把这些厚重的历史史实以一种学生可接受的方法引入课堂，对于增添这堂数学课的文化内涵，应该有着别样的一种效果。当然，仅有这些史料的加盟是远远不够的，“如何引导学生真正经历对圆的各种概念的主动建构以及对圆的特征的独立探索与发现”，我深知，在教学的核心板块上，我仍然需要给出更富有创意，也更有可操作性的教学线索。不过，这些应该不成其为问题，需要的只是时间而已。对此，我充满信心。

倒是对于如何结束本课的教学，我又一次深陷困惑之中。“由现实生活中各种各样的圆收尾?”画面感应该不会差，沟通数学与生活的联系之功能应该也能达到，但总觉得这样的设计，在课的最后缺少了一些震撼人心的元素。离自己最初设想的“课已终，而余音绕梁”的效果，似乎还有一定的距离。就在这一节骨眼上，不久前朋友给我从北京寄来的一本由国外翻译过来科普书籍《圆的世界》一下又映入我的眼帘。打开这本书，迅速浏览——太棒了！原来，这是一本系统介绍圆的科普读物。从古时候的人利用圆木的滚动运送大石块，一直到高科技中的圆，圆与我们人类历史、社会、文化、经济的错综复杂的关联，在这本书中都得到了一览无余的系统介绍。掩卷沉思：是呀，为何我总要把视野局限在圆与“日常生活”的简单联系上呢，拓展视野，从更宽阔的角度来审视，圆其实与我们人类生活的每一个领域，不都有着千丝万缕的深刻联系吗？如果我能够在课的结尾，将圆与人类生活的各个领域内在的文化关联给予揭示与呈现，那么，这堂课厚重的文化质感不就又有了新的载体与呈现方式了吗？于是，重新打开网络，进行搜索——历史、文化、建筑、桥梁、工艺、美术……当越来越多领域中的圆进入到我的思维视野中时，我才一下子发现，原来，我们赖以生活的这个世界，真是和圆密不可分。而这种关系的揭示，似乎已经超越了数学课固有的要求，但从另一个角度来看，它不正揭示出了数学课堂新的一种可能与空间吗？而这，不正是我最初所想要突破的东西吗？于是，搜集图片、配置音乐、设计画外音，一段融合了古今中外、各个领域的与圆有关的电视短片，很快便诞生了，而《圆的认识》一课，也因此而有了一个足以将课堂再次推向高潮的华彩结局。

也算是功夫不负有心人吧。2003 年 11 月，江苏宿迁，《圆的认识》一课以其唯美的音乐、画面、色彩以及颇富抒情与感染力的教学语言，让听课的老师和孩子们感受到了一种“别样的数学课堂”。如今，尽管已多年过去，仍有不少老师对这堂课中的如下画面记忆犹新：

平静的水面上，石子激起的涟漪一圈圈荡漾开来；阳光下，绽放的向日葵托起浑圆的花盘；光环、电磁波、环形山，自然界以其独特的方式尽显着圆的美妙与神奇。而建筑、桥梁、工艺、标志、剪纸，人类社会生活的每一个角落，圆同样扮演着不可或缺的重要角色。

“圆，一中同长也”“没有规矩，不成方圆”“圆出于方，方出于矩”等数学史料与典故的相机呈现，则又从另一个侧面，给数学课堂注入了厚重的历史意蕴与浓郁的文化气息。

至于课的最后，学生的一句“圆真是太美了！”更是给这节课画上了一个圆满的句号。

至此，我深信，作为一名年轻的数学教师，当你无法超越别人时，你完全可以超越你自己，用你对数学课堂的独特理解与个性化演绎，成就属于你自己的精彩课堂。

并且，我还相信，《圆的认识》的成功演绎，必将对我未来的课堂教学实践与研究，带来更为重要、深远的影响。

享受“行云流水”般的数学课堂

——听《圆的认识》一课有感

徐斌（著名特级教师）

2003年11月，从江苏省小学数学青年教师赛课活动中传来消息，张齐华老师执教的《圆的认识》以其独特的设计和精彩的教学，一举获得一等奖。我和张老师既是老乡，又是校友，曾一起在导师的门下合作做过课题。听到这样的好消息，在衷心祝贺张老师的同时，我真后悔没有能够到现场感受一下张老师这节课的风采。于是，等听课老师一回来，我立即找来这节课的录像，连看了三遍。现在，又有幸拜读了张老师详细的教学实录和反思，再一次感动。

我也曾多次教过《圆的认识》，听过这个课题的研究课不下几十节，看过有关的教学设计和案例则更多。我觉得张老师这节课真是与众不同，用张老师的话来说甚至“有些另类”。张老师从文化的视角，对这一传统题材的课进行了独特加工和全新演绎。我由衷地佩服张老师执著的勇气、广泛的涉猎和如行云流水般高超的课堂教学艺术。

这节课引起了我很多思考，现奉上几点，供大家研究。

1. 对课程资源的有机整合

尽管我们的教材为学生提供了精心选择的课程资源，但课程不仅仅是指教材，学生的生活经验、教师的教学经验是课程资源，学生的学习差异、师生的交流启发也是有效的课程资源。如何有机整合课程资源呢？张老师在细心领会教材的编排意图后，大胆对教材作了二次加工，使“教材”成为“学材”：

在沟通圆与人类社会的联系上，除了教材所呈现的硬币、钟面、车轮之外，张老师从自然、历史、人文三个维度，结合学生认识圆的不同阶段，补充了大量有关圆的图文资源，使学生整堂课都置身于鲜活的文化背景之上，都浸润在数学知识的发展演变过程之中。

在画圆的教学上，张老师没有局限于实物描圆和圆规画圆，而是引导学生运用多种材料和工具画圆。学生发现除了可以用圆规、圆形瓶盖、三角板中的圆形窟窿等工具画圆，还可以用绳子和笔组合画圆，甚至可以“在绳子的一端系上一块橡皮，抓住绳子的另一端一甩，也同样出现了一个圆”。

在认识圆的特征教学中，没有机械地按照教材上的圆心—半径—直径的单一顺序，也没有机械地采用“一问一答”式的所谓“启发”教学，牵着学生的鼻子走，而是让学生运用圆片、直尺、圆规等研究工具，选择研究材料，通过实际动手折、量、比、画等手段，在独立探索和小组合作中学习，获得丰富的动态表象，从而建构起圆的基本特征。

2. 对教学结构的灵活调整

张老师这节课对教学结构也做了大胆而灵活的调整。根据笔者的观察，主要体现在三个方面：

引入——“往平静的水面投进石子”。课始的引入分为三个层次：唤醒—演示—展现。首先让学生回忆生活中见过的圆（钟面、轮胎、纽扣……），唤醒学生的相关生活经验；并演示石子投进水面的动画场面，使学生在观察那平静水面上漾起的一圈圈涟漪中开始思考，展开想象；再展现大自然中随处可见的有关圆的画面（阳光下绽放的向日葵、花丛中五颜六色的鲜花、光折射后形成的美妙光环、用特殊仪器拍摄到的电磁波、雷达波、月球上的环形山等)。记得北京师范大学周玉仁教授曾说过，我们教师要善于“往平静的水面投进石子”。张老师这节课的新知引入，创设了生动丰富的数学情境，有效地激发起学生内在的学习动机。

展开——“没有规矩，仍成方圆”。从数学的角度，本课要让学生初步认识圆的特征，了解圆各部分的名称和关系，会画圆，了解圆与现实的紧密联系。张老师没有像一般老师那样，单纯地把有关圆的概念及特征的理解建立在教师的明确指引和调控之下，而是另辟蹊径，充分放大圆所内含的文化特性，并以此为背景，让学生不知不觉地走进了圆的世界，不知不觉地学会了画圆，了解了圆心、直径、半径等概念，不知不觉地了解到圆与现实生活的联系，不知不觉地经历了一次次“再创造”(弗赖登塔尔语)的过程。正如张老师在课堂上所说“没有规矩，仍成方圆”。张老师跳出数学教数学，充分估计了学生的学习潜能，把学习的主动权交给了学生，因此收到了意想不到的教学效果。

拓展——尽显“圆的魅力”。在一般的关于圆的认识课堂教学中的练习阶段，教师总会设计多层次、多角度的习题，以巩固圆的概念，让学生在应用中形成有关圆的知识和技能。张老师并没有机械地进行所谓习题练习，而是更进一步彰显圆的文化内涵：两千多年前墨子记载“圆，一中同长也”；《周髀算经》所载“圆出于方，方出于矩”；中国古代的阴阳太极图；生活中的圆形拱桥、世界著名的圆形建筑、中国著名的圆形景德镇瓷器、中国民间的圆形中国结、中国传统的圆形剪纸、世界著名的圆形标志设计等。课末，张老师用如诗般的语言，再次让学生感受“上帝是按照数学原则创造这个世界的”这一哲学命题的文化含义，可谓尽显“圆的魅力”。

3. 对学习方式的真切关注

一堂课的成功与否，除了要看教学内容的把握、教学结构的处理等方面，更重要的是要关注学生学习数学的过程，即学生是以什么样的方式吸取知识、形成技能、发展思维、获得发展的。

本课在改善学生的学习方式上也做了有益的探索。张老师没有拘泥于一种或两种时髦的学习方式，而是结合不同的学习内容和学习的不同阶段，采用了多样化的学习方式，体现了对学生学习过程的真切关注。

本课重要的学习目标是掌握圆的基本特征。教学时，张老师大胆放手，采用了多种学习方式，既有让学生阅读教材进行自学，也有动手操作、自主探索；既有小组讨论、交流与记录，还有根据学生学习的差异，为学生准备作为补充的研究提示。在学生个体和小组进行了充分的探索后，让全班学生一起分享研究的成果。

正因为张老师把学生的学习过程统整在综合性和探究性的研究活动中，学生对圆的特征的认识过程就是一种研究与发现的过程，是一种对话与共享的过程。学生在获得基本知识和技能的过程中，数学思维不断发展，同时也获得了积极丰富的情感体验。

当然，笔者在欣赏张老师精彩的课堂教学的同时，也产生了一些自己的“另类”想法：

《数学课程标准》的核心理念之一是“人人学有价值的数学”。笔者以为，义务教育阶段数学的“价值性”主要体现在三个方面：过程性、工具性和文化性，这三者应该在数学课堂上得到全面体现。在反复观看了课堂实况录像后，笔者似乎觉得本课在文化性方面彰显有余，而在过程性与工具性方面重视不够，主要表现为学生对圆的基本概念及其相互关系等基本知识和技能的认识欠深刻，学生在探索、讨论和交流半径、直径以及两者关系时尚不够充分，教师在处理这三个知识点时采用的方法有些单一，而且教师可以更好地面对学生在探索和研究中出现的有价值的问题而给予更有效的关注，使每个学生在掌握基本知识和技能的同时了解作为文化的数学。

再次感谢张老师给了我们思考和交流的平台。

一节美丽的好课

张向阳

尽管我没能在现场感觉张齐华小学数学教学的高超艺术，尽管，他还是一位未满三十岁的小伙，但我还是要用“高超”与“艺术”这两个词，表达我对他的敬意。

我知道，张齐华很爱看南京大学哲学系教授郑毓信的两本书《数学教育哲学》与《数学文化学》。

张齐华在教育在线的网名，叫无语。因为，自古贤才多在寂寞中打造人生的辉煌，而读书与实践，也正是教师专业发展的一种最为有效的途径。

张齐华的这一节《圆的认识》，一改传统教学中“紧扣知识与技能的教学方法”，用充满个性化的理解，打造出属于他个人也属于新课程改革“学校文化重建背景”下的一块亮丽的文化品牌。

一石激起涟漪万千

平静而美丽的湖面上，一颗小石子轻轻而不温柔的落下。一圈圈波纹漾起，“圆”以一种非常美好的自然状态，呈现在儿童的视野中，一种美的情愫很自然地生成于儿童那本是纯洁的心灵之中。

是啊，张齐华在这节课中伴随着优美的音乐，阳光下绽放的向日葵、花丛中五颜六色的鲜花、光折射后形成的美妙光环、用特殊仪器拍摄到的电磁波、雷达波、月球上的环形山等画面一一展现在学生的眼前；随着古乐典声以条幅形式展示出“圆，一中同长也”这样的经典的文化语言；将凝聚了中国文化的太极图展示在师生的面前；在孩子们认识了圆后，优美的音乐声中，生活中的圆形拱桥、世界著名的圆形建筑、中国著名的圆形景德镇瓷器、中国民间的圆形中国结、中国传统的圆形剪纸、世界著名的圆形标志设计等一一展现在学生眼前，真是美不胜收。

文化，从来没有像这节课这样，以一种厚重、开阔、深邃、美丽呈现在小学的数学课堂。

什么叫文化？有人说：“文化者，以文化人也。”我想在小学数学课堂所体现出的文化，应是人类文明的传承，是一种美好信念的传递，是基于交往、互动环境下人的全面而和谐的发展。

当我们的数学课，不再仅将所谓的知识点，作为课堂教学的全部，当我们的数学教师，能像张齐华这样，努力的用课堂的精彩来演绎文化的厚重与缤纷，用信息的多向传递与情感的共振，生成起充满人文关怀的课堂环境，将“人的全面、和谐发展，真正置于教学的重要位置，何尝不是学生、社会、未来的福分”！

在这节《圆的认识》的教学过程中，很多富有民族文化传统特色的景点与图标，在民族乐曲的轻柔声中，飘入师生的心海之中，这样的美与力的震撼，其所产生的影响是难以估量的。

退一步，海阔天空

在我们曾听过的《圆的认识》这节课中，谁都不敢放弃这样的一个知识点教学：圆内、圆外、圆上，并在学习的过程中，让学生用“圆内、圆外、圆上”如此精确而到位的数学语言，来表述圆的直径、半径的概念，以体现数学教学的内在的“严谨性、科学性和规范性”。

其实，如果我们在意学生已有的知识经验与认知水平，像“圆内、圆外、圆上”这样所谓的知识点，学生完全可以独立的感知。放手将数学知识独立建构的权利交给学生，多在意学生知识的内化，多给学生一点自我建构与理解的时间与空间，这岂不是更好？

只可惜，在很多的小学数学课中，一些非数学本质但已约定俗成的所谓的数学结论或概念，一直成为困扰一线教师的顽症。

是啊，数学教学，为何一定要在知识与技能的圈里打转？我不否认必要的数学知识的学习，也不排斥必要且有效的双基训练。但万不可“一叶障目，不见森林”。

但张齐华这节课，就没有让儿童的视野局限于“圆内、圆外与圆上”这种名词的堆积，他在意的是学生内心的感悟，他在意的是“圆”作为美与力的象征，不应肢解开来，以一种生硬呈现在学生面前。我想，这也许就是他这节“美不胜收”的数学课的数学文化观及其数学文化的魅力所在。

新的世纪，理应有与时俱进的数学教育观，更应有体现中国教育本土文化理念的教学论与课程观，而这一切，就取决于真正有效地建立起一种促进儿童全面、和谐发展的数学文化思想，而张齐华在这节课中，就将这样的数学文化极其充分地展示出来：

师生情感的交流，是真诚而热烈的；学生对数学知识的学习，是在求知欲被充分激发起来的情境下，开展独立探究与合作交流的。

在这节课中，教师更多的是作为学生学习的引领者，组织者、欣赏者而存在于儿童的学习过程之中，他让学生拥有自我选择画圆工具的方法，并让儿童在画中，学会选择与放弃；他让儿童从水纹泛起的圆中，体验一种自然界与数学神秘的联系与力量；他让儿童在“没有规矩，也成方圆”的情境体验中，理解了来自儿童生活经验的自然辩证法。而这一切，没有丝毫的暗示，有的只是对学生积极探究的一种肯定。

当学会画圆时，有学生交流说：“我们组在绳子的一端系上一块橡皮，抓住绳子的另一端一甩，也同样出现了一个圆。”

教师没有为学生的不守规矩而漠视对儿童创造才能的肯定。于是，张齐华说：尽管这一方法没有能在白纸上最终“画”出一个圆，但他们的创造仍然是十分美妙的，不是吗？（生热烈鼓掌）

这掌声，其实是来自学生内心的一种欣赏与激励，并不是由教师发出鼓掌指令下响起的掌声，这才是心绪的一种真实而美好的流淌。

是啊，退一步，只是教师从知识的传授者稍稍向后退一步，必定会与学生走得更近，会更好地走进儿童的心中，这样的退，也许正是中国传统的道家文化中的“无为”之境吧。

平衡，教育改革必然的选择

这节课，在江苏省小学数学优质课竞赛中获得了一等奖。但争议之声也是有的。

正如张齐华老师所说：“作为问题的另一方面，对于基本的数学知识、数学技能的掌握，在教学后的反馈中也确实暴露出了一定的问题，尤其表现在部分学生对于圆的半径、直径等概念的理解不够到位，对于直径、半径及其与圆之间的关系的掌握不够透彻等”也给我们应有的启迪：

生活化，是不能代替数学化的，这似乎已在一定范围内形成了共识；但如何在学生实现独立知识建构的过程中，让文化浸入学生的心灵之中，且实现知识习得与文化影响的有机融合，这需要我们更好的研究并实践。

近年来，文化在不经意间，竟成了教育界的热门词语，而实现课堂教学文化的重构，就这节课而言，也是有东西值得我们深思的：

课堂教学中所呈现出来的数学文化，是否是基于儿童的生活经验？教师将其理解的数学文化以一种数字化文本的形式呈现出来，这样的文化感染力，是否能真正走进儿童的心中？“圆，一中同长也”“太极图”的历史的厚重，是面向听课教师还是面向学生？

文化，如果只以一种视觉冲击的形式来实现，是否还具文化本应有的基本属性？

知识与技能、过程与方法、情感、态度与价值观，如何在实际教学中实现一种和谐而有效的糅合？这是新课程实践无法回避的一个现实的问题，需要我们用自己的思考与实践做出自己的解读，需要我们从“数学文化、生活化与数学化”中找到一个必要的平衡。

欣赏了张齐华老师如此美丽的一节好课，也给我带来了很多的启发与思考，愿我的教学实践能从这一节美丽的课中，收获更多。

关于张齐华老师的《圆的认识》

陈家琪（哲学家）

张齐华老师的《圆的认识》讲得很好，生动、具体、形象，引人入胜。逻辑的思维方式以及追问“为什么”的启发式教学，其实都已引导出几个至关重要的哲学问题。

这里有两个与哲学思考有关的问题，并不是要讲给学生，也不是让学生们明白，只是提出来供你思考，作为一种知识储备也许是有用的。

第一，当你问“在同一个圆里有多少条半径，为什么”时，孩子们的思考方式及回答方式非常有意思。因为这是一个很难回答的问题，或者说，是一个哲学问题，涉及“无限”这个概念是怎么得来的。当然有无限多的半径；为什么？因为空间可以无限分割。你说了这里不能考虑铅笔的粗细，不能考虑圆的大小，也就是说，这是一个经验上无法证实的问题。有限的空间里可以无限分割，孩子们是不会理解到这一层次的。这里可以告诉你古代希腊的哲学家芝诺（Zenon，比孔子要早）有过非常著名的关于“如果空间是可以无限分割的，那么飞箭将会不动，而且古希腊最著名的英雄阿基里斯也追不上乌龟”的说法。他的论证是：飞箭要达到目的，先要达到一半，而一半又有一半，由于无限可分，就有无数多的一半先要达到，所以飞箭就会不动；如果乌龟在前面，阿基里斯到达乌龟的出发点时，乌龟已经往前爬行了一小段路；阿基里斯再到这个地点，乌龟又爬行了一小段路；尽管每次都越来越短，但由于空间无限可分，阿基里斯也就永远追不上乌龟。这是一个很复杂的问题，要求逻辑的回答而不是经验的证明。你知道就行了，因为有意思，对孩子们提出来也可以，当然只能作为玩笑，供他们思考。有关芝诺的四个悖论，在一般的西方哲学史的教材上都会讲到的。

第二，“圆是什么？”孩子们举出许多例子，都很精彩。但真正说起来，对“圆是什么”的回答，要求的就是给出一个关于“圆”的定义，如“从圆心到圆周的半径相等”；就是说，真正的“圆”不是一个经验的事实，我们用圆规也画不出来(要想完全达到定义的要求其实是很难的，就如现实生活中的“水”并不纯粹是 H_2O，现实生活中的人也并不合乎“人”的定义一样)，所以真正的“圆”也就只能存在于我们的思想中。生活中是有很多圆，但并不一定合乎“圆”的定义；我们画出一个圆，哪怕不圆，只要说它是圆，从圆心到周边的半径就一定相等。《圆的认识》，在这一意义上也就是“走进思想的世界”。

一次“由外而内”的重要跨越

——第二版《圆的认识》打磨记

2003 年，第一次小试牛刀，《圆的认识》一课便以其鲜明的文化特色，在网络上引起了不少青年教师的热议——

有人说，“这是一堂充满文化魅力的数学课。”

有人说，“原来，数学也可以如此美丽。”

有人说，“听这样的课，真是一种享受。”……

成功的反馈所能带来的，无疑是满足，然后是飘飘然，我也不例外。但我幸运的是，在我的身后，总有一群喜欢“唱反调”的朋友和师长。他们会在你失意的时候，给你鼓励与支持；而在你得意时，他们又总能给出一些冷静的忠告。我的师父张兴华老师，便是其中的一位。就在一片掌声和喝彩中，来自张老师的一个长途电话，让我不得不静下心来重新思考这堂课，思考数学文化以及数学的本质。长达一个多小时的电话，探讨的尽管只是两个看似细小的问题，但正是这两个问题，成为我随后几年中不断思考与探索的动力源泉——

“我知道，你一直在探讨数学文化，但是，数学文化是否简单等同于‘数学＋文化’?”

“孩子们课毕时说，圆真的很美。不过，他们所说的美，究竟是指圆这个‘到定点的距离等于定长的点的轨迹’很美呢，还是涟漪、向日葵、环形山、建筑、桥梁、工艺、标志等这些与圆有关的画面很美?”

电话这头的我，当时就怔住了。与其说，这是两个问题，不如说，这表达了两个重要的观点：什么才是真正的数学文化，什么才是真正的数学美。

对第一个问题的仔细思索，使我开始意识到，一旦承认数学本身是一种文化，那么，数学的文化性就应求诸于内，而非诉诸于外。数学自身就蕴藏着丰富的文化属性，我们无须借助数学以外的其他文化要素去渲染数学的文化性，犹如给数学添上一件“文化的外衣”。挖掘数学内在的文化价值，外化数学本身的文化意义，理应成为数学文化探索的重要旨归。

第二个问题是对第一个问题的具体化，因为数学美本身就是数学文化的重要组成部分。这个问题的意义在于，真正的数学美同样应该源自于数学内容本身。事实上，作为平面图形的圆尽管抽象，但其本身所具有的内在的对称性、和谐与秩序感，无一不彰显着其重要的美学特征。重要的是，我们应该设法引导学生超越对数学内容外部形体美感的唯一关注，而致力于关注其内在的美与和谐。这才是数学课堂上对数学美的正确态度。

如此看来，两个看似不同的问题，却在“内”与“外”的问题上具有深刻的同一性：数学课堂，理应有一个“由外向内”的价值转向。与其向着数学以外的“花花世界”去寻求课堂的精彩纷呈，不如从纯粹的数学内部去找寻数学内在的精神力量。

思考的不断丰富与成熟，使自己渐渐有了一个强烈而迫切的愿望：能不能再来上一个全新版本的《圆的认识》，以实现对自我的超越？我把这一想法很快与朋友们进行了沟通与交换，结果，他们中的多数竟纷纷表示反对。一种普遍的见解是：超越别人容易，但超越自己很难，更何况，这是一节曾有过强烈高峰体验的数学课。我理解朋友们的担心，但我更明白，当认识已经超越实践，唯一可行的道路便是，让实践也向前迈进。否则，无论是自我教学风格的锤炼，抑或是数学文化本身的深入探索，都将进入一个死胡同。对此，我别无选择。

走外围路线无疑是最讨巧的。毕竟，它需要的只是外部资料的收集、整理与优化。前一个版本的成功，这一线索可谓功不可没。然而，一旦真正要转向数学本身，此刻，考验你的已经不再是你占有多少资料，而是你对数学本身，更进一步地，也就是你对圆这一平面图形究竟有多少深刻的洞察与解析。一切又将从零开始。

说来也好笑，我对新版《圆的认识》的规划，一开始竟然有着不少的赌气成分夹杂其间。有人说，你的课不就是那些优美的音乐、绚丽的画面和诗情画意的语言？那行，重上这节课时，我首先给自己定下的标准便是“三不”：第一，绝不出现任何声音，这应该是一堂表面寂静而内心热烈的数学课；第二，绝不出现任何画面，包括生活中哪怕最常见的圆，这应该是一堂素面朝天的简单的数学课；第三，教学语言回归纯正的数学思辨，一切课堂语言只围绕着对数学问题的思考而展开，拒绝无病呻吟的抒情与感怀。

那么，总得留下些什么吧：很简单，那就是数与形，然后便是数学思考、数学思维、数学思想。

带着这样的自我约定，我开始了新一轮《圆的认识》的探索与实践。尽管困难重重，但我始终相信：路总会重新走出来的，只要你愿意去开辟。

无疑，在所有平面图形中，圆是最美的一个。早在2000多年前，古希腊伟大的数学家毕达哥拉斯就给出了这一经典的判断。可是，圆究竟美在哪儿呢？进而，圆的这种美，到底又该通过怎样的途径，让学生得以感受与体验呢？

想起师父张兴华老师多年前曾给一位语文老师指导《壁虎》一课时所表明的一种观点：“作为一名语文老师，如果你自己还没有发自内心地喜欢上壁虎，那么，就算你有再高超的教学艺术、再动人的教学语言，也很难真正让你的学生喜欢上壁虎。”当时的我，便深以为然。那么，同样地，今天的我，如果要真正使学生感受并体验到圆的美，我自己是否已经真正获得这种审美的体验？圆的美仅仅只在于它的外部形态吗？

一度，我曾恭恭敬敬地在黑板上画下一个又一个圆，并仔细地观察、揣摩，以期获得对其美感的把握。我不得不承认，功夫不负有心人。长时间的注目、思考与体察，我多少对于圆的美还是获得了一些或感性、或理性的体会。

无疑，从外部形态来看，圆是所有平面图形中最光滑、最匀称、最饱满的一个。可是，仅仅给学生呈现一个或一系列圆，他们能对圆的这些外部美学特征获得感受吗？进而，圆的这些美学风貌，与其内在的几何特征之间，又有着怎样的深刻关联？我深知，这些问题都很难给出明确的回答；但我更坚信，有了问题，教学线索的开掘才会有新的空间与可能。所谓“小疑则小进，大疑则大进”，道理即在于此。

果不其然，随着对第一个问题的深入思索，教学线索也渐次明朗起来。无论是多年的教学实践经验，抑或是认知心理学所给予的教诲，都使我渐渐意识到，“没有比较，就没有鉴别”。圆的这种外部形态的美，唯有在与其他平面图形的对照中，方能为学生所领悟与体察。于是，第一稿的导入设计，自然生成：呈现包括圆在内的各种平面图形，引导学生通过观察，在比较中把握“你觉得圆和其他平面图形相比有什么不同?”“你觉得圆美吗？美在哪儿?”

然而，方案很快便被否定。大家提出的异议是，早在多少年前，类似的教学线索便已为人所用，如果老调重弹，创新度不够，意义也不大。

想来也是。重整旗鼓，再来。第二稿时，我依然选择了在比较的维度上引导学生感受圆的与众不同的美。但略有不同的是，这一稿中，我借鉴了新课程中有关实践操作的理念，即将第一稿中的“观察”改为让学生在信封中“摸”，通过“你能从这些平面图形中，准确摸出圆这一图形吗？你是怎么判断的?”的问题引导，以期在更加游戏化、趣味性的活动情境中，帮助学生获得对圆的美的把握。试教过程很成功，学生十分感兴趣，但大家在研讨时仍然给出了新的质疑。较为核心的观点是，从“动眼观察”到“动手操作”，变化的是教学形式，但最终指向的教学目标与价值并没有发生质的飞跃。再者，有老师进一步提出，五年级学生已经在先期的数学学习中积累了丰富的数学活动经验，此时再让他们回到具体的实物操作上来，反而降低了他们的思维空间，倒是让学生借助观察，在比较中着力分辨直线图形与曲线图形的异和同，进而获得对圆这一特殊曲线图形美感的认同，或许更适合这一年龄阶段学生的思维特点与认知规律。大家的意见无疑是中肯的，也在点子上，我再次悦纳。

当然，最终选择的第三稿，主体情境并没有作出太大的变化。“摸图形”的形式仍然保留了下来，不同的只是将原先的“实际操作”改为了在思想中进行“模拟操作”，“在比较中获得这种感受”的路线仍然得以延续。但真正的突破点恰在新的两个平面图形的介入，那就是“任意不规则曲线图形”与“椭圆”。促成这两个图形的介入，其实是有背景的。因为，随着教学实践的不断推进，我越来越意识到，仅仅拿圆与长方形、三角形、平行四边形等进行比较，学生所能获得的圆的独特性只能局限在“圆是光滑的曲线图形，而其他图形不是”。但这显然不是我的初衷。圆的匀称感、饱满的特性等又该如何呈现呢？而新的两个平面图形恰是在这样的背景下得以发现的。它们的引入，恰恰使圆的这两个新的特性获得了很好的表达。毕竟，“任意的曲线图形也很光滑，但它却凹凸不平，不够匀称”“椭圆尽管也很光滑匀称，却不如圆来得饱满”。至此，圆的所有外部的美学特性，在多维度的比较中获得了清晰而有层次的呈现。事实上，随后的教学实践，也恰印证了这一观点。

然而，新的问题再度呈现：“从审美的角度来认识圆，无疑是有突破性的，但问题是，这毕竟还是一堂数学课，其内在的数学知识与技能目标，我们不可能置之不理。圆心、半径、直径的概念如何帮助学生去建立？它们的内在特征及彼此之间的关系，我们又如何引导学生去建构？尤其是，知识与技能目标是否有可能与数学审美的目标、数学文体的价值追求水乳交融在一起？”颇有意味的是，事实上，随着思考的渐次深入，我越来越意识到，上述这些问题，其实与前文中所反复商讨的“如何在比较中凸显圆的美”这一问题，有着内在的同一性。

首先，当学生借助比较获得对圆的外部美学特征的把握后，一个很自然的深入追问便得以形成：“究竟是什么原因使得圆看起来如此光滑、匀称、饱满？”当然，对这一问题的思辨十分复杂，我也很难重新去梳理当时的思维线索。但至少有一点可以肯定，当我再三打量着三角形、正方形，甚至包括正八边形，进而在黑板上一遍又一遍地用圆规去画大大小小不同的圆时，一个观点很自然地从头脑中升腾起来，那就是，“正因为圆有无数条半径，并且长度都相等，才使得圆显得如此光滑、匀称、饱满”，换句话说，圆外在的美学属性，其内在的机理恰在于圆的几何特征，即墨子所说的“一中同长”。认识到这一点，事实上为我后面重新组织圆内诸多概念及其特征与相互关系的教学，起到了重新的启示作用。

其次，随着“求异比较”中不断推进，另一种观念开始进入我的思维域限中。那就是，圆与其他平面图形固然有着千差万别的不同点，那它们有没有什么共同点？尤其是，随着正多边形的边数越来越多，直到无穷无尽时，正多边形与圆之间所达成的一致性，恰恰可以从另一个角度帮助学生获得对圆与直线图形之间内在统一性的认识。而这一点，无疑是对圆的特殊性的一种重要补充。进而，随着对中学数学及其研究资料的进一步占有，“圆的旋转不变性”也渐渐进入我的视野。于是，“直线图形旋转以后会不会出现圆”“圆的本质是否就是旋转”等一系列新的命题，逐渐纳入到本课的备课思路中来。而正如最后本课所呈现出来的情形那样，这些要素的介入，恰使本课再一次呈现出了一些别样的意味。至此，新一版本的具有“三无特质”的《圆的认识》教学线索的整体架构已经全部完成。

2007年11月，用朋友的话来说，“全新版本的《圆的认识》以其外表的干练、简约、素雅以及另一种特有的丰富，再一次呈现在大家面前。”

记得有一次课毕，好友发来短信戏称：“终于看到了你一节赤裸裸的数学课！没有了极尽声色的画面与音乐，没有了抒情渲染的教学语言，留下的只是图形与文字，以及围绕着圆这一平面图形所展开的数学思考。”我知道，玩笑背后，潜藏着的是一种认真的肯定。

天津特级教师徐长青老师在听完这节课后，从“曲与直”“内与外”“动与静”“有限与无限”这四个对立统一的哲学剖面，对本课作了精彩评点。我很佩服徐老师深厚的哲学素养以及由此生发的新视角。

当然，我更会看重师父张老师的评价。事实上，新版本的《圆的认识》，正是因为他的批评而重新开始的。我希望得到他的认可，毕竟，新的课堂上所呈现出的景象，在很大程度上更加接近了数学的本质，尤其是更加致力于数学对人的思维、思想及观念的提升。我相信他能感受到这种努力与变化。于是，课毕第二天，我认真整理好这堂课的教学实录，并从数学文化的层面，就自己本课所作的一些思考与体会给予了说明。然后，郑重地把材料放在了他的办公桌上。

傍晚，他取走了我的教学实录。

第二天一早，教学实录重新又回到了我的桌上。我充满期待地打开——

奇怪，整整六页的教学实录上，几乎全是用红色水彩笔一一圈出的有关教师语言的部分。大片大片的红色在白纸上勾画得单调而醒目、刺眼。我不明就里，迅速翻到最后一页，想看个究竟。终于，几行熟悉的字映入眼帘：“新的课堂，变化无疑是乐观而喜人的。数学味浓了，数学思维的深刻性也有了极大的提升。对于你的执著与超越，我深感欣慰。但有个小小的疑问与你商讨：你有没有统计过整堂课中，你说的话究竟占了多大的空间？我大致帮你圈出了你的教学语言，仅从篇幅上看，大约占了课堂语言的70%以上。试想，一堂课上如果听到的总是教师的声音，那么，学生的思维、观念与价值观又该如何真正得以改变……”

于是，重翻到前面，再看，果不其然。呵呵，姜还是老的辣啊！原以为自己与《圆的认识》一课的故事，应该可以画上一个比较圆满的句号了，现在看来，探索与实践的道路上，只有起点、没有终点，每个人永远都只是在路上。因为，新的问题已经在不远处向你招手。

怎么样？是否还是以《圆的认识》为载体，开辟一个更新的2009版本？对此，我似乎又充满了期待。

或许会的，我相信。

《圆的认识》课堂实录与评点

评点：张良朋

一、整体感受

师：有谁知道，今天这节课咱学什么？

生齐：圆的认识。

师：哪儿看出来的？

生：屏幕上写着。

生：不然，您干吗让我们带圆规呢？

评点：2003年11月，张齐华老师执教的《圆的认识》是一个不折不扣数学经典课例。这节课中那些精美绝伦的画面、诗意盎然的语言、文化气息浓郁的数学史料、自然妥帖的教学引导，影响和改变了不少数学教师的课堂生活和教学追求，一时间蔚为风潮。对于那节课的印象，我当时用两个词来形容——绚烂、惊艳。与5年前追求"怦然心动"的教学效果不同，而今的张齐华老师从容平实了许多，他在本节课中有意舍弃了容易引起"浮华"印象的优美音乐、多彩图像、诗意语言，而代之以更为纯粹和地道的数学活动，希冀用数学自身的魅力创造出更加纯粹和深刻的数学课堂生活。这种从"诉诸于外"到"求诸于内"的转变，视觉与听觉带来的冲击力都减弱了不少(这主要是对听课教师而言)，但学生参与学习的热情依然十分高涨。我想，这一方面是因为张老师组织教学的功力十分了得，另一方面则是在本节课中学生的数学"胃口"被真正吊了起来，他们体味到了更多运用数学思维思考问题时生发出的愉悦感。课始的这段师生对话未加任何渲染和铺陈便直入主题，显得十分自然、质朴，颇有情趣。

师：说得好！今天这节课，我们研究的正是圆。瞧，(教师出示一个信封)老师这信封里就装有一个圆，想看看吗？

生齐：想！

师：（从中摸出一个圆片）是圆吗？

生：是。

师：现在，老师想把它重新放回信封里，有没有谁有信心把它从信封里给摸出来？

生：有！

师：那当然，如果信封里只有这一个图形，谁都能摸出来（生笑）。但问题是，信封里除了这个圆以外，还有其他一些平面图形。想看看吗？

评点：老师连续问了四个问题，学生响亮干脆地回答了四个字。这一连串的问答看上去颇有声势，但实质上思维含金量严重缺失，有些过于琐碎了。

生：想！

教师先后从信封中取出如下图形，学生一一辨认。

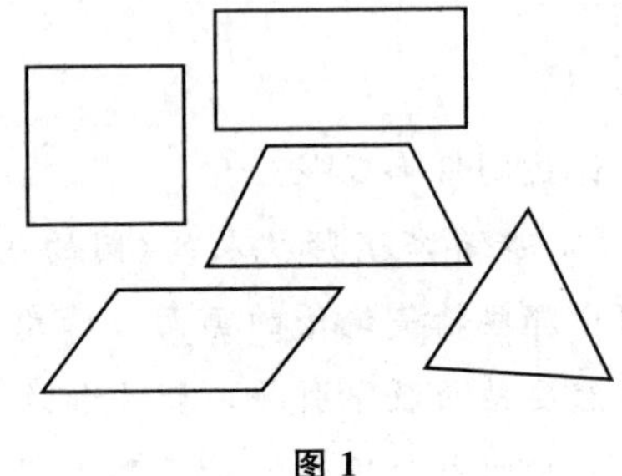

图 1

师：现在，要从这一堆平面图形中把圆给摸出来，怎么样，有难度吗？

生齐：没有！

师：为什么？

生：很简单呀，圆是弯弯的，而其他图形都是直直的。

生：圆没有角，而其他图形都有角。

师：奇怪，为什么这些图形都有角，而圆却没有呢？

生：因为这些图形都是由直线围成的……

师：不够专业。

生：哦，是由线段围成的。

师：这就对了！数学上，我们把这些由线段围成的平面图形，叫做直线图形。直线图形都有角。圆是直线图形吗？

生：不是，它是由曲线围成的。

师：所以，圆看起来特别——

生：光滑。

生：圆润。

师：感觉真好！那么，该给这类由曲线围成的，光滑、圆润的平面图形，起个怎样的名称呢？

生：曲线图形。

评点：以对比的方式引入新概念，省却了教师语言陈述的啰唆和单调。简洁、高效！

师：没错！那现在，要从这一堆直线图形中把圆这唯一的一个曲线图形给摸出来，难不难？

生：不难。

生：找最光滑的摸就行了。

师：不过，问题可不像你们想象得那么简单。因为信封里啊，还有几个图形呢(生颇感意外)。

教师出示其中的一个图形(如下)：

图 2

师：怎么样，它也是由曲线围成的吗？

生：对呀。

师：看起来也特别光滑？

生：是的。

师：看来，你们一定会把它也当作圆给摸出来。

生齐：不会！不会！

师：为什么？

生：因为圆很圆，但它不那么圆。(笑)

师：呵呵，有意思。

生：因为它有的地方凹，有的地方凸。

师：噢，看起来有些凹凸不平。而圆呢？

生：圆不会凹进去，一直向外凸着。

生：圆看起来特别饱满。

师：这个词儿好！不过(教师接着从信封里取出如下图形)，这儿还有一个图形，它可没有凹凸不平。怎么样，够光滑、够饱满吧？

生：嗯。

师：看来，这一回你们一定会把它当做圆给摸出来？

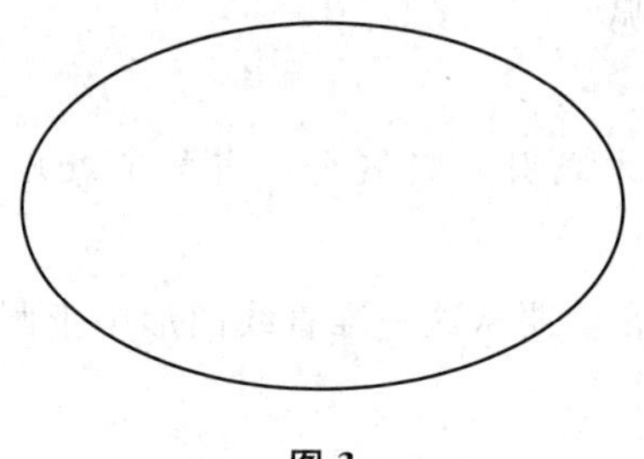

图 3

生：也不会！

师：为什么？

生：因为这个图形看起来扁扁的，不像圆那么滚(生笑)。

师：(将椭圆旋转 90 度后)现在看起来呢？

生：感觉又瘦瘦的。

师：那圆呢？(教师出示圆片，并不停旋转)感觉怎么样？

生：怎么转，看起来都一样。

生：而且，圆看起来好像特别匀称。

师：行了，同学们，小小的一个游戏，无非为了让大家认识到，和其他平面图形相比，圆的确——

生：很特别。

师：没错，和这些直线图形相比——

生：圆是一个曲线图形。

师：但是，和这些曲线图形相比，圆看起来又是那样的——

生：光滑、饱满、匀称……

评点：这个“摸图形”的小游戏设计得十分精巧，具体实施时更是环环相扣、步步为营，体现了教师的创造性。在圆与直线图形、一般的不规则曲线图形以及椭圆这一曲线图形的三个层次的比较中，圆的光滑、饱满、匀称的外部特征及其美学意蕴得以充分凸显。可以说，在张老师的巧妙串联下，学生对圆形的好感觉被有效激发了出来。饶有意味的是，这个“摸图形”的小游戏其实并未真摸，而是教师以各种图形纸片为直观载体引领学生进行了一次头脑中的数学思辨。还需提及的是，张老师对学生的引导主要采取了一种“反向摩擦”的教学技巧，这使得那些原本难以言明的感觉增加了能够言传的可能性，伴随着学生一次次地自我否定以及由此带来的观念上的深化，圆形的外部特征十分清晰有力地嵌入到了学生的观念世界里。

师：难怪2000多年前，伟大的古希腊数学家毕达哥拉斯在研究完大量的平面图形后，发出这样的感慨：在一切平面图形中，圆最美。而且，2000多年过去了，这一观点得到了越来越多的数学家乃至普通大众的认可。那么，圆究竟美在哪儿？更进一步地，究竟是什么内在的原因，使得圆这种平面图形看起来这样地光滑、饱满、匀称，以至于成为所有平面图形中最美的一个？今天这节课，就让我们一起带着问题，深入地来认识圆、研究圆，好吗？

评点：“在一切平面图形中，圆最美”这句话表达的是古希腊数学家毕达哥拉斯的一种个人观点。尽管古往今来有很多人认同它，但把它提到一个数学真命题的高度来对待就显得不够严谨了。我揣测，在张老师的潜意识里已经把这一观点当成了无可争议的数学定理，而这堂课就是为了充分地证明它。如果真是这样，就显然存在逻辑上的漏洞。不过，以上原因并不构成对本节课“由外而内，注重内在”的整体教学架构的否定，正相反，我认为这一教学架构要素清楚、支撑有力、关联紧密、内涵丰富，很值得我们借鉴学习。

二、寻根究底

师：圆的美，光靠看是不够的，咱还得动手来画。因为，画圆的过程，正是我们体会它的特点，发现它的美的过程。画圆有它自己的工具，带来了吗——

生：带来了，圆规。

师：（简单介绍圆规的构造后）课前，老师布置同学们试着用圆规画过圆，会画了吗？

生：会。

师：该到验货的时候了。来，拿出圆规，试着在白纸上画一个圆。

学生用圆规画圆，教师巡视。

评点：把用圆规试画圆的环节提前至课前去做，可以使学生提早感知用圆规画圆的基本操作方法，能在一定程度上缩小学生间画圆水平的落差。同时，这样做也为课堂教学赢得了一部分时间。至于“课上验货”环节亦是一举两得，既使教师了解了学生的现有画圆水平，又为接下来规范画圆的方法提供了鲜活的研究素材。

师：应该说，绝大多数同学画得都很棒。不过，也有失败的作品。瞧，这个圆显然变形了(生笑)，这个则咧着嘴(笑)。有人说，幸福的家庭都一样，不幸的家庭却各有各的不同。

评点：这样的话倒像是说给听课老师们的，以五年级学生现有的阅历理解起来肯定是难明就里的。而且，此话与本节课的教学关联并不密切。更有可能的后果是，这样的话会把学生的思维给引跑了。

师：那么，大胆地猜一猜，这些同学之所以没能成功地用圆规画出一个圆，他们可能在哪儿出问题了？

评点：这个设问给学生预留了比较大的思维空间，对引发、培养学生的反省思维是一个不错的刺激和诱导。这个问题回答好了，能帮助学生有效避免画圆中的典型性错误。

生：可能是画圆时，圆规的脚移动了。

师：不动，怎么画出圆呀？(生笑)

生：不对，是另外一只装有针尖的脚动了！

师：那你得说清楚呀。同学们，你们觉得，针尖所在的脚能随便动吗？

生：不能！一动，画出的圆一定会咧开嘴巴。

师：你试过？

生：是的！我失败过好几次呢。

师：经验之谈呀！(笑)当然，也有同学，圆规两脚都没动，但也画出圆来了，你们猜——

生：噢，我知道！他们一定是圆规不转，转纸的。

师：奇怪，你怎么知道？

生：我就这么试过。(笑)

师：呵呵，水不转山转呀！当然，老师还是希望大家“山不转水转”。看来，圆规画圆时，针尖得固定，这是宝贵的经验。还有其他可能吗？

评点：教师特意引入的这种画法，考虑到了学生已有的画圆经验，有一定的教学价值。但"水不转山转""山不转水转"的说法提出得急促了些，让人感觉意向较为模糊。如果张老师能把"山和水"与"圆规和纸"之间的对应关系点得再明晰些，学生的理解将会更为深刻。

生：也可能是他们画圆时，圆规两只脚的角度变了。

师：角度变了，也就意味着——

生：圆规两脚之间的距离变了。

师：看来，圆规画圆时，两脚之间的距离也不能变。呵，注意点还真不少。现在，掌握了这些要求，有没有信心比刚才画得更好？

生：有！（不少学生急急拿起圆规准备动手）

师：别着急！数学学习光会动手还不够，咱还得——

生：动脑。

师：心有灵犀呀！所以，第二次画圆时，我得给大家布置一个富有挑战性的任务，敢不敢试试？

生：敢！

师：行。再次用圆规画圆时，请大家边画边思考：如果方法完全正确，你觉得用手中的圆规会不会画出这样一会儿凹、一会儿凸的曲线图形？或者是扁扁胖胖的椭圆？（教师手指图 2、图 3）

生：不会！

师：是呀！可是，为什么呢？（部分学生急着举手发言）先不忙着下结论。还是带着这些问题，边画，边细细体会吧！

学生操作，教师巡视，并了解学生的感受与思考。

师：带着思考去画圆，课堂上显得格外安静，真好！为什么画不出这样的曲线图形，相信不少同学已经有了答案。不过，为了使大家感受更鲜明，我打算在黑板上也来画一个，可以吗？

生：行！

师：（教师画完半个圆后，停下）想象一下，照这样画下去，能画出一会儿凹、一会儿凸的平面图形吗？

生：不会。

师：能画出扁扁的椭圆吗？

生：也不会。

师：为什么？

生：因为距离不能变。

师：哪儿到哪儿的距离不能变？

生：就是从这儿(手指圆上的点)到这儿(手指圆心)的距离不能变。既然距离不变，当然就画不出一会儿凹、一会儿凸的图形或是扁扁的椭圆了。

评点：从帮助学生进一步熟练用圆规画圆的技能这一角度考虑，“第二次画圆”有其必要性。但对“第二次画圆”的教学组织我有几个疑问：“如果方法完全正确，你觉得用手中的圆规会不会画出这样一会儿凹、一会儿凸的曲线图形？或者是扁扁胖胖的椭圆？”这样的问题学生不假思索就能做出正确的回应，何谈挑战性？部分学生早就想回答“为什么”了，教师却毫无商量余地地要求他们边画边体验，一概而论好吗？教师特意安排的在黑板上边画边问环节，是否引发了学生真正的数学思考呢？我甚至认为，即使删去此番画的体验过程，学生仅依靠头脑中的数学思辨也能较顺利地得出“这儿(圆心)到这儿(圆上点)距离不变”的结论。较为折中的处理方案是：保留学生带着问题画圆体验的环节，删去教师在黑板上画圆的环节，充实教师组织学生分析的环节。

师：光这样说好像有点抽象。你能不能把这一不变的距离用一条线段表示出来？

学生上台，在圆上任选一点，连接圆心成一线段。

师：可别小看这一线段，在这个圆里，它可是起着至关重要的决定性作用。有谁了解这一线段的？给大家作一简单介绍。

生：这条线段叫做半径，可以用小写字母 r 表示。(教师板书，并引导学生在自己的圆内画出一条半径，标上字母 r。)

师：有没有补充？

生：半径的一端连着圆心，另一端在圆上。

师：说得好！圆心是圆规画圆时针尖留下的，可以用字母 O 表示。半径的另一端更准确地说，应该在圆上。(教师板书，并同样引导学生在自己的圆上标出圆心及字母 O。)

师：关于半径，你还知道些什么？

生：圆应该不止一条半径。

生(补充)：圆有无数条半径。

生：半径的长度都是相等的。

评点：在此环节中，教师很好地激活了学生头脑中的知识储备，并把它们转化成了全体学生的共享资源。对于那些简单、明确的陈述性知识，“兵教兵”的教学活动方式比教师简单地“告诉”更有意义。

师：看来，关于半径，同学们的发现还真不少。但是，没有经过思维考量的数学直觉，算不上真正的数学知识。

评点：此话应成为教师处理学生“未教先会”现象的一个重要指导思想！但“考量”一词对学生而言难以领会。

师：所以，下面，我想和大家玩一个小小的测验。这个小测验我曾试过多次，并且从没失手。不知道今天会不会有例外。怎么样，想不想试试？

生：(很好奇)想！

师：测验其实很简单。一会儿，我将向大家提出两个问题。如果不出意外，第一个问题一提出，全班同学都会举手，但是，加上三个字提出第二个问题后，绝大多数学生又会把手放下来。信不信？

生：不信！

师：行，那咱试试。刚才有人说，圆有无数条半径，同意的请举手。(刷地一下，全班学生都举起了手)不过，为什么呢——

眼看着，一只又一只举起的手慢慢放了下来。(听课教师大笑)

评点：张老师深谙学生的学习心理，学生的反应充分印证了这一点。此举表明了张老师的一种知识观念，即对那些内蕴丰富的陈述性知识不应止于学生想法的简单介绍(那不过是某一想法的变相灌输)，而应着力挖掘和发挥其潜在的教育价值。通俗地说就是，“仅说出了答案还不能算真懂，弄清楚了为什么的道理才算是真懂了”。所以，张老师“该出手时就出手”，而且其出招的方式尤为新颖别致。顺带说一句，“听课教师在听课时放声大笑”是一种不太好的习惯，虽然老师们这样做并无恶意，但干扰了学生的正常学习却是不争的事实。教师听课时发现学生某些有趣的表现，会心一笑不是更好吗？

师：原来，一开始大家都是蒙的哦！(笑)不过还好，至少还有三五只手直到现在一直都坚挺着。要不，先来听听他们的声音，或许你会从中受到启发。

生：刚才我们只是画了一条，但如果我们继续画下去，永远也画不完，所以应该有无数条。

师：都同意？

生：同意！

评点：前面学生的回答得到了其他同学的一致认同，教学或可在这里暂时打住。但学生真弄明白了吗？张老师更关注这个问题。

师：唉，有人就不同意。这是我自己班上的小陈同学在学完《圆的认识》一课后回去做的一次小试验(教师呈现课前某学生在半径 5 厘米的圆上画的密密麻麻的半径)。瞧，他在这么大的圆里画满了半径，结果一数，才 524 条。不对呀，不是说无数条的吗？

评点：受自身知识经验的限制，学生在判断一些数学问题时，使用的方法却常常是非数学的，这给教师的数学教学带来了不少困扰。对此现象，有的教师避之犹恐不及，张老师却主动拿来供学生辨析，用意何在？我觉得，张老师此举意在让学生超越"非数学观念"的局限性进而尝试着用"数学的观念"来分析数学问题。

学生先是一愣，继而——

生：我觉得他的圆太小了，要是再大一点，那么画的半径就更多了。

师：哦，你是说大圆的半径有无数条，而小圆的半径则未必？

生：(一时语塞)……

生：不对，大圆小圆的半径都应该是无数条。我想，主要是这位同学用的铅笔太粗了，如果用细一半的铅笔来画，应该可以画一千多条，如果再细一半，就有两千多条。这样不断地细下去，最终可以画出无数条半径。

评点：这段问答有苏格拉底"产婆术"的韵味。

师：多富有想象力呀！在数学上，半径可以不断地细下去，直到无穷无尽。这样想来，半径当然应该有——

生：无数条。

生：我还有补充。因为半径是从圆上任意一点发出的，所以圆有无数条半径。

师：我喜欢刚才她提到的一个词，猜猜看——

评点：这就是教学智慧：善于倾听，敏于捕捉，巧于转换。

生：任意。

师：没错，什么叫任意？

生：随便。

师：那么，在一个圆上有多少个这样随便的点？

生： 无数个。

生： 噢，有一个点，就会连出一条半径。有无数个点，也就能连出无数条半径了。

师： 回过头来看看，同样是无数条半径，经过我们的深入思考，大家感觉怎么样？

评点： 让学生"回头看"是培养学生元认知能力的有效途径。数学教师应该让学生"常回头看看"。

生： 我觉得更清楚了。

生： 原来只是一种感觉，现在真正理解了。

师： 数学学习可不能只浮于表面，或停留于直觉，还得学会问自己三个字——

生： 为什么！

师： 只有这样，数学思考才会不断走向深入。关于半径，还有其他新的发现吗？

评点： 这样的渗透和提升，令人回味无穷！

生：它们的长度都相等。

评点： 前面早有学生说过了，这算不上新发现。

师： 同意的举手。（又一次全部举起了手）了不起！不过——

生： 为什么？（话还没说完，一大半学生又不自觉地收回了手。听课教师大笑）

评点： 让学生即学即用，自说自省——张老师采取的学法渗透策略新颖实用，入耳又入心。

师： 有这样的追问意识挺好！不过，光等着别人来回答也不是个办法啊。这样吧，我稍作提醒：课前，数学老师让咱们都带了直尺，猜猜为什么？

生：（恍然大悟）可以量。

师： 那还等什么？下手！（笑）当然啦，如果你觉得不用量也能知道，一会儿可以补充。

学生操作后，发现圆的半径的确都相等。

师： 有没有同学说，老师，我不用画、不用量也能知道。如果有，那就叫超越！

生： 其实根本不用量。因为画圆时，圆规两脚的距离一直不变，而两脚的距离其实就是半径的长，所以半径的长度当然处处相等。

评点：学生的视角多么独到！

师：多妙的思路！看来，画一画、量一量是一种办法，而借助圆规画圆的方法进行推理，同样能得出结论。好了，通过刚才的研究，关于半径，我们已有了哪些结论？

生：半径有无数条，它们的长度都相等。

评点：由学生来作小结。应该提倡！

师：其实，关于圆，早在2000多年前，我国古代伟大的思想家墨子也得出过和我们相似的结论。只不过，他的结论是用古文描述的，不知道你们能不能看懂？(课件出示："圆，一中同长也。")

生：一中，应该是指圆心。

师：没错。圆心，不正是圆的中心嘛。那同长——

生：应该是指半径同样长！

师：这样看来，墨子得出的结论和我们刚才得出的——

生：完全一样。

师：想想，2000多年前就得出了这样的结论，感觉怎么样？

生：我觉得他们很了不起，很聪明。

评点：借古人精粹小语，演绎当今数学课堂生活。在这里，墨子的话与本节课的数学知识紧密交织在一起，达到了水乳交融、自由贯通的和谐境界。

师：其实，你们也很棒！才二十多分钟，就走过了几代数学家们共同探索、研究的历程。(笑)不过，后人在研究这一句话时，也有人提出了不同的想法。比如，有人就指出，这里的"同长"除了指半径同样长以外，还可能指——

生：直径同样长。

师：没错。(板书：直径)连接圆心和圆上某一点的线段叫半径。那么，怎样的线段叫直径呢？(少数学生举手)我猜，多数同学不是不知道，而是不会用语言来描述，是这样吗？(多数学生连连点头)那么，你能用手比划出一条直径吗？

学生比划。

师：刚才的半径是同学们画的，这回，我想自己来试试。行吗？

生：行。

师：猜猜看，老师会不会画错。

生：不会，老师怎么会错呢。(听课教师笑)

生：我觉得可能会。

师：是呀。万一我真画错了，或者可能要画错了，同学们千万别客气，看谁能在最短时间内大声喊出一个字——

生：错!

师：当然，如果画对了，也不要无动于衷，看谁能在最短时间内喊出一个字——

生：对。

评点：张老师在营造积极活跃的课堂气氛上，真是下足了工夫。我个人认为，数学课堂教学不宜追求处处热闹，静心思考是课堂生态中不可或缺的重要元素。

师：那我就开始了?

教师故意将直尺摆放在偏离圆心的位置，提笔欲画。

生：错!

师：我还没开始呢。(大笑)

生：老师，您的直尺放错位置啦，应该放在圆心上。

师：哦，原来是这样。

教师调整好直尺的位置，并从圆上某点开始画起，画到圆心时停下。

生：错!

生：这才是一条半径呢，还得继续往下画。

教师继续往下画，眼看就要画到圆上另一点时，教师不露痕迹地停下了笔。

生：对!

生：不对!是错的。我们上当了。

师：说出去的话，就像泼出去的水，收不回来了。是你们喊对的，怎么又反悔了?

生：还没到头，还得再往前画一点点。

生：没想到，老师这么坏。(笑)

评点：哈哈，老师确实够“坏”的!你看，学生被“忽悠”得多么兴奋和投入啊!这样的“坏”，是教师幽默与智慧的结晶。

教师继续往下画。就在学生喊“对”时，教师又悄悄地往前画了一小段。

生：不对！不对！

生：老师，又出头啦。

师：那干吗喊对呀？

生：我们又上当啦。

师：一会儿对，又一会儿错，都给你们弄糊涂了。那画直径到底得注意些什么呢？

生：（七嘴八舌地）得通过圆心。

生：两头都要在圆上。

生：还不能出头。

师：哈哈，这就对啦！数学上，我们把通过圆心，两端都在圆上的线段就叫做直径。直径通常用字母 d 表示（板书：d）。请在你的圆上画出一条直径，标上字母 d。

学生操作略。

评点：真是妙趣横生、精彩纷呈的艺术课堂！做张老师的学生，真不知道有多么惬意！张老师对“反向摩擦”的运用已臻化境。即便如此，我仍然认为，先让学生试画直径教师再相机而导也是个不错的教学选择。

师：半径的特点倒是研究过了，那么，直径又有哪些特点呢？同学们可以有两条路选择：第一，从头开始慢慢研究；第二，和半径比较着进行研究。

生：和半径比较着研究。

评点：会选择合适的学习策略进行学习是一种十分可贵的学习智慧。张老师特别善于捕捉进行渗透的契机，其渗透的方式更是自然无痕。可惜的是，张老师对学生接下来的“比较研究”介入太勤，干预过多，学生根本无法自力更生地“潇洒探一回”。难道张老师还担心有新的意外出现吗？

师：是呀，并不是所有问题都得从头再来。那么，半径倒是有无数条——

生：直径也有无数条。

师：半径的长度倒是都相等——

生：直径的长度也都相等。

师：（板书：无数条、都相等）都同意？

生：同意！

师：三个字——

生：为什么？(笑)

师：直径有无数条，我们就不必去探讨了，原因和半径差不多。那直径的长度都相等，这又是为什么呢？同学们可以借鉴研究半径时的方法进行探索，也可以相互交流。

生：我们是量的，发现直径的长度都是 6 厘米。

师：瞧，动手操作又一次帮助我们获得了结论。

生：不用量也行。我们发现，每一条直径里面都有两条半径，半径的长度都相等，那么，直径的长度当然也都相等喽。

师：在我们看来，这只是一条直径，但在他的眼睛里，却还看出了两条半径，多厉害！尤其是，他的发现还帮助我们获得了一个新的结论，那就是，在同一个圆里，直径和半径是有关系的。谁能用最简洁的语言描述出它们之间的关系？

评点：抓得准，转得妙！

生：直径是半径的两倍。

师：挺好。还能更简洁吗？

生：半径乘以 2 等于直径。

师：用上数学算式，的确又简洁了些。不过，还能更简洁吗？(见无人举手)想想它们的字母——

生：哦，我知道了，$d=2r$。

师：怎么样，这一含有字母的式子，有没有把直径和半径之间的关系表达出来？

生：表达出来了。

师：准确吗？

生：准确。

师：简洁吗？

生：简洁。

师：这就是数学语言的魅力！学到现在，相信同学们一定有不少收获。来，把你的收获，在小组里交流一下。

评点：看似不经意，实则有深意：符号化思想就这样潜入学生的心底！

学生交流，教师参与其中，倾听学生的表达。

师：不过，同学们可千万别小看我们刚才得出的结论。(教师课件出示下图)试想一下，如果在一个圆里，圆的半径不是都相等的，而是有的长、有的短(在图 4 中比划)，想象一下，最后连起来的还会是一个光滑、饱满、匀称的圆吗？

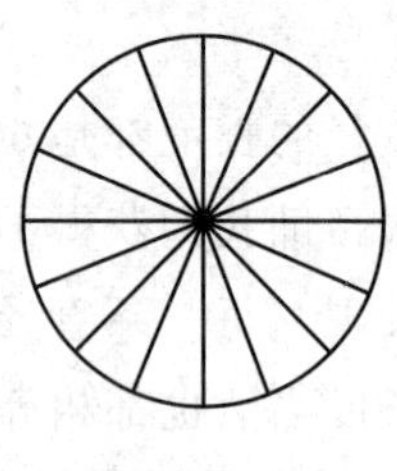

图 4

生：不会。

生：那样的话，就会凹凸不平了。

师：现在看来，课前老师提出的那个问题：究竟是什么内在的原因，才使得圆这个图形看起来这么光滑、饱满、匀称，答案找到了吗？

生：找到了，应该是半径。

生：不对，是半径的长度都相等。

师：是呀，正因为在同一个圆里，半径的长度处处相等，才使得它看起来如此光滑、饱满、匀称。圆的美，其内在原因也正在于此。

评点："探寻并感悟圆的美"是整节课发展的主要线索。在"寻根究底"这一板块中，用圆规画圆的方法，圆心、半径、直径等概念的揭示以及半径、直径特征的探寻，都紧紧围绕着这"圆之所以最美的内在原因"这一主问题而展开，而答案最终聚焦在了"圆的所有半径都相等"上。教学至此，学生除了获得对圆的整体美的领略，更是透过概念与特征的学习，对"圆之所以最美"的内在原因获得了深刻体验。在这一过程中，概念的掌握、知识的习得都不再是孤立于整个课堂之外的，知识习得、方法建构、意义探寻、美感体验整体交织于数学课堂之中，成为学生数学素养得以生成的重要途径。

三、沟通联结

师：不过，又有人提出质疑：在同一个平面图形中，具有这样等长线段的又不只是圆一个。不信？我们一起来看。瞧，这是一个正三角形(见图 5-1)，从它的中心出发，连接三个顶点，这三条线段的长度——

生：都一样。

师：这样的线段一共有三条。再来看正方形(见图 5-2)，这样的线段有几条？

生：四条。

师：正五边形(见图 5-3)呢？

生：五条。

师：正六边形(见图 5-4)呢？

生：六条。

师：正八边形(见图 5-5)呢？

生：八条。

师：圆有多少条？

评点：教师只有自身对数学知识的本质达到了通透理解的程度，并有心在教学中对数学思想进行渗透，才会提出这样大胆的问题。看似突兀的提问，实则暗合情理。

生：无数条。

师：难怪有人说，圆其实是一个——

生：(小小的声音)正无数边形。

师：多有意思的描述呀！刚才，我们是一个一个来观察的，下面，我们再完整地来看一看。(完整呈现下图)

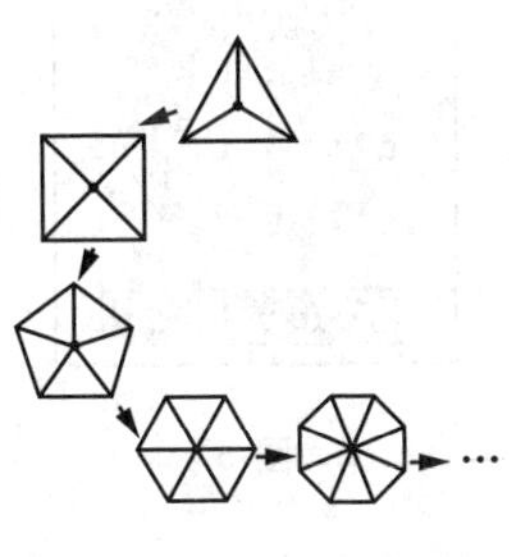

图 5

评点：把各种图形有次序地完整呈现出来，不需要教师多说什么，学生的动态思考已经悄然启动了。

师：从正三角形到正四边形、正五边形、正六边形、正八边形，随着正多边形边数的不断增加，你发现了什么？

生：它们好像一个比一个更像圆。

师：谁最像？

生：正八边形。

师：不过，毕竟离圆还有一些距离。要是怎么样，就能更接近一个圆？

评点：逼着学生去想象。是个好问题！

生：边数要再多一些，一定会更接近。

师：真会这样吗？想不想通过实验来验证一下？

生：想。

师：想看正多少边形？

生：正一百边形。

师：也太猛了吧。(笑)还是循序渐进比较好。

评点："循序渐进"当然是好方法，但"循序细问"就算不上好教法了。倘若先让学生对如何"循序渐进"作出整体上的规划，再比较集中地演示、分析、提炼，学生的收获会更为内在和充实。我觉得，环节该再粗些，问题该再大些；教师该少说些，学生该多想些。

生：那就正十六边形。

生：正二十边形。

师：先，就先来看看正十六边形吧。(师借助简化后的几何画板，在电脑中画出如下图形。)和正八边形相比，感觉怎么样？

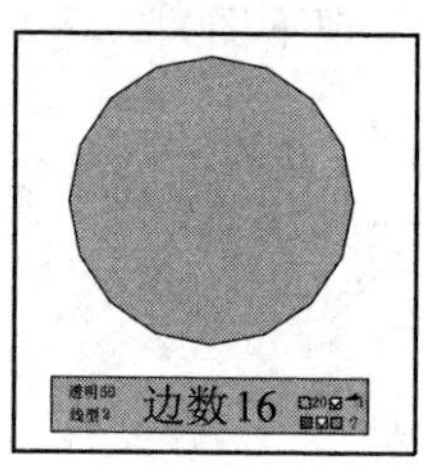

图 6

生：虽然还不是圆，但更接近了。

师：还想看正多少边形？

生：正三十二边形。

教师操作，并呈现下图。

生：哇，更接近了。

生：简直就是一个圆。

师：真是圆了？

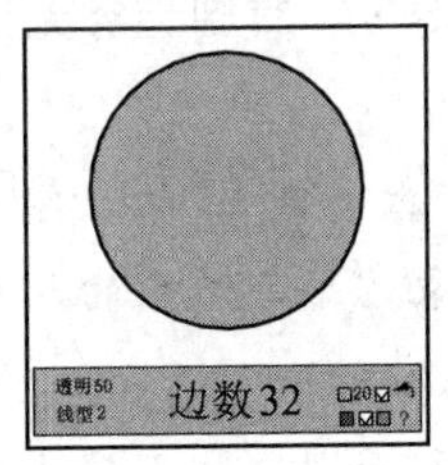

图 7

生：不对，还不是，只是更接近了。

评点：这一问一答，使学生的观察更加精微，思维更加缜密，认识也变得深刻。而且，学生产生了继续看下去的内心期许。

师：还想看正多少边形。

生：正一百边形！

评点：其实，学生早有此意啊。如果让学生充分表达一下自己的内心期许，学生肯定会释放出更多有价值的信息，教师则可相机转入后面环节的教学。那样，教学的意境就更开阔了！这里的教学步子可以迈得更大些！在张老师的课堂教学中，我发现一个十分矛盾的现象：一方面，张老师能敏锐地捕捉到学生发言、做法中蕴涵的疑问、矛盾和闪光点，并引领学生做出新的更具深度的数学思考；另一方面，张老师又会有意无意地放弃或忽略对学生发言、做法的进一步考量，把已经显现的教学资源置于可有可无的境地。这种矛盾现象表明，张老师内心最看重的还是学生能不能在教师需要的时间内呈现出教师最想要的东西。

师：行，满足你们的要求。

教师操作，并呈现如下正一百边形。

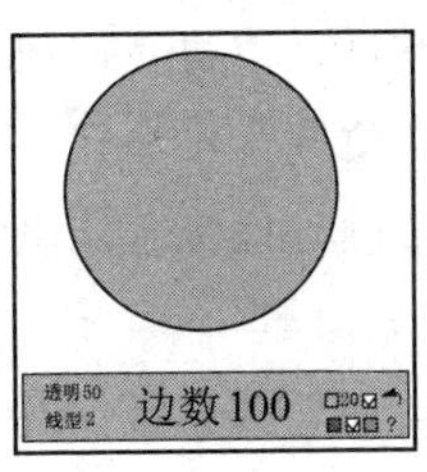

图 8

生：哇，真是太圆了。

师：别急，这才正一百边形呢。想象一下，如果是正一千边形、正一万边形，甚至正一亿边形，等等，直到无穷无尽，这时——

生：它就是一个圆了。

评点：真是“行乎当行，止乎当止”的教学艺术！当几何画板的演示为学生积累起了丰富的图形表象之后，学生的想象力也获得了向更远和更高处飞腾的足够能量。于是，课件演示“退位”，学生想象“上位”。

师：难怪有人说，如果我们把这些正多边形排成一排，正三角形站第一个，正方形站第二个，正五边形站第三个，这样排下去，猜猜看，这排队伍的最远方站着的应该是谁？

评点：张老师的语言极富画面感！佩服！

生：是圆。

师：不对呀，我们都是直线图形，你曲线图形跑来干吗？(学生一时不知如何回答)好了，不难为大家了，这里涉及更高深的数学知识，到了中学、大学，相信同学们一定会有更深入的了解。

评点：“曲径通幽处，数学感悟深”——这是我对从正三角形逐步演变到圆形这一教学过程的整体印象。随着正多边形边数的逐渐增加，直线图形将呈现出怎样的变化与趋势？正多边形的极致——正无穷边形究竟是谁？沿着教师铺好的学习台阶，学生拾级而上，蓦然发现：直与曲这对矛盾在“最遥远的尽头”竟然获得了一种对立后的完美统一。对学生而言，这会是怎样的一种丰富体验呀？而有限与无限这对哲学上极具挑战性的矛盾，也在这里获得了一种比照后的相融。耐人寻味的是，直与曲的对立统一一直延续到教学的最后一环。张老师的课堂教学充盈着一种丝丝入扣的细腻和一股层层推进的气势，矛盾的发展功能被张老师在课堂上演绎得游刃有余。

师：其实，关于圆，还有许多值得我们研究的问题。为了便于大家研究，课前，老师还为每组的两位同学准备了一个圆片。细心的同学一拿到这个圆片，一定会发现，这个圆好像没有标出圆心，发现了没？

生：发现了。

师：既然圆心都没有标，那它的半径又是多少呢？还能想办法测量出来吗？

生：能。

学生操作，随后交流。

生：我们组把一个圆对折，折痕就是它的直径。量出直径的长度后再除以 2，就求到了半径的长度，是 3 厘米。

师：行不行？

生：行。

师：可别小看这一方法。正是这一对折、一重合，还让我们在不经意间发现了圆的另一个秘密，那就是，圆其实还是一个——

生：轴对称图形。

生：而且，圆还有无数条对称轴呢。

师：也就是说，和其他轴对称图形相比，圆还具有无穷对称性。还有别的方法吗？

生：我们组把一个圆对折后再对折，一展开，两条折痕的交点就是圆心，找出圆心后，半径就能量出来了。我手中的圆，半径是 5 厘米。

生：其实不用展开，直接量出这条边的长，就是圆的半径。我们组的圆，半径正好是 4 厘米。

师：看来，八仙过海，各显神通呀！但有一个问题，不是说圆的半径都相等吗？怎么同学们手中的圆，半径有的是 3 厘米、有的是 4 厘米，还有的是 5 厘米。这是为什么？

生：说半径相等，指的是在同一个圆里，现在大家的圆大小不同，半径当然也就不相等了。

师：那么，同学们手中的圆，哪些最大？哪些最小？

生：半径 5 厘米的最大，半径 3 厘米的最小。

师：是不是这样呢？让我们举起来互相看看(生举起手中的圆)。看来，圆的大小和什么有关？

生：和半径有关。

师：半径越长，圆——

生：越大。半径越短，圆越小。

师：刚才，有同学悄悄地问我，老师给我们的这些圆，圆心都没标，应该不是用圆规画出来的吧！你们觉得呢？

生：是的，如果用圆规画的话，应该会留下一个针眼。

师：那不用圆规，我又会是怎样画出这些圆的呢？

评点：经此一问，学生已有的画圆经验被重新激活并释放出来。令人欣喜的是，学生在追想各种可能的时候，不同的做法、想法之间的相互碰撞进一步拓展了学生的思维疆域、深化了学生的数学思考。

生：用一只碗扣在白纸上，然后沿着碗边描一圈画出来的。

师：依葫芦画瓢？嗯，有想象力！但很遗憾，不对。

生：可能是用一根绳子的一端拴着铅笔，另一端固定，然后把铅笔绕一圈画出来的。

师：很有创意的想法，简直就是一把简易的圆规。但很遗憾，还是不对！

生：我知道了，你是先画一条线段，然后换一个方向再画一条同样长的线段，然后再换方向画下去，最后把这些线段的端点连起来，就画成了一个圆。

师：你太有想象力了！待会儿的学习中，我们将一起来验证你的这一想法。行了，不用再猜了，答案其实就藏在这里。

教师打开 Word 文档，并利用画图工具作出了一个标准的圆(如图 9)。

评点：真是别出心裁！——连 Word 文档中的圆都逃不过张老师的法眼。这就是张齐华，不仅有一双善于发现数学的眼睛，还有一个“夕阳芳草寻常物，解用都为绝妙词”聪慧头脑。作为数学教师，我们有必要自问一句：这么好的教学资源，我怎么就没发现呢？

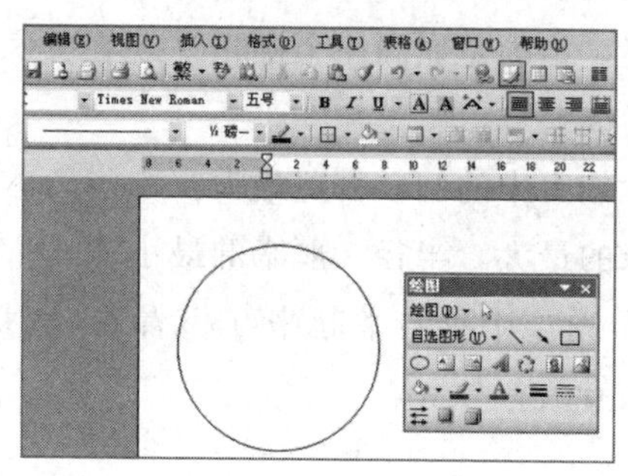

图 9

生：(恍然大悟)哦，原来是用电脑画的！

师：可问题又来了。这样画圆，大小很随意，半径怎么可能正好是 3 厘米、4 厘米或 5 厘米呢？难不成，我是用直尺在屏幕上量的？(生笑)

生：不可能！

师：别着急，继续往下看就知道了——

教师双击圆形，出现了一个对话框，其中有高度和宽度两个栏目。

师：想一想，对于圆来说，高度意味着什么？

评点：视角一转，数学的踪迹便充分凸显了出来。妙就妙在教者没有停留在只呈现现象的浅层面，而是与圆的重要特征进行了自然对接(有机关联)。对学生而言，既学习了用电脑软件作圆的技能，又巩固了本节课新学的数学知识，同时，经历这一环节对于培养他们的数学眼光也是一种极好的陶冶。

生：它的直径。

师：现在，要画一个半径3厘米的圆，高度得调整为多少？

生：3厘米。

生：不对，应该是6厘米。

教师将高度调整为6厘米，随后一回车，竟然出现了一个椭圆。

生：(恍然大悟)哦，还得调整宽度。

教师又将宽度调整为6厘米，再一回车，出现下图。

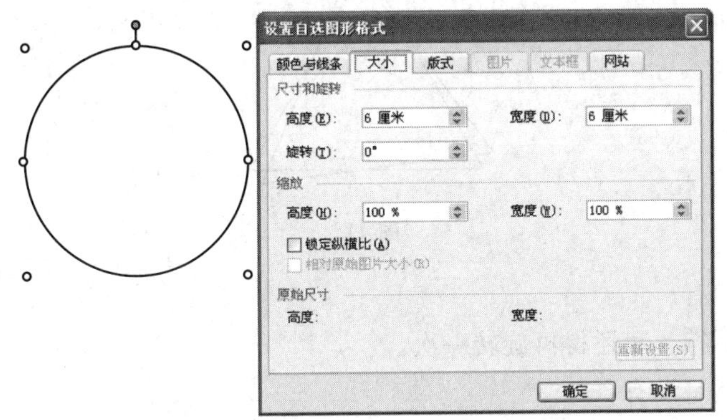

图 10

师：用同样的方法，能画出半径4厘米、5厘米的圆吗？

生：能，只要把高度和宽度分别调整为8厘米和10厘米就行了。

师：古人云，“没有规矩，不成方圆。”最初的意思是说，没有圆规是画不出圆的。现在看来，不用圆规，真的就画不出圆了吗？

生：不对，画圆其实还有很多种方法。

师：当然，话还得说回来，在所有这些方法中，用圆规画圆仍然是最常用的一种。既然如此，那么，假如老师非得用圆规画出这个半径3厘米的圆，那圆规两脚应张开多大距离？

生：3厘米。

师：如果画半径4厘米的圆呢？

生：张开4厘米。

师：这个圆的半径是5厘米，直径几厘米？

生：10厘米。

师：如果要画出这个圆，圆规两脚需要张开10厘米？

生：不用，只要张开5厘米就可以了。因为圆规两脚间的距离，其实就相当于圆的半径。

评点：光说不练假把式！此处不该教师"假如"，而应学生"真做"。

四、审美延展

师：最后，让我们再一次回到平面图形的世界，感受圆与其他图形错综复杂的关系。瞧，这里有一个正三角形，现在，我们沿着它的中心把它稍作旋转(出示图11)。旋转以后的三角形与原来的三角形有没有完全重合？

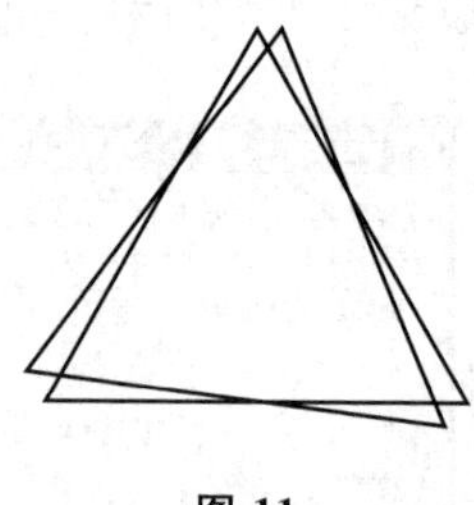

图11

生：没有。

师：不行，我还得再旋转一次。

生：还是没有。

师：再来看圆。想象一下，如果我们沿着圆心把圆也旋转一下，猜猜看，情况又会怎样？

生：不管怎么转，都会重合。

师：是不是这样呢，来，拿出刚才的圆，用铅笔尖抵住圆心，并按在桌面上，轻轻转一转。(学生操作，感受圆的这一特点)数学上，我们把圆的这一特点叫做旋转不变性。那么，三角形具有旋转不变性吗？

生：没有。

评点：通过正三角形和圆形分别沿着各自的中心点旋转后所形成的不同"样貌"的对比呈现，圆的旋转不变性特点被轻松析出。这个环节处理得简洁、自然、鲜明、深刻，为接下来圆与其他图形从"对立"到"统一"的转化埋下了伏笔。

师：不过别遗憾。如果我们按照特定的角度继续把这个三角形旋转下去，情况又会怎样呢？让我们拭目以待。

课件演示，最终呈现下图。

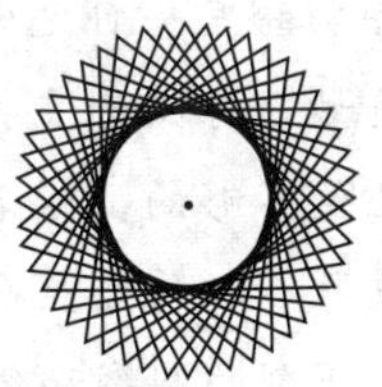

图 12

生：(惊讶地)哇，太棒了，居然是一个圆！

生：不对，是一个近似的圆。

师：瞧，直线图形转着转着，又回到了圆，真有意思。不过，刚才我们是绕着平面图形的中心点旋转的。如果绕着其他点旋转，还会出现这样近似的圆吗？

生：应该不会！

生：(声音很小)可能会。

师：会还是不会，还是用事实来说话吧！瞧，这是一个正方形，现在，我们绕着它的一个顶点旋转(课件演示旋转过程，最终呈现如下图案)。

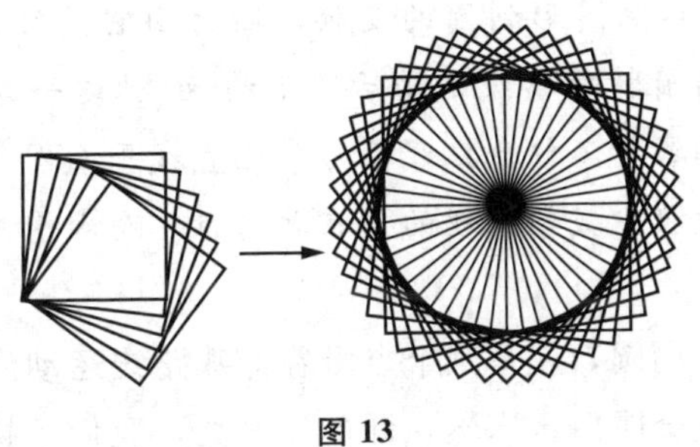

图 13

生：(不可思议地)居然也行！

生：好漂亮！

师：更漂亮的还在后面呢！(课件呈现如下两幅图)

图 14

生：哇！

评点：真是美不胜收、异彩纷呈！目之常所及，心定有所感。想必学生由此也获得了一种夹杂着美妙与惊叹的直抵心灵的审美愉悦。不过，光发出赞叹、显现惊讶的神色还是不够的。张老师如果在此处能与圆形半径的特点(或画圆的方法)做些关联，相信学生会在惊叹“漂亮”之余，对图形变换中的“变”与“不变”获得更深刻的洞察和体悟。

师：别光顾着感叹，能看出这两幅图是由怎样的图形旋转而成的吗？

生：椭圆。

生：线段。

师：想不想看看线段是怎样旋转成这幅美妙的图案的？

生：想！

师：不过，有个特殊的要求，观察时，请大家牢牢盯住线段的两个端点，看看线段旋转时，这两个端点是沿着怎样的轨迹移动的。

教师利用课件演示线段旋转的完整过程，学生根据观察到的情形，用手比画线段端点移动的轨迹。

评点：显然，在张老师的教学设计中“线段是怎样旋转成这幅美妙的图案”的地位优于其他图形到圆的变换，因为由它更容易引出下面“所谓圆，就是某个点沿着特殊路线运动后留下的轨迹”这一颇为抽象的数学话语。然而，这样的教学不仅会把线段与其他直线平面图形孤立开来，而且掩盖了上述图形变换中数学原理的内在共通性。个人愚见，这里做得有些功利了！

师：其实，所谓圆，就是某个点沿着特殊路线运动后留下的轨迹。到了中学，同学们就会明白。当然，课的一开始，我们还接触了其他的一些平面图形，比如长方形、梯形、平行四边形，甚至还有不规则的曲线图等。这些图形如果绕着其中的某一点旋转，会不会也出现和圆有关的美妙图案呢？如果你足够感兴趣，那就课后动手去试一试吧！相信，一定会有更多的惊喜在等待着大家！最后，千万别忘了把自己创作出的美妙图案和大家一起分享。下课！

评点：苏霍姆林斯基说过：“有经验的生物、物理、化学、数学教师，在讲课的时候，好像是微微打开一个通往一望无际的科学世界的窗口，而把某些东西有意地留下来不讲。”张老师在本课终了阶段的“拓展与延伸”对此作出了恰如其分的诠释。在经历了一次饱含诗意的数学文化的课堂之旅后，学生又将带着更大的问号走出教室，走向更加广阔的数学天地，这样的数学教学带给学生的是视阈的扩展、探究的引领、心智的启迪。这相当于在播撒智慧与希望的种子！作为数学教师，我们理应怀着如许的美好信念：在教师与学生的辛勤耕耘与用心浇灌下，这些种子有极大的可能破土而出、茁壮成长——种子的力量，不能低估！试想一下，如果没有在合适的季节播下过种子，不是连成功的可能都放弃了吗？

当然，以五年级学生的能力水平来看，张老师让学生“动手去试一试”愿望有些一厢情愿。为使“更大的惊喜”化成真切的学习收获，我认为，学生需要更加明确的指导。比如，教师可以向学生推荐几个与之相关的数学网站，告诉他们上网搜索时使用的关键词，或者是推荐几本数学课外读物。

向着数学文化的一次“华丽转身”

蔡宏圣（著名特级教师）

数学教育的每次变革都和数学观的发展变化紧密联系着。自从“数学是一种文化”的理念盛行以来，我们常常看到一些努力张扬数学文化的数学课。张齐华老师执教的两个版本的《圆的认识》，就是这方面的典型课例。将两个版本的课一比较，我们可以发现，张老师就“数学文化”完成了一次“华丽的转身”，这正如他在教后谈中所言的那样：“与其向着数学以外的‘花花世界’去寻找课堂的精彩纷呈，不如从纯粹的数学内部找寻数学内在的精神力量。”由外转内，说起来简单，做起来难。让我们从品张老师的课开始，思辨两个问题。

数学文化能走进随堂课吗

数学文化虽然没有公认的定义，但不管怎样界定，它都指向思维方式、价值判断、思想观念等。而我们平时教的主要是知识与技能。这就自然而然地产生了一个话题：数学文化能走进随堂课吗？或者说数学文化能否渗透在知识与技能的教学中？

张老师执教新版《圆的认识》时，首先让学生整体感受圆的美：在与直线图形的比较中，感受圆的圆润美；在与不规则曲线图形的比较中，感受圆的饱满美；在与椭圆的比较中，感受圆的匀称美。然后，花大气力引导学生在画圆的过程中进一步感受圆的美，体会到圆的所有这些美都源自圆的特征——同长。细细品味，这一过程蕴涵了认识圆应教学的所有知识与技能：怎样画圆；什么是半径、直径，半径、直径的数量有多少，它们之间有什么关系；不同圆中的半径、直径有什么关系，等等。学生如果没有掌握这些知识与技能，能理解圆的美是因为同长的缘故吗？答案显然是不言自明的。在课的“沟通联结”部分，张老师打通了“直”和“曲”的界限。这个环节阐释了是无数的同长成就了圆的美。同长不是圆独有的特点，正多边形之所以没有成为圆是因为其同长的有限，而圆之所以能被称为正无数边形是因为其同长的无限。在“审美延展”部分，张老师向学生展示，三角形不具有旋转不变性是因为其同长的有限，而圆具有旋转不变性是因为其同长的无限，任何图形都可以通过旋转产生圆。可以说，美的背后还是无限的同长。

回顾、考量张老师的课，我们可以真切地感悟到：数学的文化性应建立在数学知识与技能的理解上。说新版《圆的认识》是堂好课，一是因为张老师实现了演绎数学文化从“诉诸外”向“求诸内”的提升；二是因为无形的数学文化和有形的知识与技能在课堂中结合得比较完美。

数学文化，虽然表现为思维方式、价值判断、思想观念等层面上的东西，但不可避免地凝聚在或投射到数学定义、定理、技能中。可以说，文化性是数学的学科特质，数学文化与数学同在。学生领悟数学文化需要依托数学知识与技能，反过来，感悟到了知识与技能中蕴涵的文化底蕴的学生，肯定会加深对所学知识与技能的理解；而对知识与技能达到了新的理解程度，则又能在更高的层面上感悟其中的数学文化。如此螺旋上升，直至认识的高层次。鉴于此，我认为一线教师的随堂课和数学文化并不矛盾——关注学生数学知识与技能学习情况，实质就是站在眺望数学文化的此岸，就是获得了实践“数学是文化”理念的很好契机。

如何上出数学味的课

由于广大教师对于数学文化存在认识误区，因此很多教师热衷于在课堂中用绚丽的画面、优美的音乐等外在的东西来呈现数学文化，这正如张老师第一版《圆的认识》。客观地说，在常规的数学教学之外，添一些数学图案，加一点数学史料，讲某个数学家的故事等，也是彰显数学文化的可行方式，是展示数学文化的一个层次，但数学课如果没有了数学味也就没有了灵魂。因此，我们彰显数学文化不能一直停留在这个层次。那更高层次的数学文化从哪里来？或者说，有数学味的课堂从哪里来？

如前文所言，数学文化和数学同在，有数学就一定有数学文化。因此，对数学文化性的认识取决于对数学的认识、理解程度。张老师在教后谈中说，“一旦真正要转向数学本身，此刻，考验你的已经不再是你占有多少资料，而是你对数学本身，更进一步地，也就是你对圆这一平面图形究竟有多少深刻的洞察与解析。”这是对此课数学文化源头的极好注解。数学教育不是简单地“教育＋数学”，一方面需要从上位的教育理论出发，给数学教育提出指导性意见；另一方面需要从数学的角度，提出数学教育的特有规律。因此，随堂课有没有数学味，首先就取决于教师有没有从数学的角度设计教学的意识。张老师说，在第二次设计《圆的认识》的教学时，清晰地确立了“三不”标准，其实质就是确立了有意识地从数学的角度来阐释圆的美的意识。数学教学哲学指出，某个数学知识为什么这么教，而不是那么教，不是由教育学、心理学、教学法决定的，而是由所教知识的数学本质决定的。很多教师教学“三角形的稳定性”时安排了拉三角形木架和四边形木架的操作。为什么有这样的安排？就是因为这些教师认为，稳定就等同于牢固，让学生认识三角形的稳定性就是让学生体会三角形的木架比四边形的木架牢固。而从数学的角度考究，三角形的稳定性是指三角形的三边长度确定之后，它的形状与大小都不会有变化。有这样的认识作基础，就会发现组织学生拉木架的活动毫无意义，而应该让学生用三根固定长度的小棒，在有方格背景的纸上搭三角形，引导学生体会无论怎样搭，三角形的形状都不变。因此，虽然不能具体地说一堂数学课的数学味应该体现在哪里，但可以肯定地说它源自教师从数学角度考量教学的意识。

数学文化具有其他文化形式所不具备的特点，感受数学文化也应该用不同一般的方式。例如，数学具有抽象性、形式化的特点，正是这个特点，使得数学具有不同于文学、绘画、音乐等形式的文化品味。这实际上揭示了，数学的文化性不是用眼睛看到的、用耳朵听到的，也不是用其他感官感受到的。数学的抽象性、形式化特点源自数学的思维活动，感受数学文化就必须要通过思维，没有数学思维活动，就不可能感受数学文化。理清楚这点很重要，它给了我们一个方向：随堂课中的数学文化，或者说数学味，浸润在数学知识与技能的形成过程中！随堂课中，充分地展示知识与技能的形成过程，引导学生积极开展思维活动，也就让学生有机会领悟数学的方法；有机会体会原来数学并不是来自权威和课本，自己也能创造数学；有机会体会数学与生活的密切关系；有机会感受怎样从数学的角度思考和解决问题，等等。让学生在知识与技能形成过程中开展积极的思维活动，随着理解的不断加深跨越纯粹的认知层面，而直抵数学的文化层面，这就体现了鲜明的数学味。因此，教师不应该脱离数学知识与技能的形成过程，去琢磨给课堂加什么文化的东西，怎样体现数学味，而应该积极引导学生投入到知识与技能的形成过程中。在这样的数学课堂中，文化品味的流淌是水到渠成的事情，数学味也就成了课堂的灵魂。

好课如同好茶，都是需要品的。品茶，静心悟道才是至理。品课，莫不是如此！

我们需要怎样的教学思维

张良朋

在张齐华老师的教育生命里，一定有一种挥之不去的“圆”的情结。2003 年年底，因为《圆的认识》所展现出的别样风采，我们惊叹“数学，原来可以如此美丽”，更认识了这位极具才情和开拓精神的年轻人。最近几年，他执著于数学文化课堂之旅的探寻，上出了很多令人印象深刻的好课。然而最令他牵肠挂肚的还是“圆”，他不断地对《圆的认识》进行理论反思和实践重构，希冀能以一个全新版本的《圆的认识》实现对自我的再次超越。摆在我们面前的这个最新版本的《圆的认识》，无疑是非常精彩的，似乎“所有的课堂细节都迸射出了明亮、晶莹的光辉”。有教师评价说，这是“一堂纯粹而丰富的数学课”“这样的数学课堂意境堪称圆满”。尽管我也是怀着十分欣喜而激动的心情看了这节课，但冷静下来后我最关心的却是问题：《圆的认识》这堂课究竟好在哪里？它是否真的已经做到了无可挑剔？这堂课还能变得更好吗？随着对这些问题及其答案的一次次思考，我感觉自己似乎发现了一些更为有益的东西。

这堂课究竟好在哪里

除了在前面评析中提到的那些优点，我认为这堂课的“好”还体现在以下几个方面：一是，这堂课创设了情趣与理趣交融的良好氛围。学生既感受到了张老师来自精神层面的关怀和激励，又切身体验了进行数学思考所带来的乐趣。张老师对学生心理的深刻洞察和巧妙引导充分展现了其深厚的心理学功底。二是，这堂课实现了数学知识掌握与数学能力发展的相依共进。张老师善于发现和捕捉隐藏于学生言语行为中的教学资源，并能对教学资源进行恰如其分的开掘和独特细腻的转化。张老师对数学知识本质的透彻理解及其灵活精湛的教学引导技艺实为我等的学习榜样。三是，这堂课完成了对相关数学文化的自然渗透。张老师的数学课堂对具体的数学知识和方法从不排斥。相反，他认为知识和方法是数学文化的载体，是数学的文化价值赖以彰显、实现的母体和根系。在《圆的认识》这堂课上，知识的学习伴随着丰富的数学思考，方法的渗透伴随着理性精神的培育，能力的提升伴随着数学美感的体验，数学文化是内在、相融于数学课堂教学中与之共同发展的。

这堂课里的潜在问题

我一向认为，衡量一堂课好不好，不仅要看教师做了什么，更要看因为教师学生能做些什么。也就是说，学生在课堂上的发展状态和发展程度是我评价一堂课的最重要指标。正是从这样的角度出发，我认为《圆的认识》这堂课最大的问题在于，“教的课程”过盛，而“学的课程”贫弱。

表现一，教的内容过多。这堂课里，荟萃了十分丰富的“教的课程”，它们似乎是被最大限度地组织在了一起，而“学的课程”却被挤兑压缩得无法充分展现开来。在教学中，虽然张老师从未直接要求学生必须做某一件事，但他经常以暗示性极强的话语或“循序细问”的方式间接要求学生做他预设好的事情，学生除了照办，实际上别无选择。一堂课从头至尾听下来，给人印象最深的是张老师本人的敏锐、博学与智慧，至于学生的整体表现就有些黯淡无光了，用“中规中矩，甚合师意”来形容是较为贴切的。好的教学应该指向并体现在学生的自我导向学习上，但在这堂课上，学生“说了算”的时候并不多。试想，这么多的内容顺顺利利地上下来已接近40分钟，也难怪老师不能给学生留下较为充分的自主学习空间而用大量“短、平、快”式的课堂对话来“逼”学生就范了。

表现二，教学环节过细。张老师这堂课的整体教学架构是开放的，教学中也提出了好几个开放性的大问题。但可惜的是，每次把开放性的大问题抛出后，张老师不等学生酝酿和发表自己的独立见解，就很自觉地把大问题分解细化成若干有联系的小问题让学生一一作答。这样一来，学生的回答次数的确是增加了，但思维的含金量却大大降低，开放性的大问题已经被异化成了封闭性的小问题。教学环节过细，虽然能营造出活泼热闹的课堂气氛，让我们即刻就能看到学生的“正确反应”，但对于学生的长远发展来说却是一种真正的伤害。拉姆·戈维的话或许能警醒我们：给他越多的指示，他越会自己绊倒自己。教学环节过细，还意味着课堂上真正的教学冲突的消失。杜威早就说过：“冲突对思想来说是一种触媒，诱发我们主动观察和修正，激励我们去创造，冲击我们像绵羊般的温顺，使我们警醒、敏锐并动脑思考。”由此可见，如果没有了真正的教学冲突，课堂就会变成学生思维惰性赖以滋生和蔓延的温床。

表现三，对话形态单一。在整个教学过程中，教师一直把持着提问的权力，教师没有给学生质疑的机会，也没有学生主动提出自己的问题。教师提出的多是一些类似“你已经知道了什么？”“你还想看什么？”“能不能行？”这样不假思索就能回答的问题，而像“猜一猜，他们可能在哪儿出问题了？”“你还想研究什么问题？”“你对她的回答有什么评价？为什么这样看？”“我们用什么方法来验证一下你的想法是否正确？”这样需要学生费上一番脑筋才能解决的问题太少了。看看实录中的对话我们不难发现，教师说的话大都较为完整、字数多，而学生的话却往往像填了一空、只有几个字而已。另外，“一问一答”的对话充斥着整堂课，一个问题经由三个以上(含三个)同学连续回答的只有两次，生生对话更是几近于无。这些都表明，这堂课的教学对话与“丰富、多元、民主、平等”的真对话尚有不小的距离。

表现四，教学路径狭窄。有的老师坦言：“听张齐华上课，你很难预料到他下一个环节可能会做什么。”一方面，这是对张老师匠心独运的教学艺术的肯定；另一方面，这也道出了一个事实——连我们的听课教师都难以预知和把握张老师教学设计的发展脉络，那课堂上的学生恐怕更是理不清头绪了。既然学生自己都不清楚学习的基本思路，这进一步表明，学生无法真正参与到张老师的课堂教学决策中去，他们的学习活动整体上是被动跟随的。特级教师张思明对此有过精当的评述："教师不要自己总当'导游'，而应该把'导游路线'设计的'天机'有意识地泄露给学生，使他们能体验出'导游'是怎么当，从而自己也能尽早成为'导游'。学生成为'导游'的过程就是学生自主探索学习的过程，周边的景致就是激发、诱导学生创造的力量，这种力量来源于设计的'天机'与景致的自然融合。"当然，在某些片段中，张老师也充分展现了其"以学定教"的教学思维，但"局部自由"不足以构成对"整体控制"的冲击和改变。大家仔细研究一下实录中张老师是如何启动和连缀新的学习活动，你就会发现，委婉客气的背后却透着一种不容置疑的要求。

改写我们的教学思维

"教的课程"过盛，"学的课程"贫弱绝非张老师这节课独有的问题，它实质上是当下的数学课堂教学中极为普遍的一种病态现象，严重损害着学生在数学思考、数学思维、数学思想、数学精神等各个方面的自主、和谐的发展。应对这样的挑战，不是哪一个人的事，真正解决它要靠我们集体的智慧和行动。

我的想法是，我们的数学教学思维必须重新改写，为促进学生数学素养全面、持续、和谐地发展而重新改写。具体来说，就是改变"教的课程"过盛，"学的课程"贫弱的病态现状。首先，我们要改变"教得越多，学得越好"的陈旧观念，处理好教学内容的丰富性和精粹性之间的矛盾，研究教与学内容的容量安排和融合方式，力求以较少的教学材料组织实施较多的优质学习活动；其次，我们要解决好教学环节粗放和细腻之间的矛盾。教学环节既不是越细越好，也不是越粗越佳，而是应在粗细之间保持相对的平衡，粗中有细、粗细结合才是优质课堂环节设置的正途。这和我们吃饭是一个道理，吃饭主要是为了营养的需要，而不应只靠滋味取胜；再次，我们要改变教学对话形态单一的弊病，真心实意地构建"丰富、多元、民主、平等"的教学对话，把课堂变成教师与学生、学生与学生"情感共鸣、智慧共享、个性共扬"的对话场；最后，我们要拓宽和丰富数学教学的路径，教师除了在课前要根据了解到的学情分层预设教学路径，还要在课堂上能根据学生的临场表现相机而变生成新的教学路径。总之，我们数学教师的教学思维应当努力实现向"以学定教，因生而变，为生服务，助生发展"的深度跃迁，让学生的"学"因为教师的"教"变得更加生机勃勃、强健有力。

教学是门遗憾的艺术，没有人可以做到尽善尽美。我提到张齐华老师课堂教学中存在的一些瑕疵(很可能是吹毛求疵)，大家对此应该理性地审视和吸纳，反批评也是需要的。最后我只想提醒大家一句话，在许多事情上，“很好”常常会成为“更好”的敌人，对此我们必须怀有一颗不断反思的心。

给出我的解

张楼军(江苏)

无疑，这是一节设计精妙、美轮美奂的课堂。然而，站在另一个角度审视，我们或有一些完全不同的思考，而我也将尝试着给出基于这些思考答解。

纵观整个课堂实录，我有一种很强烈的感受，即课堂教学中不管学生如何，知识的多少、深浅都掌握在教师手中。教师控制着知识的源头，一点一滴地“引导”，一个接一个地“施舍”。很明显，这是一节以教师为中心的课堂。

看不到学生，其实在细读张老师的课前思考时，我就明显感觉到了。张老师从数学文化到数学味的阐述，展示了他对数学学科所具有的深厚的底蕴。然而当教师对学科内容有了更详细的了解、更深入的理解之后，其思维也难免会被他所知晓的知识所操纵，从而自觉不自觉地成为知识的“傀儡”。我以为，一个学科教师的确需要对本学科有比较深入的理解，但这种理解应深入教师的骨髓，在教学的一言一行中成就一种氛围，让学生浸染其中，而不一定非要在每一堂课上都展示出来。很多时候，我们应该腾出另一只手，更多地去研究教学的另一个重要组成部分——学生。比如，课前，学生已有的经验是什么，有多少？课堂上，学生究竟应当获得怎样的知识与能力？学生最终要达到怎样的程度，这一课又是如何体现的？

还有，课堂中教师的语言占据了教学的大半江山；课堂中教师的教学步骤紧锣密鼓，没有给学生留下足够的活动时间；问题大多来自于教师，学生总在被动接受，鲜有学生原发问题的展现；交流基本上是单向式的教师问学生，看不到学生相互之间的思维碰撞(课堂中仅有一次集体相互交流，而且是学生交流自己的学习所得)；课堂所触及的也仅仅是教师所掌握的知识，看不见学生课外、丰富、个性的生活世界……这些都说明了什么？课堂是封闭的，课堂是教师的。正如张兴华老师所言：在一堂课上，如果听到的总是教师的声音，那么学生的思维、观念与价值又该如何真正得以改变？

这同时也是一节浅思考的课堂。课堂需要思维的参与，数学课堂更是如此，但这一堂课，真正能激发学生思考的问题有多少？真正让学生沉浸其中的问题又有几个？学生在课堂上有没有进行长时间的深入思考？有没有因思考而异常兴奋？仔细寻找课堂实录，答案是：没有！一问一答，简单、快速的对话充斥着整个教学空间，教师的问题是表浅的，学生的思考也是表浅的。

这样的评价在有些老师看来也许过于吹毛求疵，但我不这样看。以这节课为例，我给出一个解，大家不妨批评：

我会非常在意学生的已有经验，并鼓励学生主动获得新知。因此，如果学生没有这一课的知识储备，我会请他们首先自学这部分教材。

我也许会安排一个“周末作业”，让学生找一找有关圆的知识，或上网、或询问家长、或查找资料，然后让他们自由交流，最后再集体汇报，因为我知道教师并不是唯一的知识源。

有了这样一个基础，就可以正式上课了。

在课堂上，我会让他们先在小组内说一说自己的所得，然后把他们所知道的一一列举。我还会问一问他们，还有没有困惑，如果有的话，提出来，让学生们一起讨论解决。学生实在无法解答的，我就亲自出马。学会提问题远比只会回答问题重要得多，而同伴互助则比教师的“权威”解答更有效。

如果学生们都没有困惑了，那好，我就对着每一个知识点依次追问为什么，督促学生们反思自己的所学，让他们利用已有的知识对新知做出合理的解释。批判的意识、数学的逻辑性在每一次的追问中点点渗入。

我还会把问题硬生生地抛给学生，不给丝毫的提示，但给予更多的时间，让他们学会独立面对，学会自主解决。我非常在意学生是否真正投入地去思考问题，因此，我追求静悄悄的课堂，喜欢课堂里长时间的宁静，引领学生体验思考的乐趣。

我还会设置一些精当的练习来考验他们所学知识的科学性。

当然了，我不会刻意追求知识的入木三分，脱离学生的既有能力揠苗助长，学生能达到的尽力达到，学生无法理解的，那就等一等。我更不会在意课时的多少，今天这节课必须要完成多少的内容。今天没有完成的不是还有明天吗？不被知识所规划，不被计划所规划，这样的课堂才是真正的学生的课堂。

向着数学纵深处开掘，以《交换律》教学为例

《交换律》教学实录

一个例子，究竟能说明什么？

师：喜欢听故事吗？

生：喜欢。

师：那就给大家讲一个“朝三暮四”的故事吧。（故事略）听完故事，想说些什么吗？

结合学生发言，教师板书：3＋4＝4＋3。

师：观察这一等式，你有什么发现？

生 1：我发现，交换两个加数的位置，和不变。（教师板书这句话）

师：其他同学呢？（见没有补充）老师的发现和他很相似，但略有不同。（教师随即出示：交换 3 和 4 的位置，和不变）比较我们俩给出的结论，你想说些什么？

生 2：我觉得您（老师）给出的结论只代表了一个特例，但他（生 1）给出的结论能代表许多情况。

生 3：我也同意他（生 2）的观点，但我觉得单就黑板上的这一个式子，就得出“交换两个加数的位置，和不变”好像不太好。万一其他两个数相加的时候，交换它们的位置，和不等呢！我还是觉得您的观点更准确、更科学一些。

师：的确，仅凭一个特例，就得出“交换两个加数的位置，和不变”这

样的结论，似乎草率了点。但我们不妨把这一结论当作一个猜想(教师随即将生 1 给出的结论中的“。”改为“?”)。既然是猜想，那么我们还得——

生：验证。

验证猜想，需要怎样的例子?

师：怎么验证呢?

生：我觉得可以再举一些这样的例子?

师：怎样的例子，能否具体说说?

生：比如再列一些加法算式，然后交换加数的位置，看看它们的和是不是跟原来一样。(学生普遍认可这一想法)

师：那你们觉得需要举多少个这样的例子呢?

生：五六个吧。

生：至少要十个以上。

生 4：我觉得应该举无数个例子才行。不然，你永远没有说服力。万一你没有举到的例子中，正好有一个加法算式，交换它们的位置，和变了呢?(有人点头赞同)

生 5：我反对！举无数个例子是不可能的，那得举到什么时候才好?如果每次验证都需要这样的话，那我们永远都别想得到结论!

师：我个人赞同你(生 5)的观点，但觉得他(生 4)的想法也有一定道理。综合两人的观点，我觉得是不是可以这样，我们每人都来举三四个例子，全班合起来，那就多了。同时，大家也留心一下，看能不能找到“交换加数位置，和发生变化”的情况，如果有，及时告诉大家，行吗?

学生一致赞同，随后在作业纸上尝试举例。

师：正式交流之前，老师想给大家展示同学们在刚才举例过程中出现的两种不同的情况。

教师展示如下两种情况：

1. 先写出“12＋23”和“23＋12”，计算后，再在两个算式之间添上“＝”。

2. 不计算，直接从左往右依次写下“12＋23”“＝”“23＋12”。

师：比较两种举例的情况，想说些什么?

生 6：我觉得第二种情况根本不能算举例。他连算都没算，就直接将等号写上去了。这叫不负责任。(生笑)

生 7：我觉得举例的目的就是为了看看交换两个加数的位置，和到底等不等，但这位同学(指第二种情况)只是照样子写了一个等式而已，至于两边是不是相等，他想都没想。这样举例是不对的，不能验证我们的猜想。

大家对生 6、生 7 的发言表示赞同。

师：哪些同学是这样举例的，能举手示意一下吗？

几位同学不好意思地举起了手。

师：明白问题出在哪儿了吗？(生点头)为了验证猜想，举例可不能乱举。这样，再给你们几位一次补救的机会，迅速看看你们写出的算式，左右两边是不是真的相等。

这几位学生迅速核对、确认。

师：其余同学，你们举了哪些例子，又有怎样的发现？

生 8：我举了三个例子，7＋8＝8＋7，2＋9＝9＋2，4＋7＝7＋4。从这些例子来看，交换两个加数的位置，和不变。

生 9：我也举了三个例子，5＋4＝4＋5，30＋15＝15＋30，200＋500＝500＋200。我也觉得，交换两个加数的位置，和不变。

(注：事实上，选生 8、生 9 进行交流，是教师有意而为之。)

师：两位同学举的例子略有不同，一个全是一位数加一位数，另一个则有一位数加一位数、两位数加两位数、三位数加三位数。比较而言，你更欣赏谁？

生：我更欣赏第一位同学(生 8)，他举的例子很简单，一看就明白。

生：我不同意。如果举的例子都是一位数加一位数，那么我们最多只能说，交换两个一位数的位置，和不变。至于加数是两位数、三位数、四位数等，就不知道了。我更喜欢第二位同学的(生 9)。

生：我也更喜欢第二位同学的，她举的例子更全面。我觉得，举例就应该这样，要考虑到方方面面。(多数学生表示赞同)

师：如果这样的话，那你们觉得下面这位同学的举例，又给了你哪些新的启迪？

教师出示作业纸：0＋8＝8＋0，6＋21＝21＋6，1/9＋4/9＝4/9＋1/9。

生：我们在举例时，都没考虑到 0 的问题，但他考虑到了。

生：他还举到了分数的例子，让我明白了，不但交换两个整数的位置，和不变，交换两个分数的位置，和也不变。

师：没错，因为我们不只是要说明“交换两个整数的位置，和不变”，而是要说明，交换——

生：任意两个加数的位置，和不变。

师：看来，举例验证猜想，还有不少的学问。现在，有了这么多例子，能得出“交换两个加数的位置，和不变”这样的结论了吗？(学生均表示认同)有没有谁举例时发现了反面的例子，也就是交换两个加数位置，和变了的？(学生摇头)这样看来，我们能验证刚才的猜想吗？

生：能。

教师重新将“?”改成“。”，并补充成为：“在加法中，交换两个加数的位置，和不变。”

师：回顾刚才的学习，除了得到这一结论外，你还有什么其他收获？

生：我发现，只举一两个例子，是没法验证某个猜想的，应该多举一些例子才行。

生：举的例子尽可能不要雷同，最好能把各种情况都举到。

师：从“朝三暮四”的故事中，我们得出“3＋4＝4＋3”，进而形成猜想。随后，又通过举例，验证了猜想，得到了这一规律。该给这一规律起什么名称呢？

学生交流后，教师揭示“加法交换律”，并板书。

师：在这一规律中，变化的是两个加数的——(板书：变)

生：位置。

师：但不变的是——(板书：不变)

生：它们的和。

师：原来，“变”和“不变”有时也能这样巧妙地结合在一起。

结论，是终点还是新的起点？

师：从个别特例中形成猜想，并举例验证，是一种获取结论的方法。但有时，从已有的结论中通过适当变换、联想，同样可以形成新的猜想，进而形成新的结论。比如(教师指读刚才的结论，加法的“加”字予以重音)，“在加法中，交换两个加数的位置，和不变。”那么，在——

生10：(似有所悟)减法中，交换两个数的位置，差会不会也不变呢？

学生中随即有人作出回应，“不可能，差肯定会变。”

师：不急于发表意见。这是他(生 10)通过联想给出的猜想。

教师随即板书："猜想一：减法中，交换两个数的位置，差不变?"

生 11：同样，乘法中，交换两个乘数的位置，积会不会也不变?

教师板书："猜想二：乘法中，交换两个数的位置，积不变?"

生 12：除法中，交换两个数的位置，商会不变吗?

教师板书："猜想三：除法中，交换两个数的位置，商不变?"

师：通过联想，同学们由"加法"拓展到了减法、乘法和除法，这是一种很有价值的思考。除此以外，还能通过其他变换，形成不一样的新猜想吗?

生：我在想，如果把加法交换律中"两个加数"换成"三个加数""四个加数"或更多个加数，不知道和还会不会不变?

师：这是一个与众不同的、全新的猜想！如果猜想成立，它将大大丰富我们对"加法交换律"的认识。(教师板书"猜想四：在加法中，交换几个加数的位置，和不变?")现在，同学们又有了不少新的猜想。这些猜想对吗？又该如何去验证呢？选择你最感兴趣的一个，用合适的方法试着进行验证。

学生选择猜想，举例验证。教师参与，必要时给予适当的指导。

师：哪些同学选择了"猜想一"，又是怎样验证的?

生 12：我举了两个例子，结果发现 8－6＝2，但 6－8 却不够减；3/5－1/5＝2/5，但 1/5－3/5 却不够减。所以我认为，减法中交换两个数的位置，差会变的，也就是减法中没有交换律。

师：根据他(生 12)举的例子，你们觉得他得出的结论有道理吗?

生：有。

师：但老师举的例子中，交换两数位置，差明明没变嘛。你看，3－3＝0，交换两数的位置后，3－3 还是得 0；还有，14－14＝14－14，100－100＝100－100，这样的例子多着呢。

生：我反对，老师您举的例子都很特殊，如果被减数和减数不一样，那就不行了。

生 13：我还有补充，我只举了一个例子，2－1≠1－2，我就没有继续往下再举例。

师：那又是为什么呢?

生 13：因为我觉得，只要有一个例子不符合猜想，那猜想肯定就错了。

师：同学们怎么理解他(生13)的观点？

生：我赞同。既然已经有一个例子说明"减法中交换两数的位置，差变了"，那我们就绝不可能再得出"在减法中，交换两数的位置，差不变"这样的结论了。

生：我突然发现，要想说明某个猜想是对的，我们必须举好多例子来证明，但要想说明某个猜想是错的，只要举出一个不符合的例子就可以了。

师：瞧，多深刻的认识！事实上，你们刚才所提到的符合猜想的例子，数学上我们就称作"正例"，至于不符合猜想的例子，数学上我们就称作——

生：反例。

师：正例越多，越能说明猜想的正确，但反例只要出现一个——

生：那么猜想肯定就错了。

师：这样看来，尽管老师也举了许多的正例，但问题在哪儿？

生：问题在，我们已经找到反例了，而且反例非常多。

师：没错，这正是猜想与验证的奥秘！那么，关于其他几个猜想，你们又有怎样的发现？

生14：我研究的是乘法。通过举例，我发现乘法中交换两数的位置，积也不变。

师：能给大家说说你举的例子吗？

生14：5×4=4×5，0×100=100×0，18×12=12×18。

另有数名同学交流自己举的例子，结果和生14类似，都局限在整数范围内。

师：那你们都得出了怎样的结论？

生：在乘法中，交换两数的位置，积不变。

生：我想补充。应该是，在整数乘法中，交换两数的位置，积不变，这样说更保险一些。

师：你的思考很严密。在目前的学习范围内，我们暂且先得出这样的结论吧，等学完分数乘法、小数乘法后，再补充举些例子试试，到时候，我们再来完善这一结论，你们看行吗？

生：行！

师：这就是乘法交换律。(教师板书：乘法交换律)有研究除法的吗？

生：我原来举了三个例子，听了大家刚才的发言(关于减法的)后，现在我觉得只要举一个例子就行了。像 8÷2≠2÷8，所以我觉得，除法中，交换两数的位置，商会变。

师：能认真倾听别人的发言，并及时调整自己的想法，真棒！关于这一结论，还有什么补充吗？(学生普遍表示赞同)有没有谁研究了“猜想四”？

生：我举了好几个例子，比如 1＋2＋3＝3＋2＋1，20＋30＋40＋50＝50＋40＋30＋20 等。发现交换三个、四个、五个加数的位置，和都不变。

生：我也举了一些例子，而且我还发现，这几个加数不管怎样交换位置，它们的和都不会发生变化。

生：其实，我觉得不举例也能知道。打个比方，比如我要把几个口袋中的钱加起来，不管我怎样交换几个口袋的位置，钱的总数一定还是那么多。不会因为我交换了它们的位置，钱就变多或变少。所以我也认为，两个加数也好，三个加数、四个加数也好，交换它们的位置，和都不变。

师：瞧，用生活中的事例来说明数学中的规律，更加通俗易懂了。这样看来，原先我们得出的结论，现在还可以改得更准确一些。

生：我觉得可以改成，“在加法中，交换两个或两个以上加数的位置，和不变。”

生：可以改成“在加法中，交换几个加数的位置，和不变。”

教师更正原先的板书，使其更全面、更准确。

随后，教师引导学生选择完成教材中的部分习题(略)，从正、反两面巩固对加法、乘法交换律的理解，并借助实际问题，沟通《交换律》与以往算法多样化之间的联系。

怎样的收获更有价值？

师：通过今天的学习，你有哪些收获？

生：我明白了，加法和乘法中有交换律，但却没有减法交换律或除法交换律。

生：我发现，有了猜想，还需要举许多例子来验证，这样得出的结论才准确。

生：我还发现，只要能举出一个反例，那我们就能肯定猜想是错误的。

生：举例验证时，例子应尽可能多，而且，应尽可能举一些特殊的例子，这样，得出的结论才更可靠。

师：只有一个例子，行吗？

生：不行，万一遇到特殊情况就不好了。

作为补充，教师给学生介绍了如下故事：

三位学者由伦敦去苏格兰参加会议，越过边境不久，发现了一只黑羊。

“真有意思，”天文学家说，“苏格兰的羊都是黑的。”

“不对吧。”物理学家说，“我们只能得出这样的结论：在苏格兰有一些羊是黑色的。”

数学家马上接着说：“我觉得下面的结论可能更准确，那就是：在苏格兰，至少有一个地方，有至少一只羊，它是黑色的。”

必要的拓展：让结论增值！

师：在本课即将结束的时候，依然有一些问题需要留给大家进一步展开思考。

教师出示如下算式：

20－8－6○20－6－8

60÷2÷3○60÷3÷2

师：观察这两组算式，你发现什么变化了吗？

生：我发现，第一组算式中，两个减数交换了位置，第二组算式中，两个除数也交换了位置。

师：交换两个减数或除数，结果又会怎样？由此，你是否又可以形成新的猜想？利用本课所掌握的方法，你能否通过进一步的举例，验证猜想并得出结论吗？这些结论和我们今天得出的结论有冲突吗，又该如何去认识？

带着问题，教师结束了本课学习。

数学，该不该向着纵深处开掘

——《交换律》一课的大胆尝试与实践困惑

想到备《交换律》一课，实为事出有因。

一次，某教研活动中有老师执教《加法运算律》一课。为了了解学生真实的数学思维，我选择了离学生最近的一个座位，自始至终参与了其中两个小组学生的数学活动，并对他们的交流过程、作业状况以及思维动态，有了一次近距离的观察与把握。

无疑，从教学的整体线索与流程来看，执教者显然对于新的数学课程理念有着较为准确的把握，并且，这种理念也因为教师精心设计的数学活动，而得到了表面上很好的落实。比如，教师由一个具体的实际问题引入，并通过组织学生计算、观察、比较、分析，使他们发现，两个数相加，交换它们的位置，和不变。进而，教师进一步引导学生由这一"特殊的个例"展开由特殊到一般的推进，帮助学生形成了"是不是任意两数相加，交换它们的位置，和都不变"的猜想。最终，在教师的精心引导下，学生通过举出各种各样的例子，借助不完全归纳法获得了最终的结论。加法结合律的教学结构与此类似。

那么，上述遵循"猜想—实验—验证"的教学线索，如何又给我留下了"表面上很好落实"的印象呢？这一判断的获得，恰恰因为我与孩子们的"零距离"接触。

清晰地记得，当教学行进至"举例验证猜想"这一环节时，坐在我身边的学生中发生了一些很有意思的现象。遗憾的是，这些现象显然都没有为执教者所关注，更没能成为他借此改变教学线索的契机。

先是在举例过程中，出现了一段小插曲。

当生 A 试图通过计算来判断 28＋56 是否等于 56＋28 时，却遭到了生 B 的嘲笑："太笨了吧，有必要这么麻烦吗？你看我，举的例子又简单又快。"我扭头一看，呵，还真是又快又多。在生 B 的作业本上，赫然写着一长串等式：1＋2＝2＋1、2＋3＝3＋2、1＋4＝4＋1、2＋4＝4＋2、5＋3＝3＋5、1＋6＝6＋1……生 A 恍然大悟，或许是受了启发，在不到半分钟的时间内，也很快举出了一串长例子：5＋6＝6＋5、3＋8＝8＋3、1＋7＝7＋1……我愕然。

小组中的第三位同学生C显然没有受他们俩对话的干扰，正按照自己的方式在举例。之所以作出这样的判断，是因为我在他的作业本上看到了这样两个等式：76＋28＝28＋76、341＋87＝87＋341，心里不免有些庆幸。然而，当我看完他所举的第三个例子，却又再次愕然。原来，在生C的理解里，举例的过程就是一个“依葫芦画瓢”的过程。只见他不慌不忙、沉着冷静地在作业本上正按从左到右的顺序书写下：872、＋、396、＝、396、＋、872。

“左右两边相等，你算了吗？”见此情形，我试探性地问了他一个问题。

“没有。”他回答得同样干脆。

“可是，不计算，你怎么就知道左右两边相等呢？”

“应该会相等的。”

“那万一不相等呢？”

“这……”

交流的过程中，依然有一些小小的插曲。

当十多位同学将自己所举的例子板书在黑板上后，教师作了如下引导——

师：像这样，交换两个加数的位置，和不变的例子，我们还能再举出一些吗？

生：能！还能举出许多个。

师：有了这么多例子，现在，我们能说，交换两个加数的位置，和不变了吗？

生：能！

师：这就是加法的交换律。

可就在这里，在我后面的某个角落里，分明传来了一个小小的声音：“举再多的例子也不行，万一再举一个例子就不行了呢？”无疑，作为一个四年级学生发出这样的困惑，是再自然不过的。更进一步讲，困惑的提出恰恰说明，他正在认真而严肃地思考着这样一个由不完全归纳法而引发的问题。然而，执教者显然又一次与这样的质疑擦肩而过。当然，作为一种推想，更重要的问题是，如果执教者听到了这样的质疑声，他又会怎么想、怎么对待，进而又会作出怎样的处理呢？

无疑，作为一个旁观者，我所观察、倾听到的这些课堂真实，是我以前并不了解的。事实上，不仅仅是在《加法运算律》这一课上，我们需要用到不完全归纳法，在以往的很多数学内容的学习过程中，我们都在自觉不自觉地应用着这种数学方法。现在回想起来，我们是不是对这一方法缺乏一些深入的思考？并且，对于一个四年级学生，他们面对不完全归纳法时可能会有一个怎样的真实思维水平与方向，我们似乎也缺乏一些深入的关注与了解。

于是，一个很自然的想法水到渠成地产生了：如果我来上这节课，我又该作出怎样的解读？进而，在具体的教学线索的设计上，我又该做出哪些有效的调整，以适应学生真实的思维需求？这就是我决定自己来尝试这一堂课的真实心路历程。

对我而言，这是一堂因“问题驱动”而诞生的数学课，也是一堂在某种意义上具有“探索性与研究性”的数学课。做出这样的论断，是因为这堂课从备课之始，就始终与一些具体的问题相伴相随——

仅凭一个具体的富有某种结构特征的案例(比如，3＋4＝4＋3)，学生会不会自然而然地生发出某种猜想？如果能，形成这种由具体、特殊而至于一般、普遍的猜想，学生会经历怎样的思维过程？

当构成某种猜想后，学生会不会自然而然地形成“我再举几个例子来试试”的认知倾向性？

学生知道举例的必要性吗？为什么要举例？

究竟怎样的过程才是真正意义上的举例？

举多少例子才是合适的？5 个？10 个？100 个？抑或更多？如果你觉得 10 个例子足以，当学生提出，万一“第 11 个例子”不符合猜想，怎么办？我们又该如何去面对这一质疑？

例子越多越好吗？例子越简单越好吗？加法交换律是一个全称性判断，而我们现在所涉及的加法运算只是局限在整数领域，有没有必要引导学生由整数运算领域向小数、分数运算领域推进？进而，从教学法的角度来看，我们有没有必要让学生意识到这一问题对于结论可靠性的意义与价值？

需不需要提及反例？需要和学生探讨反例在不完全归纳法中的重要性吗？如果需要，反例多少个算合适？

从科学的角度来看，不完全归纳法所得到的，本质上仍然只能算一个猜想，是可以被证伪的，还需要通过证明来获得确认，成为一个可靠的结论。那么，像加法交换律这样的结论，需要借助证明吗？如何来证明？

最后，从教学实践的角度来看，我们应该将加法交换律与加法结合律放在一起进行教学，还是应该由加法交换律引申开去，进一步去探索其他运算中是否也存在交换律？具体的数学知识的教学，与内涵在知识学习过程中的数学方法，哪一个才是数学教学更应该重点关注的问题？

事实上，最终教学线索的确立，恰恰是源自于对上述问题的系统思考。并且，实践过程中，这样的教学线索，也的确曾给我带来过相当深刻的教学高峰体验。

2006 年，华南师范大学附属小学。你或许很难想象，一群三年级学生竟会在课堂上和我展开了这样的思维与精神的双重博弈。

……

师：同学们刚才举出了各种各样的例子。现在，有了这些例子，我们能够说，任意两数相乘，交换它们的位置，积不变吗？

生：能！

就在这里，有学生向我提出质疑——

生：老师，我觉得不能！因为我们刚才所举的都是整数相乘的例子，可是小数和小数相乘，我们还没有学过。会不会小数相乘，交换它们的位置积变了呢？

生：是的，负数也是一种数。而且据我所知，负数和负数相乘，交换它们的位置，积就会发生变化。

师：是吗？你是从哪儿知道的？

生：是我爸爸告诉我的。(笑)

师：同学们能有这样的想法，老师感到很高兴。这说明大家已经对这一问题有了更深刻的认识与把握。的确，小数乘小数、负数乘负数，包括更多的我们还没有接触到的数，它们相乘，交换位置后，积还会不变吗？就目前看来，我们还不知道。不过，结论总是要下的，不然，我这节课，可就下不去了。同学们，你们觉得该怎么办呢？

生：可以不下结论。等我们学会这些数后，再下也不迟。(笑)

师：那可不行。要不这样，我先把这一结论写下来，比如，“任意两数相乘，交换它们的位置，积不变。”然后再在这一结论后面加上一个问号，你们看行吗？

生：不行！这样还是说明这个结论是成立的。可我们现在觉得它可能不成立。（笑）

师：那要不这样，我就干脆这样写，“任意两数相乘，交换它们的位置，积不变?”这样总可以了吧？

生：还是不行。（笑）

师：那你们说，我这结论到底该如何下？

生：我觉得，如果非要下一个结论的话，那么，你可以这样来写，“任意两数相乘，交换它们的位置，目前看来，积基本上不变。”（全场爆笑）

……

或许，有人会把上述片段看做是我数学课堂上的一次遭遇。但在我看来，这恰是我多年来数学教学中难得的一次高峰体验。因为，透过学生的质疑与坚持，我看到的是学生思维的逻辑严密性以及学生对真理的坚守。而这，相对于具体的数学知识与技能而言，无疑显得更有价值，也更为重要。

当然，更让我感到欣慰的是，学生此时的坚守，恰恰折射出前半段教学设计（加法交换律的教学）中我所着力渗透的有关数学方法论的内容，已经为学生所很好地理解、内化并接受。对我而言，这无疑是一种好的信号。

但是，随着教学实践的不断推进，当这堂课在越来越多的场合进行尝试与研究时，它所内蕴着的问题也渐渐暴露了出来。尤其是，类似下面的质疑声随着学生课堂上的一次次集体性沉默，而为越来越多的听课老师所提出。那就是，“面对一群四年级学生，我们有没有必要对数学内容进行如此纵深的开掘与拓展？我们需不需要在四年级时就给学生呈现如此全面、科学、完整的不完全归纳法？数学知识与方法的学习，究竟应该是一步到位，还是允许其有一个由浅入深、由表及里、逐层深入、螺旋上升的过程?”

更为一般的，我们的数学课堂在如何权衡“数学”与“儿童”这一对具有普遍意义的矛盾上，是否应该有一个更加辩证、更加理性的姿态。我以为，这恰是《交换律》一课所给予我的深刻的教训。

细节呈递的力量

——评张齐华《交换律》一课

宋煜阳

亲历数学学习过程，润泽数学思想方法是现代课堂不可或缺的追求，而数学思维方法的磨砺乃至习得必须根植于具体的素材。运算定律因其自身具有的独特性，自然成为浸润数学思想方法的切口与载体。正是携着这样的共识，借助《交换律》引领学生经历“猜想—验证”的教学引线已经有人进行开拓，然而读到张老师这份鲜活的课例，不禁为其深度和细腻而震撼。如果说其他版本是对交换律整体框架粗线条勾勒的话，“张版”则是对其思想风骨的深邃演绎和完美刻画。而更令人为之惊叹的是其所凸显的教学厚重恰以质朴、平实的教学细节为依托，实现了草根性原生态课堂与鲜花般理想秀场的和谐相融、智慧共生。

从课始“朝三暮四”故事数学特例的提炼到课末拓展练习新认知冲突的滋生，基于的是教师对数学思维方法、态度、价值观的多维理解和开阔诠释。我们可以从方法注释、求证态度、价值追求三个维度来解读朴实而美丽的数学思维方法之旅。

显而易见，认识和形成不完全归纳法的思维方法是《交换律》一课的重心所在。从“特殊——一般”、从“推论—结论”是归纳猜想、推理的思维模型，从中研究策略的确立、研究材料的择取、研究规则的立场、研究结论的立与破直接影响着学生对该思维形式的建模水平。

由于不完全归纳是由特例分析而引出普遍结论的一种思维方法，必须穷举出足够多的例子直至明晰、现时无法得出反例才宣告命题的成立，因此举例式的量变性是归纳思维的核心要义。为此，在有限度的时间内必须从数量和广度两个视角对例子进行考察与关注。正如课例所提“验证猜想，需要怎样的例子”，这里的“怎样”一词已经从数量和广度两个层面加以诠释。当学生考虑到因现时无法保证无穷举例而困惑时，教师及时介入，给出“众人拾柴火焰高”应对策略的建议；接着从研究材料择取的角度引发了学生从数量转向广度的思辨。在一位数加一位数、两位数加两位数、三位数加三位数的比较中，在整数向分数范围扩张中，学生对“任意”二字得到了渐进式的感悟，这种感悟的进程显得和风细雨、自然无痕。在后继的方法梳理中，我们发现学生对举例要关注其全面性已经从体验递升到一种认知策略。显然，这种深度是其他交换律课例中未曾触及的，这种智慧与灵动从何而来？这得益于教师深谙思维方法原理本质，得益于教师深邃的教学思想，得益于教师有机的教学介入，得益于教师对教学细节的高效索求。

当学生亲历不完全归纳法基本流程后，教师作出精要指引，由扶到放，实现了第二轮多维的学生自主猜想、互动验证。其间，教师的再度介入足以映衬教师的独具匠心。且让我们重温验证“减法里，交换两个数的位置差不变”的反馈交流教学场景：学生举了两个反例得出结论不成立后，在常态下我们会“水到渠成”般顺势而过，然而张老师却在如此顺畅的环节插入一脚，抛出“3－3＝0”之类的特例，不禁又让人掩卷深思——为何教师要插此一足？它衍生的又是什么？仅仅是作为材料的一份补充与说明吗？在后续环节我们不难寻到教师的深刻用意：不完全归纳法作为一种研究思维形态，最要规避的就是以偏赅全，教师以特例表象制造一种认知冲突，丰厚了学生对不完全归纳法不能举特例的经验，与此同时也强化了“只要举出反例就能推翻猜想”的研究规则。此时，学生收获的不再仅仅是一份结论，斩获的是数学思维方法的自我完善与自我修补；唯有此，才有助于学生构建起一个完整丰盈的思维方法模型。

细节之美，以朴真为本，以细微处见功力。我们不难发现，在交换律举例验证诸多教学现场，学生未曾演算就宣告结论成立的求证现象比比皆是，这是由于人的一种惰性和对数学严谨性认识不足使然。教师往往会毫无察觉抑或无视而为，而了然于心的张老师却以小见大，以细节的力度在草根性的原生态中注入了科学研究态度必备的求真务实之思想风骨！

较之其他课例，对数学文化的追求是本节课的显著特色。这种数学文化特质不仅外释为一份感性的素材，更内蕴成一种理性的思辨。无论是“朝三暮四”的抽象引入还是“羊颜色之议”的感知插曲，都是一种外显的文化附依；而“结论，是终点还是新的起点”“必要的拓展：让结论增值”贯穿的是思考方式和精神品质的培养与挖掘，彰显的是一份内隐的文化内质。“猜想—验证—猜想—验证—猜想”犹如泛起涟漪的思维波，思维的确定性、变通性、辩证性得以相互印染，这种质辩的深入性不正是我们孜孜以求的教学本质内涵和教学价值取向所在吗？

如今，三维一体和谐共生、草根与鲜花完美相融的教学课堂似乎成为一种可遇不可求的理想状态；而一节朴实的《交换律运算》，却以细节为基石，承载了思想方法启蒙、研究方法历练、理性精神召唤和谐统一的教化效能。这种化理想为现实所呈递的细节力量，正是它留给我们最大的昭示。

《交换律》一课的背后

——兼论数学教学的本义

汤雪峰

数学不仅仅是一种重要的工具，它更是一个人必备的素养。他会影响一个人的言行、思维方式等各个方面。一个人的数学素养，并不只表现在他能多解难的题，能考高分，关键在于他是否深刻地领会数学的精神、数学的思想，是否熟练地掌握了数学的方法，能否自如地将这些精神、思想和方法融会到他的日常工作、学习与生活中去。

然而，有些教师，往往在追求课堂教学“高效”时，背离了数学教学的本义。不久前，张齐华老师的《交换律》一课却给我们带来了不少新的景象。无疑，我们看到的“景象”毕竟只是“冰山”浮出海面的那一小部分，它的下面必然依托着更为厚实的支撑！所以，我们非常有必要找寻其中折射出的最能反映数学教学本义的思想、方法，以期促使我们的数学教学气象万千、前程似锦。

数学方法与教学方法

数学教学的任务，是让学生学习和掌握数学科学。数学教学不应只考虑教育学、心理学等因素而忽视数学的自身的特点。从哲学的视角来看，漠视数学自身的特点，也就是无视矛盾的特殊性。

数学教学有两种不同的层次。低级层次是介绍数学概念，陈述数学规则，指出解题的程式和套路，以便通过考试。高级层次是着眼于数学知识背后的数学思想、方法，在解决数学问题的过程中进行深层次的数学思考，经由思维训练，获得数学美的享受。

对于《交换律》一课，不少教师都类似这样处理：先通过具体情境，得出某一具有交换律特征的实例(如：28＋17＝17＋28)，接着让学生观察“＝”两边有什么相同的地方和不同的地方，然后让学生照样子写两三个(不计算，直接写)，便让学生观察得出规律了。这样处理，学生虽然知道了“$A+B=B+A$”，甚至考试还能拿高分，但学生认识的深度不够，于是，为数不少的学生自然就得出了：不论是几个数，只要“＝”两边的“数”都一样，运算符号也一样，那么无论“＝”两边“数”的位置怎么变，结果都不变的错误认识。

然而，张老师《交换律》这节课，是这样展开的：

猜想

首先通过一个简单的故事引出“3＋4＝4＋3”这样一个等式，并提出“观察这一等式，你有什么发现?”一个学生(生 1)答到：“我发现，交换两个加数的位置，和不变。”尽管这一结论正是教师所希望的，但他没有立即肯定，而是追问道：“其他同学呢?”见没有学生补充，张老师随即出示：“交换 3 和 4 的位置，和不变。”作为必要的启发，同时提出了这样的问题：“比较我们俩给出的结论，你想说些什么?”这时，另一个学生(生 2)回答道：“我觉得您(老师)给出的结论只代表了一个特例，但他(生 1)给出的结论能代表许多情况。”另一个学生(生 3)立即又补充道：“我也同意他(生 2)的观点，但我觉得单就黑板上的这一个式子，就得出‘交换两个加数的位置，和不变’好像不太好。万一其他两个数相加的时候，交换它们的位置，和不等呢！我还是觉得您的观点更准确、更科学一些。”这样，阻止了学生仓促地做出归纳，暂时做出单称判断，而不是全称判断，转向更多事例的研究。

验证

学生普遍认可“再列一些加法算式，然后交换加数的位置，看看它们的和是不是跟原来一样。”的验证方法时，教师追问：“那你们觉得需要举多少个这样的例子呢?”在学生充分交流后，教师提出：“……我觉得是不是可以这样，我们每人都来举三四个例子，全班合起来，那就多了。同时，大家也留心一下，看能不能找到‘交换加数位置，和发生变化’的情况……”接着，引导学生进行了实际的举例和验证。

正式交流前，张老师先列举了举例过程中出现的两种不同的情况：1. 先写出 12＋23 和 23＋12，计算后，再在两个算式之间添上“＝”。2. 不计算，直接从左往右依次写下“12＋23＝23＋12”。问道：“比较两种举例的情况，想说些什么?”当学生(生 7)指出“我觉得举例的目的就是为了看看交换两个加数的位置，和到底等不等，但这位同学只是照样子写了一个等式而已，至于两边是不是相等，他想都没想。这样举例是不对的，不能验证我们的猜想”后，张老师通过有意识地选取几位同学做全班汇报，并加以适当的引导，使学生清楚地认识到：“举例就应该这样，要考虑到方方面面。”“所选的数不应该只是一位数加一位数，也应当包括一位数加两位数、两位数加两位数……乃至小数、分数。”于是，学生水到渠成地得到了“两个数相加，交换加数的位置，和不变”这个结论。

从数学方法与教学方法的视角来看，张老师《交换律》一课给我们带来的启示是：要把教学的目标，从学生简单的“学会”某一知识或技能，提升到“会学”这一类知识或技能，仅凭教育学、心理学的原理是远远不够的。因为教育学、心理学的原理，提供的仅是一般意义上的学习的方法，这还远不能保证有效的数学学习。

这一片段中，张老师安排学生经历了

具体素材 —发现（类比、归纳等）→ 猜想 —验证（经验归纳法等）→ 结论

的数学研究活动，使学生最大限度地触摸了《交换律》的本质。经由这样的处理，学生的体验比通过一两个例子得出的更鲜活更深刻！“再列一些加法算式，然后交换加数的位置，看看和是不是跟原来一样。”其目的凸现了，教者不是让学生去接受死的数学知识，而是让学生真正理解知识的来龙去脉。“举例就应该这样，要考虑到方方面面。”(即，所选的数不应只是一位数，也应当包括一位数加两位数、两位数加两位数……乃至小数、分数和数量的例子。)更是体现了张老师试图让学生体验到，从不同的形式中去抓住知识结构的实质。这些绝非一般教育学、心理学原理所能解决的实际问题，却是张老师厚实的数学素养，更是对“观察”“实验”“猜想”“验证”“归纳”“类比”“模型化”等数学方法深入了解后的自然释放。实现了数学的语言(或符号)所代表的新知识与学习者认知结构中已有的适当知识建立非人为的实质的联系。这是因为，数学方法能深刻揭示数学知识之间的本质联系，使数学知识之间具有整体性、统一性、系统性，从而便于学生形成良好的认知结构。相反，比如我们在教学乘法口诀“三七二十一”时，学生

只知道“$3\times7=21$”而不知道“$7\times3=21$”，或者不知道“三七二十一”的来龙去脉，这样的学习都是机械的。张老师引导学生通过上述数学方法研究得出《交换律》，这正暗合了认知心理学家奥苏伯尔指出的有意义学习的两个必备条件：(1)学习者必须具有意义学习的动机，即表现出一种把新学的知识同学习者已有的认知结构建立非人为、实质性联系的意向；(2)新学习的内容与学习者原有的知识之间具有潜在意义，即以符号为代表的新知识能够在非人为、实质性的基础上同学习者已有认知结构中的适当观念建立本质上的联系。对于数学学习而言，这种知识间的非人为、实质性的联系，必须依靠数学知识固有的内在关系与结构来保证，这一切的获得，又必须建立在正确的数学方法的基础上。

显性目标与隐性目标

《交换律》一课的教学目标，可以分为显性目标与隐性目标两部分。显性目标，主要是指理解并掌握加法交换律的基础知识和基本技能；隐性目标，主要是指通过有效的数学活动，初步培养“观察—猜想—实验、验证—归纳、推广(模型化)”等数学方法，初步发展符号感、逐步提高抽象思维能力，还包括在数学活动中获得成功的体验，进一步增强对数学学习的兴趣和信心，初步形成独立思考和探究问题的意识和习惯等。

数学观决定数学教学观，由于不正确数学观的影响，不少教师在这一课的教学上，表现出了明显的重视数学基础知识与基本技能、轻视数学能力、漠视数学思想、数学方法……他们往往认为课堂上有了观察、有了猜想、有了验证、有了归纳……学生掌握了“$A+B=B+A$”、学会了计算和应用，教师教得轻松、学生学得愉快，甚至考试还能拿高分，所以这节课很成功……但是，这种“成功”教学的背后常常危机四伏。如前文所说，“先通过具体情境，得出某一具有交换律特征的实例(如：$28+17=17+28$)，接着让学生观察‘=’两边有什么相同的地方和不同的地方，然后让学生照样子写两三个(不计算，直接写)，便让学生观察得出规律了。”接着，教师甚至追问学生：“‘=’两边为什么相等?”学生答道：“‘=’两边的数都一样，运算也一样，所以相等。”教师认可。接着，学习加法结合律时，教师还是这么教，还是这么追问，学生还是这样答道：“‘=’两边的数都一样，运算也一样，所以相等。”再后来，学习连减“$A-B-C$”和连除“$A\div B\div C$”时，学生的错误我们就可想而知了。

解决这些问题的关键，就是要重视这节课的隐性目标，把“观察—猜想—实验、验证—归纳、推广(模型化)”等数学方法落到实处。在课中，张老师引导学生充分交流后，指出：“……仅凭一个特例就得出‘交换两个加数的位置，和不变’这样的结论，似乎草率了点。但我们不妨把这一结论当作一个猜想……”强化了从“观察”到“猜想”的数学方法；展示两种举例情况：“1. 先写出 12＋23 和 23＋12，计算后，再在两个算式之间添上‘＝’；2. 不计算，直接从左往右依次写下‘12＋23＝23＋12’”给学生比较，进而使学生认识到“举例就应该这样，要考虑到方方面面。”(即，所选的数不应只是一位数，也应当包括一位数加两位数、两位数加两位数……乃至小数、分数和数量的例子。)正突出了如何通过“举例实验”来“验证”的数学方法。

从显性目标与隐性目标的视角来看，张老师《交换律》一课给我们带来的启示是：我们在处理相关教学内容时，要努力看到显性的知识与技能的背后，暗藏着的丰富的数学思想、方法。比如“找规律”这样的内容，不能简单的理解成，一个例题学生就发现规律了，接下来尽管拿这个规律来“套”。更值得我们重视的是，我们要通过几个适当的例题，让学生从中归纳出在这一类问题中迅速找出合理“规律”的一般方法。在数学规则的教学中，这些不良现象时有发生，学生的思维训练淹没在解题活动之中的“悲剧”不断上演！

长效与短效

日本数学教育家米山国藏认为，对学生而言，作为知识的数学，通常在出校门后不到一两年，很快就忘记了，然而，不管他们从事什么工作，那些深深地铭刻于头脑中的数学精神、思想方法、研究方法、推理方法和着眼点等(若培养了这方面的素质的话)都随时随地发生作用，让他们受益终生。

不断发展的数学观，决定了现阶段数学教育目的与价值观，为数学双基(基础知识、基本技能)、数学能力(运算能力、逻辑思维能力和空间想象能力——华罗庚、关肇直)和数学思想、方法并重。数学双基、数学能力与数学思想、方法，它们获得不是简单的叠加，它们之间的关系是相辅相成、相互促进的。这种关系主要表现在，学习者是在数学基础知识与数学基本技能的获得的过程中，发展数学能力，掌握数学思想、方法的，同时，数学能力与数学思想、方法为数学基础知识与数学基本技能获得的正确、合理和高效提供了必要保证。基于这样的数学教学，必然获得教学的“长效”，必然能确保学习者学习的“后劲”。相反，如果将数学双基、数学能力与数学思想、方法割裂开来，或过分的强调某一方面，都是不正确的做法。

还是《交换律》一课，如果先通过具体情境，得出某一具有交换律特征的实例，再让学生观察得出规律。因为逻辑上的混乱和方法失当，致使学生形成“‘＝’两边的数都一样，运算也一样，所以相等。”，再到后来，学习连减“$A-B-C$”和连除“$A\div B\div C$”时，错误频频。这样的教学，学生获得的仅仅是片面的、孤立的、静止的、歪曲了的基础知识和基本技能以及混乱的逻辑思维和错误的数学思想、数学方法，并且对后继学习造成负面影响。这样的教学所获连“短效”“无效”都算不上，并且带来了“负效”。

张老师在《交换律》一课中，引领学生的思维活动经历了这样一个过程：从“仅凭一个特例就得出‘两个数相加，交换加数的位置，和不变’这样的结论，似乎草率了点”，到“那你们觉得需要举多少个这样的例子呢?”，再到“我们每人都来举三四个例子，全班合起来，那就多了。同时，大家也留心一下，看能不能找到‘交换加数位置，和发生变化’的情况”，再到“正式交流之前，老师想给大家展示同学们在刚才举例过程中出现的两种不同的情况。(教师展示如下两种情况：1. 先写出 12＋23 和 23＋12，计算后，再在两个算式之间添上‘＝’。2. 不计算，直接从左往右依次写下‘12＋23＝23＋12’。)”再到“举例就应该这样，要考虑到方方面面。”……

整个教学过程中，学生经历了运用数学的方法，通过列举若干有关数学规则的例证，主动去分析其中的相关数学因素，寻找和发现其中的关系或规律等，逐步抽象概括出一般结论，从而获得《交换律》的数学规则，这样的一个数学化的过程。只有经由这种数学化的过程，学生所获得的知识才能和原有的认知结构形成非人为的、实质性的联系，因为这样的认知结构是以数学知识固有的结构性为支撑的。这样的学习必然是有效的。

师：从个别特例中形成猜想，并举例验证，是一种获取结论的方法。但有时，从已有的结论中通过适当变换、联想，同样可以形成新的猜想，进而形成新的结论。比如(教师指读刚才的结论，加法的“加”字予以重音)，“在加法中，交换两个加数的位置，和不变。”那么，在——

生 1：(似有所悟)减法中，交换两个数的位置，差会不会也不变呢？

……

师：通过联想，同学们由“加法”拓展到了减法、乘法和除法，这是一种很有价值的思考。除此以外，还能通过其他变换，形成不一样的新猜想吗？

生 4：我在想，如果把加法交换律中“两个加数”换成“三个加数”“四个加数”或更多个加数，不知道和还会不会不变？

……

先猜想、后验证(证明)，是一切发明之道。正如牛顿所指出：“没有大胆的猜想，就做不出伟大的发现。”学生所提出的这些猜想，可不是“从宙斯的脑袋中蹦出来的。”那是学生通过猜想、验证、归纳，得出“加法交换律”后，在新的数学知识和数学方法的基础上，运用类比的方法，即由已知的事实(加法交换律)引出新的猜想。正如波利亚所言，“对于数学教师，不仅要教给学生知识，并且要教给他们技能、思维方法和有条不紊的各种习惯。”在这个过程中，学生获得的知识，不再是孤立的、片面的、静止的，而是联系的、全面的、发展的活知识，同时积淀了提出问题、解决问题、不断生成新知识的思路和方法。

基于此，学生能够认识到“加法和乘法中有交换律，但却没有减法交换律或除法交换律。”“我发现，有了猜想，还需要举许多例子来验证，这样得出的结论才准确。”“我还发现，只要能举出一个反例，那我们就能肯定猜想是错误的。”“举例验证时，例子应尽可能多，而且，应尽可能举一些特殊的例子，这样，得出的结论才更可靠。”就在意料之中了。这种方式结束新课，有效地延续了学生对数学的喜爱，持续拉动他们学习数学的愿望，全面地达成了数学课程目标的实现。这样，张老师这节课，自然就实现了“数学双基”“数学能力”与“数学思想、方法”的和谐，实现了教学“短效”与“长效”的统一，这正是当前数学教学的必然走向。

一堂有深度的数学课

曹一鸣(北京师范大学数学科学学院教授)

一堂有价值的数学课，给予学生的影响应该是多元而立体的。有知识的丰厚、技能的纯熟，更有方法的领悟、思想的启迪、精神的熏陶。事实上，数学的确拥有这一切，而且，也可以传递这一切。

然而，出于对知识与技能的盲目追逐，当今数学课堂忽视了本该拥有的文化气度和从容姿态。知识化、技巧化、功利化思想的不断弥散，让数学思想、方法和精神失却了可能生长的土壤，并逐渐为数学课堂所遗忘，这不能不说是当今众多数学课堂的悲哀。近年来，在观念层面的探讨不少，真正落实到课堂教学实践的却不多。

可喜的是，在张老师的这一节课中，我们看到了另一种努力以及由此而带来的变化。透过课堂，我们似乎触及了数学更为丰厚的内涵，感受到数学教学可能呈现的更为开阔的景象。

对于《交换律》，一贯的教学思路是：结合具体情境，得出某一具有交换律特征的实例，由此引发猜想，并借助举例验证猜想、形成结论，进而在解释和应用的过程中进一步深化认识。本课，在宏观架构上并未作太大开拓。然而，在保持其整体架构的基础上，这一堂课在更多细节上所给予的突破却是十分显见。我们不妨重历课堂，去找寻这些细节，并探寻细节背后的意蕴所在。

由“3＋4＝4＋3”得出“交换两数的位置，和不变”的猜想，似乎再自然不过了。然而，教师略显突兀的介入，以“交换 3 和 4 的位置，和不变”的细微变化，确又发人于深思。正如案例中所提及的，“一个例子究竟能说明什么”，是得出结论？还是仅仅是触发猜想和验证的一根引线？这里关乎知识的习得，更关乎方法的生成，关乎学生对于如何从事数学思考的思考。

“验证猜想，需要怎样的例子”的探讨，更是折射出了张老师独特的教学智慧。曾经，在太多的课堂里，我们目睹这样的情形：学生举例三四，教师引导学生匆匆过场，似乎也有观察、也有比较、也有提炼。然而，我们却很少琢磨：观察也好、提炼也罢，它究竟该建立在怎样的基石之上，再换言之，在“简洁”和“丰富”之间，谁才是“举例验证猜想”时应该遵循的规则。张老师的尝试与表达无疑是对传统教学的一种突破。“举例”不应只追求简约，例子的多元化、特殊性恰恰是结论准确和完整的前提。没有老师适时的点拨与引导，学生如何才能有此深度体验？无此体验，我们如何能说，学生已经历过程，并已感悟思想与方法？

触及我深思的问题还在于，是什么原因触发了这一节课将原来的“加法交换律"置换成了《交换律》？是内容的简单扩张？是教学结构的适度调整？随后的课堂，给了我清晰的答复。"加法交换律"只是一个触点，"减法中是否也会有交换律?""乘法、除法中呢?"等新问题，则是原有触点中诞生的一个个新的生长点。统整到一起时，作为某一特定运算的"交换律知识"被弱化了，而《交换律》本身、"变与不变"的辩证关系、"猜想—实验—验证"的思考路线、由"此知"及"彼知"的数学联想等却一一获得凸显，成为超越于知识之上的更高的数学课堂追求。这何尝不是一种有意义、有价值的探索？

课堂的结尾，我们依然看到了教师对传统保守思路的背叛。确定的、可靠的结论已经不再是这一堂课的终极追求，结论的可增值性、结论的重新表达、问题的不断生成和卷入，仿佛成了这堂课最后的价值取向。即便是颠覆原有的结论，也在所不惜。在这里，我们再一次看到了教师对于数学知识的"战略性"忽视，因为，教师心有大气象。

数学是什么，数学可以留下些什么，数学可以形成怎样的影响力？答案并不唯一。但我以为，数学可以在人的内心深处培植理性的种子，她可以让你拥有一颗数学的大脑，学会数学地思考，学会理性、审慎地看待问题、关注周遭、理解世界，这恰是这节课给予我们的最大启迪。而数学的文化特性，恰也在于此。

我看张齐华《交换律》一课

郑毓信(南京大学哲学系教授)

我们究竟应当如何去看待实物操作在数学认识活动中的作用，特别是，我们能否仅仅依据个别的实例直接去引出相关的普遍性结论？

也正是从后一角度去分析，笔者以为，南京市北京东路小学的张齐华老师在关于《交换律》的教学中所采取的以下做法就是更为恰当的。

首先，教师在此通过一个故事引出了"3＋4＝4＋3"这样一个等式，并提出了这样一个问题："观察这一等式，你有什么发现?"一个学生(生 1)回答道："我发现，交换两个加数的位置，和不变。"尽管这一结论正是老师所想要的，但他没有立即肯定，而是追问道："其他同学呢?"而且，在没有获得直接回答的情况下，教师又写出了如下的结论以供学生进行对照比较："交换 3 和 4 的位置，和不变。"进而，作为必要的启发，教师又提出了这样一个问题："比较我们俩给出的结论，你想说些什么?"这时一个学生回答道："我觉得您(教师)给出的结论只代表了一个特例，但他(生 1)给出的结论能代表许多情况。"另一学生紧接着又补充道："我也同意他(生 2)的观点，但我觉得单就黑板上的这一个式子，就得出'交换两个加数的位置，和不变'好像不太好。万一其他两个数相加的时候，交换它们的位置，和不等呢！我还是觉得您的观点更准确、更科学一些。"显然，这事实上也就清楚地表明了对相关结论进行验证的必要性。

其次，教师又组织学生对"怎么验证"进行了讨论，并通过适当的归纳("我觉得是不是可以这样，我们每人都来举三四个例子，全班合起来，那就多了。同时，大家也留心一下，看能不能找到'交换加数位置，和发生变化'的情况")引导学生进行了实际举例和验证。然后，通过有意识地选取几位同学作全班汇报并加以适当的引导，教师使学生清楚地认识到了这样一点："举例就应该这样，要考虑到方方面面。"(即所选取的数不应只是一位数，也应当包括一位数加两位数、两位数加两位数……乃至小数和分数的例子。)

最后，作为全课的结束，教师又引导学生对"通过今天的学习，你有哪些收获"进行了讨论。由于在这一课中"过程"和"结果"较好地得到了结合，因此，学生能谈出如下的感受和体会就不足为奇："我发现，有了猜想，还需要举许多例子来验证，这样得出的结论才准确。""举例验证时，例子应尽可能多，而且，应尽可能举一些特殊的例子，这样，得出的结论才更可靠。"……

当然，学生的主动探索毕竟又不同于真正的科学研究，而这事实上也就是老师何以应当在此发挥重要的指导作用的一个主要原因；进而，与单纯地强调主动探究相比，我们又应更为深入地认识到这样一点：学生的自主探究主要应被看成一种"文化继承"的行为。

……

容易看出，以上的论述事实上也就从最为一般的角度指明了我们究竟应当如何去提出问题，特别是，我们不应满足于已经成功地解决了所面临的问题，还应当积极地去进行新的探索，包括提出各种新的有意义的研究问题。

例如，笔者以为，张齐华老师在上述课例中所采取的以下一些做法就是十分可取的。

师：从个别特例中形成猜想，并举例验证，是一种获取结论的方法。但有时，从已有的结论中通过适当变换、联想，同样可以形成新的猜想，进而形成新的结论。比如(教师指读刚才的结论，加法的"加"字予以重音)，"在加法中，交换两个加数的位置，和不变。"那么，在——

生：(似有所悟)减法中……

师：通过联想，同学们由"加法"拓展到了减法、乘法和除法，这是一种很有价值的思考。除此以外，还能通过其他变换，形成不一样的新猜想吗？

生4：我在想，如果把加法交换律中"两个加数"换成"三个加数""四个加数"或更多个加数，不知道和还会不会不变？

……

最后，笔者愿突出地强调这一点：如果教师本身不善于在教学中提出适当的问题，我们就不可能很好地帮助学生学会"数学地提出问题"，因为，提出问题能力的养成在很大程度上是一个潜移默化的过程，而教师在这一方面的表现则又无疑会对学生思维方式的养成产生十分重要的影响。进而，笔者以为，教师能否在教学中提出适当的问题，又不仅取决于对教材的很好把握，而且也与教师本身的数学素养有着很大的关系。也正是基于这样的认识，笔者以为，小学数学教师专业化发展的当务之急就是努力加强数学方法论的学习，因为，笼统地说，数学方法论即是善于数学思维方法的研究，其中不仅包括了所谓的"解题策略"，而且也包括了"提出问题的方法"。

从统计的角度重新审视，以《平均数》教学为例

《平均数》教学实录

一、建立意义

师：喜欢体育运动吗？

生齐：喜欢！

生：我最喜欢乒乓球。

生：我最喜欢足球。

师：想不想了解老师最喜欢的体育运动？

生：想！

师：如果老师告诉大家，我最喜欢，并且最拿手的体育运动项目是篮球，你会相信吗？

生：不相信。

生：我也不信。篮球运动员通常都很强壮，就像姚明或乔丹那样。张老师，您也太瘦了点。（笑）

师：真是哪壶不开提哪壶啊。不过还别说，和你们一样，我们班上的小强、小林、小刚对我的投篮技术也深表怀疑。就在上星期，他们三人还约我进行了一场"1 分钟投篮挑战赛"。怎么样，想不想了解现场的比赛情况？

生齐：想！

师：首先出场的是小强。他 1 分钟投中了几个球呢？让我们一起来看

看。(呈现小强 1 分钟投中的个数)

生：他投中了 5 个。

师：没错。可是，小强对这一成绩似乎不太满意，觉得好像没有发挥出自己的真正水平，想再投两次。如果你是张老师，你会同意他的要求吗？

生：我不同意。万一他后面两次投多了，那我不就危险啦！

生：我会同意的。做老师的应该大气一点。就让你多投几次，估计也不是我的对手。(笑)

师：呵呵，还真和我想到一块儿去了。不过，小强后两次的投篮成绩很有趣。想看看吗？

生齐：想。

教师出示小强的后两次投篮成绩：5 个、5 个。学生会心地笑了。

师：还真巧，小强三次都投中了 5 个。现在看来，要表示小强 1 分钟投中的个数，用哪个数比较合适？

生：5。

师：为什么？

生：他每次都投中 5 个，用 5 来表示他 1 分钟投中的个数，最合适了。

师：说得有理！接着该小林出场了。小林 1 分钟又会投中几个呢？我们也一起来看看吧。

出示小林第 1 分钟投中的个数：3 个。

师：如果你是小林，就这样结束了？

生：不会！我也会要求再投两次的。

师：为什么？

生：这也太少了，肯定是发挥失常。

生：如果只投这 1 分钟，就连小强都比不过，更不要说和张老师比了。

师：真是心有灵犀一点通！正如你们所说的，小林果然也要求再投两次。不过，麻烦来了。(教师出示小林的后两次成绩：5 个、4 个)三次投篮，结果怎么样？

生齐：不同。

师：是呀，三次成绩各不相同。这一回，又该用哪个数来表示小林 1 分钟投篮的一般水平呢？

生：我觉得可以用 5 来表示。因为他最多一次投中了 5 个。如果用 4

或 3 表示，那他肯定不是张老师的对手。

生：我不同意！小强每次都投中 5 个，所以用 5 来表示他的成绩。但小林另外两次只投中 4 个和 3 个，怎么能用 5 来表示呢？

师：也就是说，如果也用 5 来表示，对小强来说——

生齐：不公平！

师：那该用哪个数来表示呢？

生：我觉得可以用 4 来表示。因为 3、4、5 三个数，4 正好在当中，最能代表他的成绩。

师：不过，小林一定会想，我毕竟还有一次投中 5 个，比 4 个多 1 呀？

生齐：那他还有一次只投中 3 个，比 4 个少 1 呀。

师：哦，一次比 4 多 1，一次比 4 少 1……

生：那么，把 5 里面多的 1 个送给 3，这样不就都是 4 个了吗？

教师结合学生的交流，呈现移多补少的过程如下图。

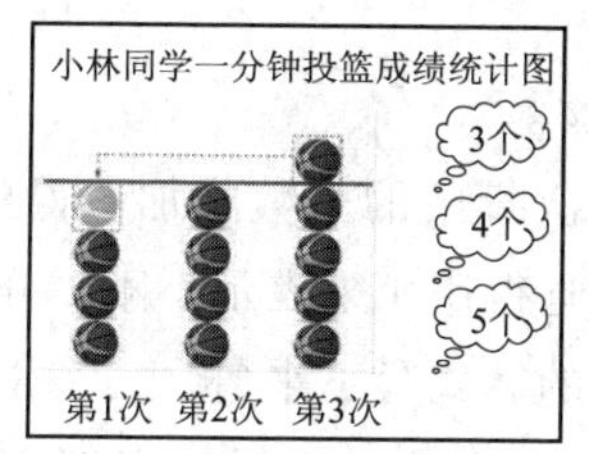

师：数学上，像这样从多的里面移一些补给少的，使得每个数都一样多。这一过程就叫“移多补少”。移完后，小林每分钟看起来都投中了几个？

生齐：4 个。

师：能代表小林 1 分钟投篮的一般水平吗？

生齐：能！

师：该轮到小刚出场了。(出示下图)小刚也投了三次，成绩同样各不相同。这一回，又该用几个来代表他一分钟投篮的一般水平呢？同学们先独立思考，然后再在小组内交流自己的想法。

生：我觉得可以用 4 来代表他一分钟的投篮水平。他第二次投中 7 个，最多，可以移 1 个给第一次，再移 2 个给第三次，这样每一次看起来好像都投中了 4 个。所以用 4 来代表比较适合。

结合学生交流，教师再次呈现移多补少过程如下图。

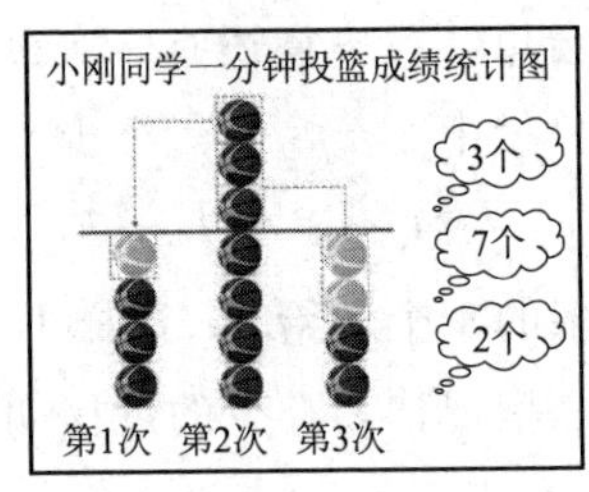

师：还有别的方法吗？

生：我们先把小刚三次投中的个数相加，得到 12 个，再用 12 除以 3 等于 4 个。所以，我们也觉得用 4 来表示小刚 1 分钟投篮的水平比较合适。

师：别急，老师把你的算式写下来(板书：3＋7＋2＝12 次，12÷3＝4 次)。像这样先把每次投中的个数合起来，然后再平均分给这三次(板书：合并、平分)，能使每一次看起来一样多吗？

生：能！都是 4 个。

师：能不能代表小刚一分钟投篮的一般水平？

生：能！

师：其实，无论是刚才的移多补少，还是这回的先合并再平均分，目的只有一个，那就是——

生：使原来几个不相同的数变得同样多。(板书：同样多)

师：数学上，我们把通过移多补少后得到的同样多的这个数，就叫做原来这几个数的平均数。(板书课题：平均数)比如，在这里(出示图 1)，我们就说 4 是 3、4、5 这三个数的平均数。那么，在这里(出示图 2)，哪个数又是哪几个数的平均数呢？在小组里说说你的想法。

生：在这里，4 是 3、7、2 这三个数的平均数。

师：不过，这里的平均数 4 能代表小刚第一次投中的个数吗？

生：不能！

师：能代表小刚第二次、第三次投中的个数吗？

生：也不能！

师：奇怪，这里的平均数4既不能代表小刚第一次投中的个数，也不能代表他第二、第三次投中的个数，那它究竟代表的是哪一次的个数呢？

生：这里的4代表的是小刚三次投中的平均水平。

生：是小刚1分钟投篮的一般水平。

教师板书：一般水平

师：最后，该谁出场了？

生：张老师。

师：知道自己投篮水平不怎么样，所以正式比赛前，我主动提出想投四次的要求。没想到，他们竟一口答应了。前三次投篮已经结束，怎么样，想不想看看我每一次的投篮情况？

生：想！

教师呈现前三次投篮成绩：4个、6个、5个，如下图。

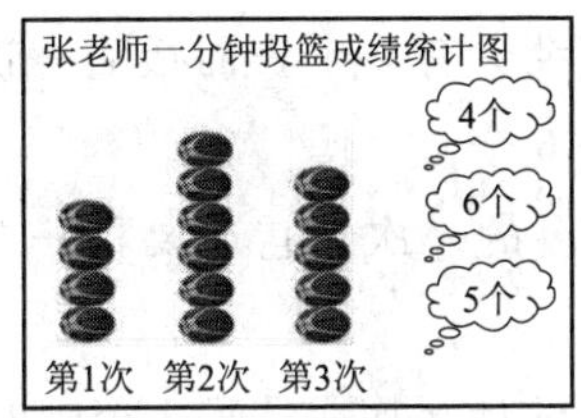

师：猜猜看，三位同学看到我前三次的投篮成绩，可能会怎么想？

生：他们可能会想，完了完了，肯定输了。

师：从哪儿看出来？

生：你们看，光前三次，张老师平均一分钟就投中了5个，和小强并列第一。更何况，张老师还有一次没投呢。

生：我觉得不一定。万一张老师最后一次发挥失常，1个都没投中，或只投中一两个，张老师也可能会输。

生：万一张老师最后一次发挥超常，投中10个或更多，那岂不赢定了！

师：情况究竟会怎么样呢？还是让我们赶紧看看第四次投篮的成绩吧。

课件出示下图。

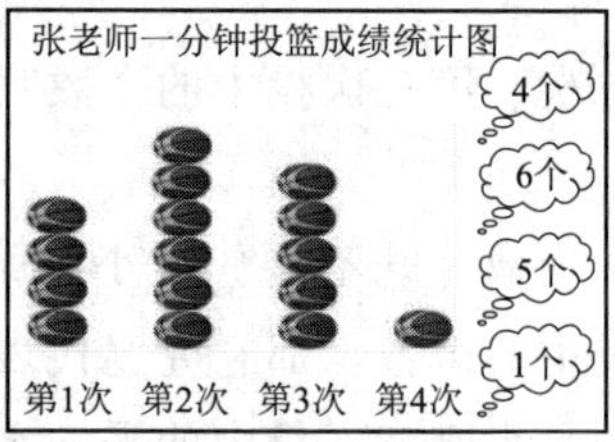

师：凭直觉，张老师最终赢了还是输了？

生：输了。因为你最后一次只投中了1个，也太少了。

师：不计算，你能大概估计一下，张老师最后的平均成绩可能是几个？

生：大约是4个。

生：我也觉得是4个。

师：英雄所见略同呀。不过，第二次我明明投中了6个，为什么你们不估计我最后的平均成绩是6个。

生：不可能，因为只有一次投中6个，又不是次次投中6个。

生：前三次的平均成绩只有5个，而最后一次只投中1个，平均成绩只会比5更小，不可能是6个。

生：再说，6个是最多的一次，它还要移一些补给少的。所以不可能是6个。

师：那你们为什么不估计平均成绩是1个呢？最后一次只投中1个呀。

生：也不可能。这次尽管只投中1个，但其他几次都比1个多，移一些补给它后，就不止1个了。

师：这样看来，尽管还没得出结果，但我们至少可以肯定，最后的平均成绩应该比这里最大的数——

生：小一些。

生：还要比最小的数大一些。

生：应该在最大数和最小数之间。

师：是不是这样呢？赶紧想办法算算看吧。

学生列式计算，并交流计算过程：

4＋6＋5＋1＝16(个)

16÷4＝4(个)

师：和刚才估计的结果比较一下，怎么样？

生： 的确在最大数和最小数之间。

师： 现在看来，这场投篮比赛——

生： 张老师输了。

师： 你们觉得，问题主要出在哪儿？

生： 最后一次投得太少了。

生： 如果最后一次多投几个，或许你就会赢了。

师： 试想一下，如果张老师最后一次投中 5 个，甚至更多些，比如 9 个，比赛结果又会如何呢？同学们可以先通过观察估一估，也可以动笔算一算。然后在小组里交流你的想法。

课件出示下图。

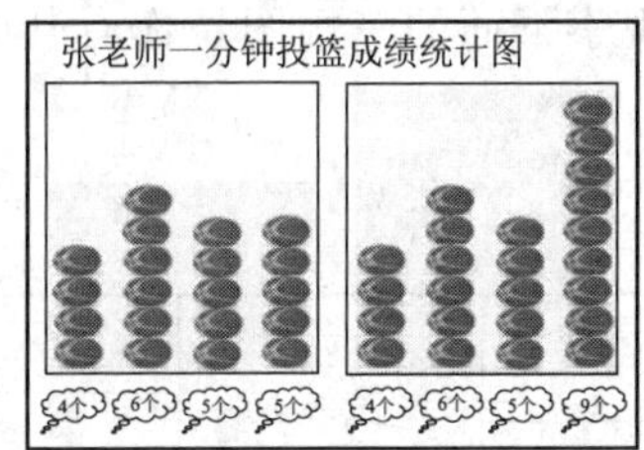

学生估计或计算，随后交流结果。

生： 如果最后一次投中 5 个，那么只要把第二次多投的 1 个移给第一次，很容易看出，张老师 1 分钟平均能投中 5 个。

师： 你是通过移多补少得出结论的。有不同的方法吗？

生： 我是列式计算的。4＋6＋5＋5＝20(个)，20÷4＝5(个)。结果也是 5 个。

生： 我还有补充！其实不用算也能知道是 5 个。大家想呀，原来第四次只投中 1 个，现在投中了 5 个，多出 4 个。平均分到每一次上，正好多出来 1 个。结果自然也就是 5 个了。

教师相机出示下图。

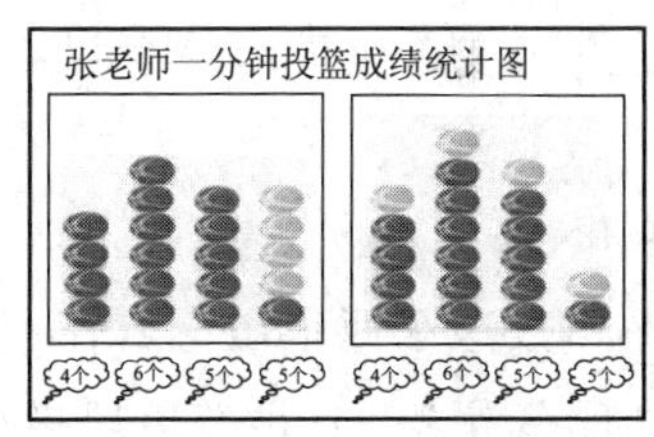

师：能理解？

生：能！

师：既然这样，那么，最后一次如果从原来的 1 个变成 9 个，平均数又会增加多少呢？

生：应该增加 2。因为 9 比 1 多 8，多出的 8 个再平均分到四次上，每次只增加了 2 个。所以平均数应增加 2 个。

生：我是列式计算的，4＋6＋5＋9＝24(个)，24÷4＝6(个)。结果也是 6 个。

二、深化理解

师：现在，请大家观察下面的三幅图，你有什么发现？把你的想法在小组里说一说。

教师相机出示下图。

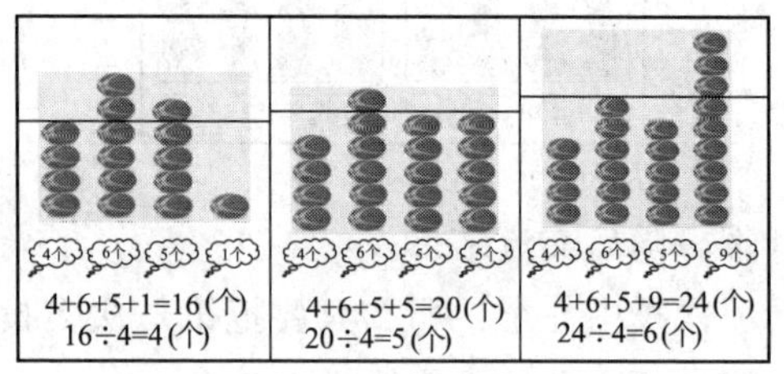

学生独立思考后，先组内交流想法，再全班交流。

生：我发现，每一幅图中，前三次成绩不变，而最后一次成绩各不相同。

师：最后的平均数——

生：也不同。

师：看来，要使平均数发生变化，只需要改变其中的几个数？

生：一个数。

师：瞧，前三个数始终不变，但最后一个数从 1 变到 5 再变到 9，平均数——

生：也跟着发生了变化。

师：难怪有人说，平均数这东西很敏感，任何一个数据的风吹草动，都会使平均数发生变化。现在看来，这话有道理吗？

生：有！

师：其实呀，善于随着每一个数据的变化而变化，这正是平均数的一个重要特点。未来的数学学习中，我们将就此作更进一步的研究。还有别的发现吗？

生：我发现平均数总是比最大的数小，比最小的数大。

师：能解释一下为什么吗？

生：很简单。多的要移一些补给少的，最后的平均数当然要比最大的小，比最小的大了。

师：其实，这正是平均数的又一个重要特点。利用这一特点，我们还可以大概地估计出一组数据的平均数呢。

生：我还发现，总数每增加 4，平均数并不增加 4，而是只增加 1。

师：那么，要是这里的每一个数都增加 4，平均数又会增加多少呢？还会是 1 吗？

生：不会，应该增加 4。

师：真是这样吗？课后，同学们可以继续展开研究。或许，你们还会有更多的新发现！不过，关于平均数，还有一个非常重要的特点，还隐藏在这几幅图当中。想不想了解？

生：想！

师：以第一幅图为例。仔细观察这幅图，有没有发现，这里有些数超过了平均数，而有些数还不到平均数。(学生点头示意)比较一下超过的部分与不到的部分，你发现了什么？

生：超过的部分和不到的部分都是 3 个，一样多。

师：会不会只是一种巧合呢？让我们赶紧再来看看另两幅图吧？

生：(观察片刻)也是这样的。

师：这儿还有几幅图(出示小刚、小林一分钟投篮情况统计图)，情况又怎么样呢？

生：超出部分和不到的部分还是同样多。

师：奇怪，为什么每一幅图中，超出平均数的部分和不到平均数的部分都会一样多呢？

生：如果不一样多，超出部分移下来后，就不可能把不到的部分正好填满。这样就得不到平均数了。

生：就像山峰和山谷一样。把山峰切下来，填到山谷里，正好可以填平。如果山峰比山谷大，或者山峰比山谷小，都不可能正好填平。

师：多生动的比方呀！其实，像这样，超出平均数的部分和不到平均数的部分一样多，这是平均的又一个重点特点。把握了这一特点，我们还可以巧妙地解决相关的实际问题呢。

课件出示如下三张纸条。

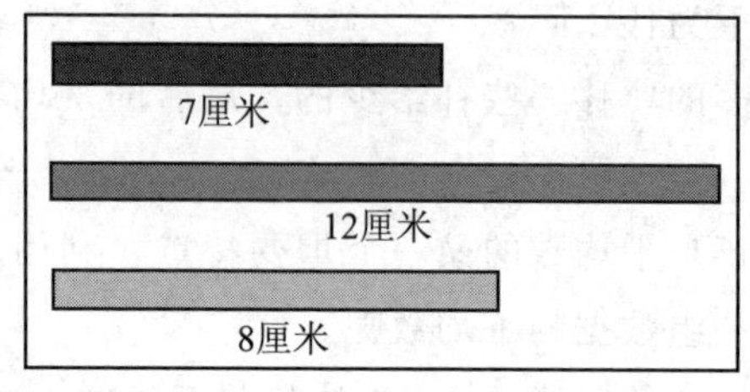

师：张老师大概估计了一下，觉得这三张纸条的平均长度大约是10厘米。(呈现下图)不计算，你能根据平均数的特点，大概地判断一下，张老师的这一估计对吗？

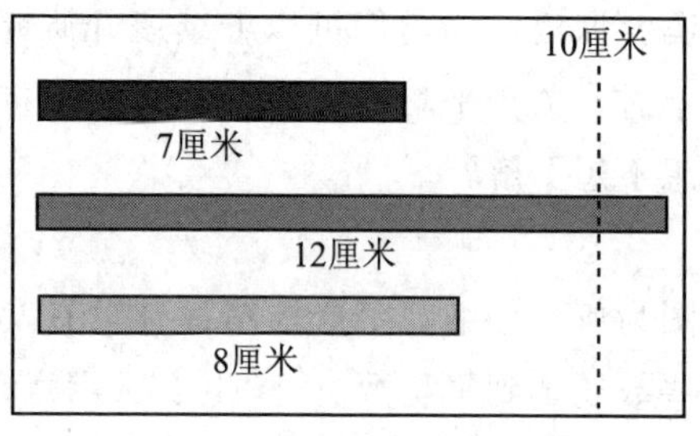

生：我觉得不对。因为第二张纸条比10厘米只长了2厘米，而另两张纸条比10厘米一共短了5厘米，不相等。所以，它们的平均长度不可能是10厘米。

师：照你看来，它们的平均长度会比10厘米长，还是短？

生：应该要短一些。

生：大约是9厘米。

生：我觉得是8厘米。

生：不可能是8厘米。因为7比8小了1，而12比8大了4。

师：它们的平均长度到底是多少，还是赶紧口算一下吧。

学生口算，得出三张纸条的平均长度是9厘米。教师移动表示平均数的线条至9厘米处，如下图。

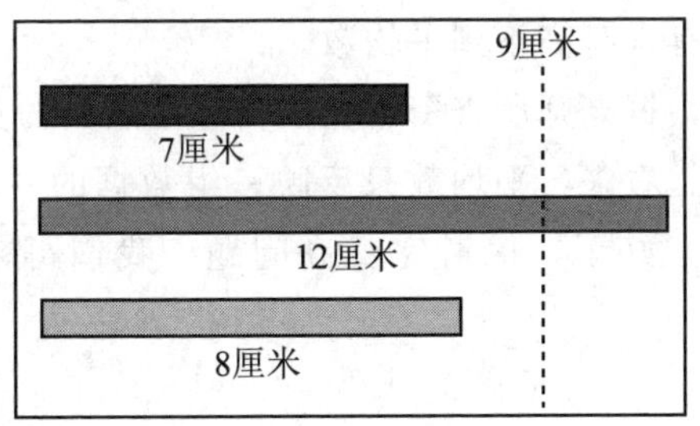

三、拓展提升

师：下面的这些问题，同样需要我们借助平均数的特点来解决。瞧，学校篮球队的几位同学正在进行篮球比赛呢。老师了解到这么一则资料，说李强所在的快乐篮球队，队员的平均身高是160厘米。那么，李强的身高可能是155厘米吗？

生：有可能。

师：不对呀！不是说队员的平均身高是160厘米吗？

生：平均身高160厘米，并不表示每个人的身高都是160厘米。万一李强是队里最矮的一个，当然有可能是155厘米了。

生：平均身高160厘米，表示的是篮球队员身高的一般水平，并不代表队里每个人的身高。李强有可能比平均身高矮，比如155厘米，当然也可能比平均身高高，比如170厘米。

师：说得好！为了使同学们对这一问题有更深刻的了解，老师这儿还给大家带来了一幅图。画面中的人，相信大家一定不陌生。

出示下图(图略)。

生：姚明！

师：没错，这是以姚明为首的中国男子篮球队队员。老师从网上查到这么一则数据，中国男子篮球队的平均身高为200厘米。这是不是说，篮球队每个队员的身高都是200厘米？

生：不可能。

生：姚明的身高就不止2米。

生：听我爸爸说，姚明的身高有240厘米呢。

师：啥时姚明长这么高啦？(笑)

生：姚明的身高是226厘米。

师：看来，还真有超出平均身高的人。不过，既然队员中有人身高超过了平均数——

生：那就一定有人身高不到平均数。

师：没错。瞧，据老师所查资料显示，这位队员的身高只有178厘米，远远低于平均身高。看来，平均数只反映一组数据的一般水平，并不代表其中的每一个数据。好了，探讨完身高问题，我们再来看看池塘的平均水深。

出示下图。

师：冬冬来到一个池塘边。低头一看，发现了什么？

生：平均水深110厘米。

师：冬冬心想，这也太浅了，我的身高130厘米，下水游泳一定没危险。你们觉得，冬冬的想法对吗？

生：不对！

师：怎么不对？冬冬的身高不是已经超过平均水深了吗？

生：平均水深110厘米，并不是说池塘里每一处水深都是110厘米。有可能有的地方比较浅，只有几十厘米，而有些地方比较深，比如150厘米。所以，冬冬下水游泳，可能会有危险。

师：说得真好！想看看这个池塘水底下真实的情形吗？

生：想！

教师利用课件，呈现池塘水底的剖面图，如下。

生：原来是这样，真的有危险！

师：看来，认识了平均数，对于我们解决生活中的问题还真有不少帮助呢。当然，如果不了解平均数，闹起笑话来，那也很麻烦。这不，前两天，老师从最新的《健康报》上查到这么一则资料。

课件出示：《2007年世界卫生报告》显示，目前中国男性的平均寿命大

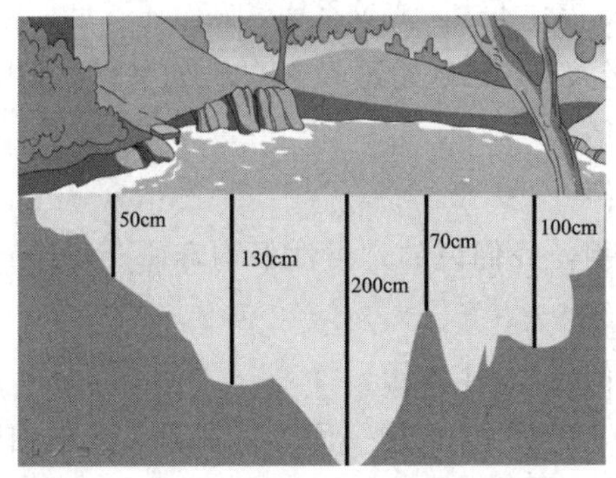

约是 71 岁。

师：可别小看这一数据哦！30 年前，也就在张老师出生那会儿，中国男性的平均寿命大约只有 68 岁。比较一下，发现了什么？

生：中国男性的平均寿命比原来长了。

师：这是好事，还是坏事？

生：是好事。

师：值得高兴，还是难过？

生：当然值得高兴！

师：是呀，平均寿命变长了，当然值得高兴喽。可是，一位 70 岁的老伯伯看了这则资料后，不但高兴不起来，反而还有点难过。这又是为什么呢？

生：我想，老伯伯可能以为，平均寿命是 71 岁，而自己已经 70 岁了，看来只能再活一年了。(笑)

师：老伯伯之所以这么想，你们觉得他懂不懂平均数。

生：不懂！

师：你们懂不懂？

生：懂。

师：既然这样，那好，假如我就是那位 70 岁的老伯伯，你打算怎么劝劝我？

生：老伯伯，别难过。平均寿命 71 岁，并不是说每个人都只能活到 71 岁。如果有人只活到六十几岁，那么，你不就可以活到七十几岁了吗？(笑)

师：原来，你是把我的幸福建立在别人的痛苦之上呀！(笑)不过，还是要感谢你的劝告。别的同学又是怎么想的呢？

生：老伯伯，我觉得平均寿命 71 岁反映的只是中国男性寿命的一般水平，这些人中，一定会有人超过平均寿命的。弄不好，你还会长命百岁呢！(笑)

师：谢谢你的祝福！不过，光这么说，好像还不足以让我彻底放心。有没有谁家的爷爷或是老太爷，已经超过 71 岁的？如果有，那我可就更放心了。

生：我爷爷已经 78 岁了。

生：我奶奶已经 81 岁了。

师：奶奶不管用，我们说的是男性平均寿命。（笑）

生：我爷爷已经 85 岁了。

生：我老太爷都已经 94 岁了。

师：真有超过 71 岁的呀！这一回，猜猜看，老伯伯还会再难过吗？

生：不会了。

师：探讨完男性的平均寿命，想不想了解女性的平均寿命？

生：想！

师：有谁愿意大胆地猜猜看？

生：我觉得，中国女性的平均寿命大约有 65 岁。

生：我觉得大约有 73 岁。

教师呈现相关资料：中国女性的平均寿命大约是 74 岁。

师：发现了什么？

生：女性的平均寿命要比男性长。

师：既然这样，那么，如果有一对 60 多岁的老夫妻，是不是意味着，老奶奶的寿命一定会比老爷爷长？

生：不一定！

生：虽然女性的平均寿命比男性长，但并不是说每个女性的寿命都会比男性长。万一这老爷爷特别长寿，那么，他完全有可能比老奶奶活得更长些。

师：说得真好！走出课堂，愿大家能带上今天所学的内容，更好地认识生活中与平均数有关的各种问题。下课！

我为什么重上《平均数》

对很多人而言，超越别人容易，超越自己难。而在我，情况似乎略有不同。事实上，在很多情形下，要想判断是否能够或者已经超越别人，很难有一个既定的标准。既无标准，又何谈对别人的超越？倒是自我超越，似乎显得稍容易一些。毕竟，每一天的学习、思索、实践，必然会使今天的你超越昨天的你，进而又被明天的你再次超越。人总是在这样一次又一次的自我超越中实现进步的。而于我，这样的体验尤为鲜明与深刻。

如果说，从2003年的《圆的认识》到2007年的《圆的认识》，向数学本身回归的这一次自觉转身，是我从教以来教学实践层面的第一次自觉跨越的话，那么，从2000年第一次执教《平均数》，到事隔八年后再度磨砺同题课，多少也算是实践之路上的"梅开二度"吧。成败与否先搁下不论，怎么着也得为自己再次拿自己开刀的勇气与精神喝个彩。

2000年，时值《数学课程标准(实验稿)》即将颁布，对于即将到来的新一轮数学课程改革，正是"山雨欲来风满楼"的关键时刻。清晰地记得，师父张兴华老师不知从何处为我们觅得《数学课程标准(征求意见稿)》。急急读来，其间的种种观念、建议、变革，对于正在数学教学改革路途中左冲右突的我们而言，无疑是一次莫大的精神洗礼与引领。尤其印象深刻的是，《标准(征求意见稿)》中对于统计与概率部分的全新阐释，让我们大开眼界，更是萌生出一种"试一试"的实践冲动。

于是，趁着一次教研活动的契机，在认真通读《标准(征求意见稿)》中关于《平均数》这一内容的相关课程目标与实施建议后，《平均数》一课以其别具一格的课题(注：以往，这一课通常都叫《求平均数》，是作为应用题的一类予以教学的)及其"作为一种统计量"这一全新的视角，在实践层面赢得了广泛的认同与好评。时隔八年，至今，我仍能清晰地记得，为了使学生认识到《平均数》是一个统计量，我撇开了教材中具有应用题意味的相关题材，而是选择从学生的平均身高、平均体重、家庭的平均收入等内容入手，进而在如何恰当估计平均数、如何强化移多补少、如何根据求出的平均数预测未来数据等问题上做出了初步的尝试。想来效果还不错。

八年弹指一挥间。《数学课程标准（实验稿）》很快正式颁布，对于《平均数》这一内容的理论认识也随之渐入人心，相关的教学实践更是风起云涌、层出不穷。而真正促使我重备这一课的契机，现在想来，恐怕还得追溯到前年的那次南通教研活动。

活动中，北京市第二实验小学施银燕老师执教《众数和中位数》一课，而其呈现的课题却是《数据的代表》，课题一出示，当即引起台下一片热议。现在想来，当时热议的话题与内容或许早已烟消云散，但正是那一次的深入思考与交流，使我越来越清晰地认识到，平均数也好，众数与中位数也罢，其实都是一组数据的代表。不同的是，同样作为数据的代表，平均数受所有数据的制约，更能反映一组数据的全貌，因而也就更加显得敏感、易变。而众数与中位数则相对不易受极端数据的干扰，因而也就体现出其比较稳定、不受极端数据干扰等特点来。带着这样的认识，再重新翻看多年前的《平均数》教案，总觉得作为一种“反映一组数据集中趋势的统计量”，其统计的意味并不明显。或者说，从教学的设计线索上看，似乎已经关注到其统计的内涵，但在真正的实践层面上，其作为一种统计量，尤其是作为数据代表的意义并没有得到真正的开掘。从而，“形似”而“神异”的意味，便不可避免地成为那一堂《平均数》的鲜明烙印。重备《平均数》便显得日渐迫切起来。

之后也听过几节《平均数》的研究课，较为典型的思路是：通过组织两组人数不等的比赛，在学生初步体会到“比总数”不公平的前提下，自然过渡到“通过求出平均每人的数量，再作比较”的思路上来。《平均数》由此自然生成。作为一种较为成熟的版本，此一种教学思路的优点无疑是十分明显的。尤其是，从“比总数不公平”到“比人均数公平”的自然转折，将平均数的来龙去脉刻画得极为生动、细腻。但一直困扰我的问题是，当学生面对“比总数不公平”的情境，纷纷给出“先求出平均每人投中的个数再比较”的建议时，我始终不太明白：为什么求出“平均每人投中的个数”再比较就公平了？（笔者曾就此问题询问过不少教师与学生，均未获得十分清晰的回答）此为其一。再者，就算学生真正理解了其中的意义，那么，“平均每人投中的个数”是否就可以直接与“每人投中个数的平均数”画上等号。细微的文字表述差异的背后，又表征着学生怎样的微妙的思维差异？

事实上，“求出平均每人投中的个数”，对于一个三年级学生而言，其心理活动的表征往往是“先求总和，再除以人数”。而这一心理运算对学生而言，其直观背景十分模糊。至于其最终运算后得出的结果又是如何成为这组数据的代表的，其意义的“联结点”对学生而言更是很难直接建立。由此可见，仅仅从“比较的维度”揭示平均数的意义，看似顺畅的教学现象背后，实则还潜藏着学生难以跨越，且教师也很难察觉的认知障碍与思维断点。

于是，备课的思维焦点再次落到“数据的代表”上来。能不能从“数据的代表”的角度，重新为平均数寻找一条诞生的新途径？于是，便有了这一版本的新尝试。

真正尝试备课时，其实还遇到了不少新的障碍。比如，最初选择的情境是：三(1)班仅小明一人参加年级组投篮比赛，一分钟投中5个。如果你是裁判，在他们班的记分牌上，该用哪个数表示他们班的整体水平？三(2)班小刚、小强两人参加比赛，一分钟分别投中3个、5个。他们班的记分牌上，又该用哪个数代表他们班的整体水平？结果，“数据的代表”的表面意义呈现了出来，但“公平与不公平”“求出平均每人投中几个再比”的观点再度泛出。“老酒”实质上只是换上了“新瓶”而已，无本质差别。此为其一。其二，又一更现实的问题摆在面前：作为数据的代表，平均数既可以代表“不同对象呈现的一组数据”(比如，小明、小刚、小强平均每人一分钟投中的个数)，以反映这一组对象的整体水平，也可代表“同一对象某几次呈现的数据”(比如，小明三次量得某木棒的长度各若干厘米，该木棒长度究竟几何)，以反映这一个对象在参差变换的随机数据背后所潜伏着的一般水平。究竟哪种情形更有利于学生顺利建立《平均数》的意义？思辨的最终结果让我把天平倾向后者。毕竟，前者在某种情形下，完全可以用总数去表征他们的整体水平，而对于后者，求总数似乎就显得有些“不合情理”，而找出这组数据的代表值，进而用代表值去刻画这组数据的一般水平，似乎更合情合理些。

于是，例题教学中，笔者有意设计了“小强三次均投中5个”的特殊数据组，以此促进学生自然建立起“用5代表他的一般水平最合适”的心理倾向，进而为随后的学习活动中学生主动避开“求总数”的窠臼，而直接通过“移多补少”或“先求和再均分”的思维活动，努力寻找几个数据的代表值，为平均数意义的建立奠定坚实的基础。《平均数》作为“数据的代表”的真实含义，在这一过程中得到了自然而然的呈现。

当然，仅仅从正面角度突显平均数作为“数据的代表”的意义，显然还不够充分、丰富、饱满。于是，在随后的深化板块中，笔者借助学生的观察、比较、交流，从平均数的“敏感与易变性”（任何数据的变化都会带来平均数的相应变化）、平均数的“齐次性”（每一数据的相同变化，如都加 2，会带来平均数的同样变化，也加 2）以及平均数的“均差之和为 0”的特性（即一组数据中各个数据与平均数的差之和为 0），帮助学生从各个不同侧面进一步丰富了对平均数这一“反映一组数据集中趋势的统计量”的意义的构建，深化了学生对平均数内涵的理解与把握。

也有遗憾。尤其是，随着备课及思考的不断深入，笔者越来越强烈地感受到，自身数学素养的肤浅对《平均数》课堂的深度开掘构成了致命的制约。“教什么比怎么教更重要”的命题再一次得到验证。

基于数学本质和意义学习的概念教学

——评张齐华老师《平均数》一课

汤雪峰

对于《平均数》这样的教学内容，过去，国内一些教材通常称为《求平均数》，日本国际著名数学家小平邦彦等人在 20 世纪 70 年代编写的小学教科书《新算术》中，则把这样的教学内容称为《平均》。课题虽不同，但处理的方法却大体一致，即先引出几个同类的数量，接着通过“移多补少”“先求总量，再等分”等方法把这些数量“平分”，进而揭示“平均数”或“平均”的概念。

张老师的《平均数》一课，则很好地跳出了这一“框框”，并且给这一课的教学带来了不少新的气象，更给数学概念教学，甚至数学教学带来了不少有益的思考。下面，就这节课分别从数学、心理学和教育学等几个维度做一些肤浅的理解。

基于数学本质的概念教学

概念是思维的基本形式，是事物的本质属性在人脑中的反映。概念是一切科学知识和科学思维的基础，也是任内思维的基本要素。

数学概念是客观现实中的数量关系和空间形式的本质属性在人脑中的

反映。在数学中，客观事物的颜色、质地、气味等方面的属性都被看做非本质属性而被舍弃，只保留它们的形状、大小、位置及数量关系等方面的共同属性。数学概念是一切数学知识和数学思维的基础。一切数学规则的研究、表达与应用都离不开数学概念。所以说，在小学数学教学中，引导帮助学生形成正确的数学概念，是数学教学的重要任务。

那么，《平均数》这节课，我们该怎样把握数学本质呢？我们首先应当清楚，如果要对某些事物从某些数量方面做一个概括性的了解，那么我们自然就会联系到"平均"这个概念。张老师的这节课要学的其实就是"算术平均数"(不同于"几何平均数""调和平均数""加权平均数"等概念)，它是因为与这组数量中的各个数量的偏差最小，从而反映了这一组数量的整体水平。这就是(算术)平均数的一个本质属性！

张老师在新课的引入部分，精心设计并逐一出示了小强连续3次都投中了5个，让学生感受到，正因为3次都投中"5个"，所以"5个"最能反映小强投篮的整体水平。张老师接着的追问，又将学生的理解推进了一步。从数学上来看，这里，"5个"和各个数量的偏差都为0，所以"5个"最适合代表小强投篮的整体水平。这个例子，浅显但恰当！

在出示小林3次分别投了3个、5个、4个后，通过"一次比4多1，一次比4少1"的启发式讲解，逐步引导学生得出"那么，把5里面多的1个送给3，这样不就都是4个了吗？"这里，学生通过"移多补少"，把难题转化成刚才大家认可了的问题。这样，自然就再次强化了概念的理解。对于小刚的出场，3次分别投了3个、7个、2个时，张老师引导学生通过两种方法求代表这组数据整体水平的"4个"后的一段对话，再次把学生的思维指向"这里的4代表的是小刚三次投中的平均水平"，不断强化学生理解平均数的数学意义。

这里，我也有一些思考想与大家交流。

思考一，学生"移多补少"后，通过"先求总数，再均分"的方法同样求出了平均数。"移多补少"学生已经理解了，就是"变得都一样"。那么"先求总数，再均分"呢，其实也是同样的道理，先求总数，因为总数不变，所以均分也是为了使"各个数据变得一样"，那么"先求总数，再均分"求得的数量也能代表这组数据的平均水平。我想，这里稍微联系一下，效果会不会更好？

思考二，我们通过移多补少后，分别求出了3、5、4和3、7、2这两组数据的代表——算术平均数后，是否可以让学生理解一下，之所以分别用 5 和 4 作为它们的平均数，其实质就在于它们与各个数量的“偏差”最小。比如：我们可以借助下图

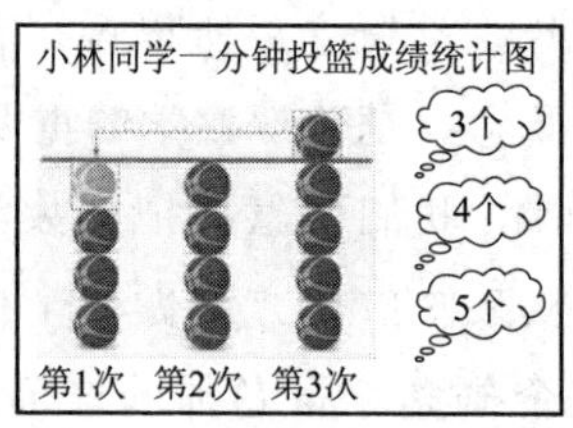

让学生考察三次投中的数量分别比平均数 4 的偏差：少 1；0；多 1。当 3 次投中的数量分别与其他数量比较的时候比如 5，就会偏差：少 2；少 1；0。此外，还可以把 3 次投中的数量分别与 3、2 等其他数量去比较。然后，再依据下图，做类似处理。

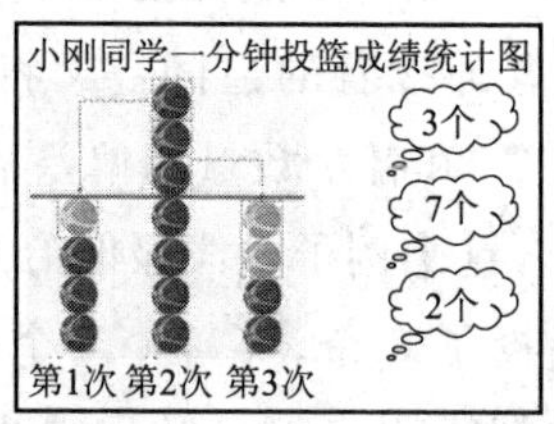

这样，或许学生会更能理解这样求得的平均数，为什么可以作为这组数据的代表。(也为将来学习平均差、方差、标准差提供一些基础)在数学上，这就是“先求总数，再均分”求平均数的理论依据。

道理是这样的：

当我们定义一组数：a_1，a_2，…，a_n的平均数 x 的时候，这个平均数 x 反映这组数的总的情况，我们总是希望 x 和这 n 个数的偏差

$$x-a_1,\ x-a_2,\ \cdots,\ x-a_n$$

在总体上说来，尽可能的小。也就是说，我们要适当地取 x 值，使得平方和

$$D=(x-a_1)^2+(x-a_2)^2+\cdots+(x-a_n)^2$$

达到它的最小值。(这里我们不直接把这 n 个差数本身相加，而把它们的平方相加，是因为这些差数有些是正值，有些是负值，直接相加，就会正负相消，不能反映总体情况。)

上式可写成：

$$
\begin{aligned}
D &= nx^2-2(a_1+a_2+\cdots+a_n)x+(a_1{}^2+a_2{}^2+\cdots+a_n{}^2)\\
&= n\{x^2-2(a_1+a_2+\cdots+a_n)/n\times x+[(a_1+a_2+\cdots+a_n)/n]^2\}\\
&\quad -n[(a_1+a_2+\cdots+a_n)/n]^2+(a_1{}^2+a_2{}^2+\cdots+a_n{}^2)\\
&= n[x-(a_1+a_2+\cdots+a_n)/n]^2-(a_1+a_2+\cdots+a_n)^2/n+(a_1{}^2+a_2{}^2\\
&\quad +\cdots+a_n{}^2)
\end{aligned}
$$

在最后的式子中，末二项是和 x 无关的常数；只有第一项和 x 有关，而且永远不会是负数，因此只有当第一项等于零时，D 的值最小。也就是说，为了使 D 取最小值，必须有

$$x=(a_1+a_2+\cdots+a_n)/n$$

才行。算术平均的本意就在于此。

思考三，平均数的概念要不要讲，该怎么讲。张老师在课上说："数学上，我们把通过移多补少后得到的同样多的这个数，就叫做原来这几个数的平均数。"其实，数学上不是这么定义的，这样的描述，不是数学概念，可以称为前科学概念。这样的概念定义，虽然说起来很形象，但不利于孩子对概念的把握，特别是不利于将来的相关学习。大数学家庞加莱在谈到"圆周的认识"的教学时，就直接指出，如果把圆称为"环形物"，学生容易理解，但是在数学上没有什么用，一定要让学生能够描述"圆周就是到定点等于定长的点的轨迹"。

同样的，这里的算术平均数是这样定义的：

定义 $\mathbf{A}=(a_1+a_2+\cdots+a_n)/n$，我们把数 **A** 称为这 n 个数 a_1，a_2，…，a_n的算术平均数。

这里，为了小学生能够理解，我们可以定义为"平均数是指在一组数据中所有数据之和再除以数据的个数所得到的那个数"。这样处理对于孩子将来学习加权平均数等数学概念有一定帮助。

此外，张老师在随后的深化板块中，通过引导学生观察、比较、交流，研究了平均数的"易变性"(任何数据的变化都会带来平均数的相应变化)、"齐次性"(每一数据的相同变化，如都加 2，会带来平均数的同样变化，也加 2)以及"离均差之和为 0"等特性(即一组数据中各个数据与平均数的差之和为 0)，帮助学生从各个不同侧面进一步丰富了对平均数这一"反映一组数据集中趋势的统计量"的意义的构建，深化了学生对平均数内涵的理解与把握。这样的探索与尝试，同样值得我们关注。

基于意义学习的概念教学

小学生主要通过概念形成和概念同化两种认知方式学习、掌握概念。《平均数》这样的初级概念，一般是通过概念形成的方式来建构。所谓概念形成，就是指学生依据直接经验，从大量的具体例子出发，在数学概念的具体例证中通过归纳抽取一类数量关系或空间形式的共同属性，从而获得初级概念，并把概念的本质属性推广到同类事物中的过程。

然而，作为定义性概念(不能通过正反例的比较、辨别来获得，只有通过概念的定义来获得)的《平均数》，与“圆”“三角形”等具体概念(可以通过正反例的比较、辨别来获得)不同，它具有更高的抽象性。教学不当，往往会造成孩子的“生吞活剥”“依葫芦画瓢”。而张老师在处理这一问题时，方法同样既独到又有效。

一、结合概念的意义，引入概念

概念的引入是概念教学的第一步，也是极为重要的一步。这个环节设计、组织得好，后面的教学活动就能顺利展开。

前面已经论及，张老师精心设计并逐一出示了小强连续 3 次都投中了 5 个，让学生感受到 3 次都是投中“5 个”，所以“5 个”最能反映小强投篮的整体水平。小林 3 次分别投了 3 个、5 个、4 个，“一次比 4 多 1，一次比 4 少 1”“那么，把 5 里面多的 1 个送给 3，这样不就都是 4 个了吗?”这样的引入，经由现实的感性材料的支撑，使学生在第一时间接触了《平均数》的统计意义——代表一组数的整体水平。接着的教学，就很顺利地在此基础上展开了。

二、结合概念的性质，深化概念

当学生初步感知到《平均数》的概念后，张老师又精心设计了一连串的问题情境，引导学生在通过观察、对比、思考、交流，发现了《平均数》一系列的特性过程中，帮助学生从各个不同侧面进一步丰富了对平均数这一“反映一组数据集中趋势的统计量”的意义的构建，深化了学生对平均数内涵的理解与把握。

张老师设计自己的 4 次投篮，前 3 次分别为 4 个、6 个、5 个，这时学生已经得出张老师前 3 次一分钟投篮的平均数为 5 个。然后，通过将第 4 次投篮的个数依次从“1 个”变到“5 个”再变到“9 个”，引导学生通过观察、比较，理解了任何数据的变化都会带来平均数的相应变化(敏感性)。同时，学生还发现了："多的要移一些补给少的，最后的平均数当然要比最大的小，比最小的大了。"

在学生得出"总数每增加4，平均数并不增加4，而是只增加1"后，教师适时追问"那么，要是这里的每一个数都增加4，平均数又会增加多少呢？还会是1吗？"学生回答"不会，应该增加4"的过程中，就认识到了每一数据的相同变化，如都加某一个数，会带来平均数的同样变化，也加这个数(齐次性)。

最后，张老师引导学生观察："以第一幅图为例。仔细观察这幅图，有没有发现，这里有些数超过了平均数，而有些数还不到平均数。(学生点头示意)比较一下超过的部分与不到的部分，你发现了什么?"学生用自己的语言解释了一组数据中各个数据与平均数的差之和为0(离均差之和为0)。

三、结合概念的变式，运用概念

一方面，学生获得了概念的共同本质属性后，从严格意义上来讲，还没有真正习得概念。因为概念习得的理想终点是学习者能利用所学的概念去做事，去解决问题。另一方面，要把作为陈述性知识的概念，转化为一种智慧技能，使之能在不同于原先学习的情境应用，还需要一个变式练习的过程。张老师将这两个方面作了有机结合，取得了很好的效果。

"纸条平均长度"，这个问题有几种变化。一是改变了问题的现实情境；二是图表由横排变成竖排了；三是强调先估算再口算，注重数学直觉与数学推理的培养。

"队员平均身高"，这里则是变换视角提问题。先告诉学生球队队员的平均身高，进而让学生感受每个队员身高的可能情况。这是通过逆向思考加深孩子对平均数内涵的理解。

通过使用"概念性变式"，学生可以多角度地理解概念：从具体到抽象，从特殊到一般，通过排除背景干扰，突出概念的本质属性，阐明概念的内涵。这样通过概念性变式练习，同时运用概念解决实际问题的过程，加深、丰富和巩固了学生对概念的掌握，提高学生对数学概念的运用技能。

此外，还有一些思考。

思考一，"池塘平均水深"，我的理解是，池塘的平均水深是生产、生活中的一个概念，在河道工程上，它也有测算的国家标准，但不是用求算术平均数的方法来计算的。

思考二，“平均寿命”，这也不是指“平均死亡年龄”，因为没有人能够知道任意一个人的寿命能有多长。某个人群的平均寿命是用统计学的方法预测的。多年以来，许多国家的政府都统计每年出生和死亡人数以及死者的年龄。人口普查也统计每个年龄段还健在的人数。这些信息综合在一起，使得人口学家可以计算每个年龄的人的死亡危险性和活到下一年的概率。这一生存概率组成了一张“生命表”，显示对任一年龄的人群的预期寿命的估计。这种估计被称为“周期性预期寿命”，它会根据每一年的统计结果而有所变动。

思考三，学生概念的形成需要大量具体的例子，重点通过引导学生进行分析、比较，及时抽象、概括出概念的所有共同本质属性，帮助学生真正建立起概念。特别要注意根据概念获得的不同方式有区别地设计和实施教学活动。张老师在这些方面都考虑了，特别是考虑变换不同的视角去理解平均数，但实例的丰富性做得还是不够。只有创设丰富的、不同形式的、不同思维角度的现实载体，经由学生的抽象、概括，学生才能更深刻理解《平均数》这一概念。数学上，把这样的抽象称为“同一性抽象”。

几点建议，仅供张老师参考。

概念为本的教学

——评张齐华的《平均数》一课

刘加霞（北京教育学院）

学生如何学习平均数这一重要概念呢？传统教学侧重于对所给数据（有时甚至是没有任何统计意义的抽象数）计算其平均数。即侧重于从算法的水平理解平均数，容易将平均数的学习演变为一种简单的技能学习，忽略平均数的统计学意义。因此，新课程标准特别强调从统计学的角度来理解平均数。然而什么是“从统计学的角度”理解平均数？在教学中如何落实？如何将算法水平的理解与统计学水平的理解整合起来？如何将平均数作为一个概念来教？下面将以张齐华老师执教的《平均数》一课为例研究教学实践中如何解决上述问题。

将平均数作为一个重要概念来教，重点是要解决三个问题：为什么学习平均数？平均数这个概念的本质以及性质是什么？现实生活、科学等方面是怎样运用平均数的？张齐华老师执教的《平均数》一课正是从这三方面，并依据学生的认知特点和生活经验实现从概念的角度理解平均数。

一、“概念为本”教学的核心：为什么学习平均数

1. 凭直觉体验平均数的“代表性”

平均数的统计学意义是它能刻画、代表一组数据的整体水平。平均数不同于原始数据中的每一个数据(虽然碰巧可能等于某个原始数据)，但又与每一个原始数据相关，代表这组数据的平均水平。要对两组数据的总体水平进行比较，就可以比较这两组数据的平均数，因为平均数具有良好的代表性，不仅便于比较，而且公平。

在张老师的课上，导入部分的问题——1分钟投篮挑战赛——虽然简单，但易于引发学生对平均数的“代表性”的理解：是用一次投篮的个数来代表整体水平还是用几次投篮中的某一次来代表水平呢？抑或是用几次投篮的总数来代表整体水平？

由于教师所选择的几组数据经过精心设计，同时各组数据的呈现方式伴随着教师的追问，使学生很好地理解平均数的统计学意义。这些数据并不是一组一组地同时呈现，然后让学生分别计算其平均数，而是动态呈现，并伴随教师的追问，以落实研究每一组数据的教学目标。例如，先呈现小强第一次投中5个，然后追问：小强对这一成绩似乎不太满意，觉得好像没有发挥出自己的真实水平，想再投两次，你同意他的要求吗？使学生直觉体验到由于随机误差的原因仅用一次的数据很难代表整体的水平。因此再给他两次投篮机会。而小强的投篮水平非常稳定，三次都是5个。三次数据都是“5”是教师精心设计的，核心是让学生凭直觉体验平均数的代表性，避免了学生不会计算平均数的尴尬。同样道理，第二组数据的呈现方式仍然先呈现一个，伴随教师的追问：如果你是小林就这样结束了？仍是让学生体验一次数据很难代表整体水平，但3、5、4到底哪个数据能代表小林的水平呢？教师设计的这些活动的核心是让学生体验平均数的代表性。

2. 两种计算方法的背后仍强化概念理解

虽然会计算一组数据的平均数是重要的技能，但过多的、单纯的练习容易变成纯粹的技能训练，妨碍学生体会平均数在数据处理过程中的价

值。计算平均数有两种方法，每种方法的教育价值各有侧重点，其核心都是强化对平均数意义的理解，非仅仅计算出结果。

在张老师的课上，利用直观形象的象形统计图(条形统计图也可以)，通过动态的“割补”来呈现“移多补少”的过程，为理解平均数所表示的均匀水平提供感性支撑。首先两次在直观水平上通过“移多补少”求得平均数，而不是先通过计算求平均数，这样做，强化平均数“匀乎、匀乎”的产生过程，是对平均数能刻画一组数据的整体水平的进一步直观理解，避免学生原有思维定式影响，即淡化学生对“平均分”的认识，强化对平均数意义而非算法的理解。

如何让学生理解平均数代表的是一组数据的整体水平，而不是平均分后某个体所获得的结果呢？平均数与平均分既有联系更有区别，虽然二者的计算过程相同，但不同于前面所学的“平均分”，二者计算过程相同但各自的意义不同。从问题解决角度看，“平均分”有两层含义：一是已知总数和份数，求每份数是多少；二是已知总数和每份数，求有这样的多少份，强调的是除法运算的意义，解决的是“单位量”与“单位个数”的问题。而平均数则反映全部数据的整体水平，目的是比较两组数据的整体水平，强化统计学意义，数据的“个数”不同于前面所说的“份数”，是根据需要所选择的“样本”的个数。

因此张老师的教学中没有单纯地求平均数的练习，将学习平均数放在完整的统计活动中，在描述数据、进行整体水平对比的过程中深化“平均数是一种统计量”的本质，实现从统计学的角度学习平均数。例如，张老师在通过两种方法求出平均数之后，一再追问：“哪个数是哪几个数的平均数?”“这里的平均数 4 能代表小刚第一次投中的个数吗？能代表第二次、第三次投中的个数吗?”“奇怪，那他究竟代表的是哪一次投中的个数?”通过这样的追问，强化平均数的统计学意义。当然，如果在此现实问题中出现平均数是小数的情形更有助于学生理解平均数只刻画整体水平不是真正的投球个数(投球个数怎么会是小数呢？不强调小数的意义，只出现简单小数，例如 3.5 个)，即有人说“平均数是一个虚幻的数”。学生对此理解需要比较长的“过程”，不是一节课就能达成的。

二、“概念为本”教学的深化：进一步理解平均数的本质及性质

初步认识了平均数的统计学意义后，张老师仍然进一步设计活动让学

生借助于具体问题、具体数据初步理解平均数的性质，丰富学生对平均数的理解，也为学生灵活解决有关平均数的问题提供知识和方法上的支持。算术平均数有如下性质：

1. 一组数据的平均数易受这组数据中每一个数据的影响，“稍有风吹草动就能带来平均数的变化”，即敏感性。

2. 一组数据的平均数介于这组数据的最小值与最大值之间。

3. 一组数据中每一个数与平均数之差(称为离均差)的总和等于 0，即：$\sum(x_i-\bar{x})=0$，其中 x_i 是原始数据，$\bar{x}$ 是这组数据的算术平均数。

4. 给一组数据中的每一个数加上一个常数 C，则所得到的新数组的平均数为原来数组的平均数加上常数 C。

5. 一组数据中的每一个数乘上一个常数 C，则所得到的新数组的平均数为原来数组的平均数乘常数 C。

这些抽象的性质如何让小学生理解呢？张老师仍然是在巧妙的数据设计以及适时、把握本质的追问中让学生进一步深化对平均数性质的认识。数据设计的巧妙主要体现在：

首先，在统计张老师自己的投球水平时，张老师“搞特殊”，可以投四次。基于前面学生对平均数的初步感知，学生认可用老师四次投球的平均数来代表老师的整体水平，但张老师在第四次投中多少个球上“大做文章”：前三次的平均数是 5，那么老师肯定是并列第一了？一组数据中前三个数据大小不变，只是第四个数据发生变化，会导致平均数产生什么样的变化呢？在疑问与困惑(当然有很多学生是“清醒”的)中教师首先出示了“极端数据”(1 个球)进一步深化学生对平均数代表性的理解，初步体验平均数的敏感性。

其次，假设张老师第四次投中 5 个、9 个，张老师 1 分钟投球的平均数分别是多少？根据统计图直观估计或者计算或者根据平均数的意义进行推理都能求出平均数，多种方法求解发挥了学生的聪明才智，使学生的潜能得以发挥，体验成功感进而体验创造学习的乐趣。

再次，将三幅张老师 1 分钟投球的统计图同时呈现，让学生对比分析、独立思考再小组讨论。由于三幅统计图中前三个数据相同，只有第四个数据不同，学生能够进一步理解平均数的敏感性：任何一个数据的风吹草动，都会使平均数发生变化。学生发现平均数总是界于最小的数与最大的数之间：多的要移一些补给少的，最后平均数当然要比最大的小比最小的大了。学生还发现：总数每增加 4，平均数并不增加 4，而是只增加 1。教师适时追问：要是这里的每一个数都增加 4，平均数又会增加多少呢？还会是 1 吗？

再进一步观察三幅统计图中的第一幅图，教师追问：比较一下超过平均数的部分与不到平均数的部分，你发现了什么？

生：超过的部分和不到的部分都是 3 个，一样多。

师：会不会只是巧合？其他的平均数是否也有这个特点？

通过进一步观察其他几幅统计图，学生真正理解了并用自己形象生动的语言描述出：就像山峰与山谷一样。把山峰切下来，填到山谷里，正好填平，如果山峰比山谷大，或者山峰比山谷小，都不可能正好填平。

在上述问题情境中，以"问题"为导向，借助于直观的统计图以及学生的估计或者计算，学生思维上、情感上经历一筹莫展、若有所思、茅塞顿开、悠然心会的过程，对平均数的意义以及性质都有了深切的体会。

三、"概念为本"教学的拓展：利用概念解释现实问题

有前述对平均数意义以及性质的了解，学生是否真正理解了平均数的概念呢？叙述出概念的定义或者会计算不等于真正理解某个概念，还要看能否在不同情境中运用概念。由于平均数这个概念对小学生而言是非常抽象的(如前所说，它是"虚幻的数"，学生不能具体看到)，平均数的背景也很复杂，如果学生能在稍复杂的背景下运用平均数的概念解决问题，说明学生初步理解了平均数。

因此，张老师设计了四个复杂程度不同的问题，即"纸带平均长短""球员平均身高""平均水深""平均寿命"，这四个问题中的平均数的复杂程度不同。

前两个问题中的平均数比较简单，数据的个数都是有限个，而且又有直观图形做理解上的支撑，因此前两个问题是简单应用平均数的性质离均差之和为零，即有比平均数大的数据就一定有比平均数小的数据。学生可以借助于直观图形以及计算求出这两个问题中的平均数。在"纸带"问题中数据的呈现方式不同于前面，是横向呈现，但平均数的意义不变，淡化呈现形式强化意义理解，为学生理解平均数提供另一视角。"球员平均身高"问题不是让学生计算球员的平均身高而是让学生借助平均数的性质进行推理判断，并通过学生熟悉的中国男篮队员的平均身高以及姚明的特殊身高

深化对平均数的理解。

最后两个情境的平均数是比较复杂的，是以样本的平均数代替总体的平均数。例如，平均水深到底是什么意思呢？可以是随机选取有限个点，测量这些点到水底的距离，再求这些距离的平均数作为池塘平均水深的代表值。同理，2008年中国男性的平均寿命也是通过计算样本的平均年龄来表示全体中国男性的平均年龄。

真正理解这些平均数的意义对小学生而言有难度。因此，张老师在教学中呈现了池塘的截面图，并标注出五个距离，将复杂的问题简单化，使学生仍能借助于平均数的性质理解冬冬下水游泳仍有危险。通过平均数意义的强化，使学生能从数学的角度解释是否有危险，避免学生从其他角度解释。在解释男性平均寿命问题中，借助于学生亲人的岁数这样的特殊而具体的数据，来理解平均寿命是71岁不等于每个男人就活到71岁。但不是所有的学生都能借助于前面所学平均数的意义和性质来解释这些问题，学生很难真正理解这两个情境下的平均数的意义。

四、引发的话题：培养学生的"统计观念"还是"数据分析观念"

《数学课程标准(实验稿)》中明确提出，学生学习统计与概率内容的重要目标是培养学生的统计观念。那么，统计观念的内涵是什么？是否能够培养小学生的统计观念？我们培养学生的应该是"统计观念"还是"数据分析观念"？

M. 克莱因在其著作《西方文化中的数学》一书中谈到：宇宙是有规律、有秩序的，还是其行为仅仅是偶然的、杂乱无章的呢……人们对这些端倪(问题)却有种种不同的解释，其中主要有两类答案：其一是18世纪形成的决定论观，认为这个世界是一个有序的世界，数学定律能明白无误地揭示这个世界的规律。直至目前，这种决定论的哲学观仍然统治着很多人的思想，支配着他们的信仰并指导其行动。但是这种哲学观受到了19世纪以来概率论、统计学的猛烈冲击，形成了一种新的世界观，即概率论观或统计论观，它们认为自然界是混乱的、不可预测的，自然界的定律不过是对无序事件的平均效应所进行的方便的、暂时的描述。这就是众所周知的用统计观点看世界。陈希孺先生说："统计规律的教育意义是看问题不可绝对化。习惯于从统计规律看问题的人在思想上不会偏执一端，他既认识到一种事物从总的方面看有其一定的规律性，也承认存在例外的个案，二者看似矛盾，其实并行不悖，反映了世界的多样性和复杂性。如果世界上的一切都被铁板钉钉的规律所支配，那么我们的生活将变得何等的单调乏味”。

统计观念实际上是人的一种世界观，是对人、生存空间甚至宇宙特点的看法，大多数成人仍坚守着决定论的观点，形成统计观点非常难。因此有研究者提出培养学生的“数据分析观点”比较切合学生的认知现实和教育现实。即认为数据分析观念包括：

了解在现实生活中有许多问题应当先做调查研究，收集数据，通过分析作出判断，体会数据中是蕴涵着信息的；了解对于同样的数据可以有多种分析的方法，需要根据问题的背景选择合适的方法；通过数据分析体验随机性，一方面对于同样的事情每次收集到的数据可能会是不同的，另一方面只要有足够的数据就可能从中发现规律。

数据分析观念应该是“态度”目标的重要组成部分，态度目标的落实是在基本知识、基本技能的教学过程中完成的，一定要有学生的质疑、讨论分析、探究交流等过程，否则就是“说教”，很难使学生产生积极的情绪、情感，态度的养成也就流于形式。张老师这一课，以平均数的概念为本，让学生充分经历了前面所分析的“过程”，才能真正有态度的培养。

数据分析观念的培养，或者说对“态度”目标内涵的分析以及如何培养学生积极的态度，都是值得深入研究的课题。

破解数学知识内在的结构，以《认识整万数》教学为例

《认识整万数》教学实录与反思

［教学实录］

师： 认识吗？（屏幕呈现如下计数器）

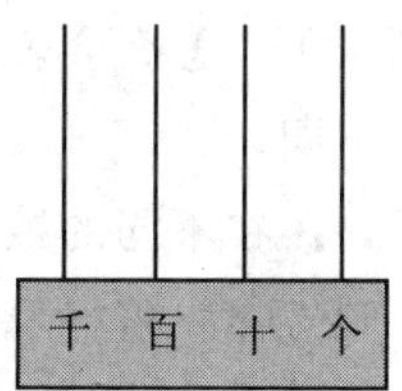

生： 认识，这是一个计数器。

师：（简要回顾计数单位、数位后）我们都知道，利用计数器，我们可以拨出大小不同的数。不过，每一数位上最多只能拨几颗珠子？

生： 最多只能拨 10 颗。

生： 不对，应该是 9 颗。（多数同学表示赞同）

师： 想想，要是再添一颗，满了 10，那就得——

生： 满十就得向前一位进一了。（屏幕出示：满十进一）

师： 同学们手中都有一个这样的计数器（打印在纸上），还有一些珠子（用围棋子代替）。既然大家已经清楚了计数器上拨珠的规则，下面，我们就一起来玩一个拨数的游戏，好吗？

生： 好！

师：第一，请在你的计数器上拨出“3”。

（学生操作）

师：动作真快！看来得增加一些难度，第二个数，请拨“30”。

（学生操作，动作比第一次还快）

师：呵，动作反而更快了！第三个数，请拨“300”。

（学生快速操作，不少学生直接将十位上的三颗珠子平移到百位上，更有部分学生拨完300后顺势拨出了3000）

师：看来，已有同学猜出第四个数该拨谁了，那就把它拨出来吧。（生拨）是多少？

生：3000。

师：看来，大家都挺有感觉！现在，请大家回顾一下刚才拨的四个数，它们大小一样吗？

生：不一样。

师：可是，每次用的珠子的个数——

生：一样的，都是3颗。

师：奇怪，既然都是3颗珠子，怎么会表示出不同大小的数呢？

生：因为它们所在的数位不同。

师：哦，同样的3颗珠子，拨在不同的数位上，表示的数的大小也不相同。那好，既然大家已经找到规律，猜猜看，第五个数该拨谁了？

生：三万。

师：（屏幕呈现30000）三万是我们以前从未学过的大数。请大家仔细观察这个数，再看看你手中的计数器，你觉得自己能想办法拨出这个数吗？

生：不能。

生：能。

师：瞧，出现不同的声音了，这样的课堂多好！这样，认为能拨出来的同学，谁来说说你打算怎么拨。其余同学可以补充，也可以反驳。

生：我想，10个一千是一万，30个一千就是三万。所以，我打算在千位上拨30颗珠子。

师：嗯，听起来很有道理。你们都听明白了吗？

有学生表示听明白了，也有学生摇头。见此情形，我利用课件的交互功能，随机在屏幕上呈现下图。

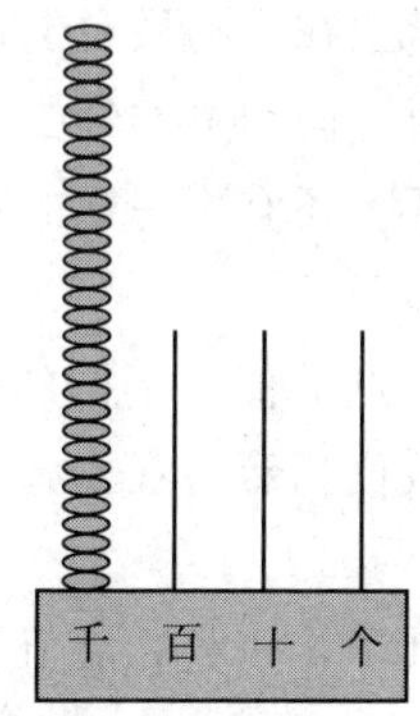

由于珠子远远超出9颗，反对的同学发出一片欷歔声。

师：听起来好像有不同的想法，有谁想反驳吗？

生：我觉得珠子太多，都超过了铁丝的高度了，这样拨有些麻烦。

生：我也觉得不行。你想，计数器每个数位上最多只有9颗珠子，哪来30颗珠子？

生：我有补充。刚才我们才说过，在计数器上拨珠，满十就得进一，更不要说，现在已经满三十了。

师：同学们觉得呢？

大家普遍赞同了反对的声音。

师：那你们觉得，用这个计数器拨不出三万，是因为珠子不够吗？

生：不对，是数位不够。

师：（随机询问同桌的两位同学）你的计数器有几个数位？

生：只有四个。

师：不够。（面向同桌）那你的呢？

生：也是四个。

师：也不够。不过，如果老师允许同桌俩合作，看看有没有哪些小组能想出好方法，巧妙地拨出三万这个数。

学生稍作思考，随后兴奋地投入到操作活动中来。

师：谁来说说你们是怎么拨的？

生：我们发现，一个计数器只有四个数位，于是我就把我俩的计数器叠在一起，把叠在下面的那个计数中露出一个数位，这样合起来就有五个数位了。我们在第五个数位上拨了3颗珠子，那就是三万。

由于课前我并没有预料到学生会想出这一方法，因而课件上也没有作相应准备。只得临时请这位学生在实物展台上作了展示。

师：瞧，四个数位不够时，向同桌的计数器“借”一个数位，有了五个数位，表示三万就轻而易举了。还有不一样的方法吗？

这一回，举手的同学更多了。

生：我们的方法和他们有点类似，不同的是，我们直接将两个计数器拼在一起，这样就有了八个数位。然后在左边的计数器的个位上拨上 3 颗珠子。

这一方法是我课前预料到了，于是，我乘机借助课件呈现了该生的拨法。(见下图)

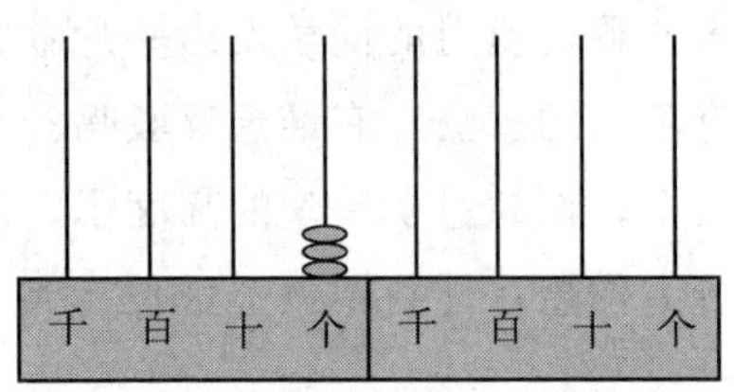

师：瞧，又出现不同的声音了。显然，这两种方法都是正确的。不过，你更欣赏哪一种方法呢？

生：我比较喜欢第一种方法，很简洁。

生：我不同意。我更喜欢第二种方法。你想，照第一种方法，拨三万还行，如果再继续往下拨，比如拨三十万什么的，那就得重新再移计数器，太麻烦了。

生：我也觉得第二种方法好，我们小组就是这样拼的。而且我觉得，这种拼法更有长远的眼光，它不但可以拨出三万这个数，还可以拨出三十万、三百万等。不像第一种方法，只能拨出几万。

听完两位同学的发言后，绝大多数同学都认同了第二种方法。为了保护想出第一种方法的同学的积极性，我对他们的创造同样给予了充分的肯定。

生：不过，对于第二种方法，我还有一点补充。个位上拨三颗珠子，表示的是三，不是三万。我觉得应该把左边这个计数器上的“个”改成万。

生：同意。因为“千”的左边应该是“万”。

生：改成“万”以后，这一位就成了“万位”，万位上拨三颗珠子，正好是三万。

生：我还有补充，既然这里的“个”改成了“万”，那旁边的“十”“百”

"千"也该改一改。

师：说得真好！那你们会改吗？试试看。

同桌俩合作，边讨论，边试着将左边的"十""百""千"改成"十万""百万""千万"。巡视过程中，我发现也有个别小组动成了"亿""兆"之类的计数单位，对于他们的方法，我作个别辅导。

师：谁来说说你们的调整方法？

师：我们把"十"改成了"十万"，"百"改成了"百万"，"千"改成了"千万"。

几乎所有同学认可了这一方法，我也在屏幕上依次呈现了这一结果。

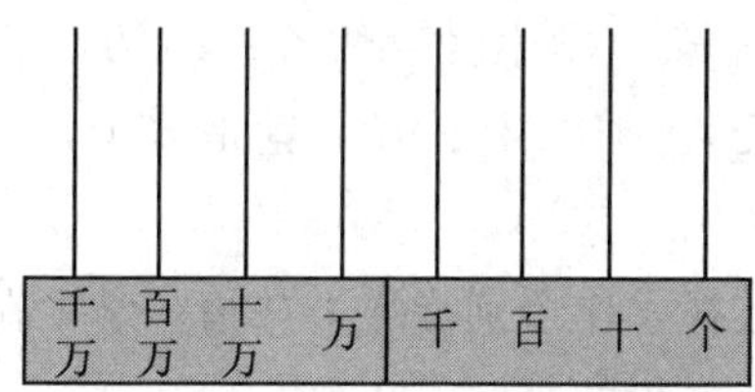

师：可是，张老师还有一个奇怪的发现。有些同学在调整这些计数单位时，居然连橡皮都没用，你们知道他们又是怎么调整的吗？

生：我猜想，他们可能是直接在"十"的后面添上"万"就成了"十万"，同样，在"百""千"的后面添上"万"，就成了"百万""千万"。

生：我就是这样改的，因为我发现原来"十"的位置正好对应着"十万"，所以我就直接添了一个"万"字，"百万""千万"也一样。

师：听听，多么了不起的发现！原来，新增加的计数单位千万、百万、十万、万和原来的四个计数千、百、十、个之间还存在着一一对应的关系呢！

我乘机借助多媒体，演示万级四个计数单位与个级四个计数单位之间的一一对应关系。

师：真没想到，普普通通的计数器上，还隐藏着有意思的规律呢！那么，这些新的计数单位究竟有多大，它们之间又有怎样的关系？下面，还是让我们边拨珠、边数数，一起来深入地感受一下吧。

我借助多媒体，引导学生从一万开始，一万一万地数到十万，并揭示"10 个一万是十万"，继而十万十万地数到一百万，一百万一百万地数到一千万，并分别揭示"10 个十万是一百万""10 个一百万是一千万"。

师：计数器变了，相应的数位顺序表又会发生怎样的变化呢？

学生对照计数器，依次交流了千位左边的四个数位：万位、十万位、百万位、千万位。

师：仔细听，有没有发现，新增加的四个数位都和什么有关？

生：都和万有关。

师：没错，而且，这四个数位和原来的四个数位还存在着一一对应的关系。正因为如此，我国的计数方法中把这四个数位统称为万级，而原先的千位、百位、十位、个位则统称为个级。(呈现拓展后的顺序表)

师：有了新的计数器和数位顺序表，我们就能认识更大的数了。张老师是个汽车迷，这两天从网上收集了几款我喜欢的汽车图片及它们的价格。先来看这辆大众汽车。(学生轻声估价：20 万、30 万不等，教师随即出示价格：二十三万元)。那二十三万究竟是多少，你能在新的计数器上拨出这个数吗？

学生试拨，教师巡视，作个别指导，并请一学生在黑板上试拨。

师：能说说你是怎么想的吗？

生：我在十万位上拨 2 颗珠子，表示二十万，在万位上拨 3 颗珠子表示三万，合起来就是二十三万。

师：拨得好，说得更好！不过，老师发现个别同学是这样拨的(屏幕上呈现计数器，上面拨了“23”这个数，学生纷纷表示反对)。

生：不对，他拨的是 23。

生：二十三万应该拨在万级，而他拨在个级了。

师：是呀。同样的 23，拨在个级，它只表示 23 个——(一)；拨在万级，它才表示 23 个——(万)，23 个万就是二十三万。

师：二十三万会写吗？对照计数器，试着写一写。

学生试写，教师请一位写得快的同学写在黑板上。巡视时，我发现个别学生一开始写成 23000，看完黑板上的写法后，及时改正了过来。

师：(请其中一位学生)老师想采访一下你，你一开始只写了三个 0，后来改成四个 0，能说说你为什么这样改吗？

生：原来我以为多少万应该是一个五位数，后来才发现，这个数个级上四个数位一珠子都没有，应该用四个 0 来占位。

生：我来补充。如果只写三个 0，那就成两万三千，而不是二十三万了。

生：而且我觉得，如果只写三个 0，那个级上就只剩下三个数位了。

师：同学们说得都很好。看来，二十三万的个级上没有珠子，应该写四个 0 占位。老师这儿还带来了另外两款汽车。(出示宝马、奔驰汽车图片，其中宝马汽车标价一百零四万，奔驰汽车没有标价，学生纷纷估价。) 既然同学们都想估一估这款奔驰车的价格，那好，看谁能从老师提供的信息中，比较准确地估计出它的价格。注意听，这款奔驰车的价格比这款大众贵多了，但要比这款宝马便宜一些——

生：我觉得是 100 万。

生：我觉得可能是 102 万。

生：我觉得可能是 98 万。

师：这些价格都有可能。如果老师再补充一条信息：要在计数器上拨出这款奔驰车的价格数，只需要——1 颗珠子就行了。

生：(激动地)一百万！

师：真棒！(出示价格)刚才，我们通过拨一拨，写一写，初步认识了二十三万这个数。那一百零四万和一百万究竟有多大，下面，请同学们先在自己的计数器上拨一拨，再把这两个数分别写下来。

学生拨数、写数，一名学生在黑板上拨出并写下一百零四万，随后简要交流拨数、写数时的想法。关于一百万，教师从学生收集到三种不同写法：10000、100000、1000000。

师：关于一百万，老师发现有这样三种不同的写法，你觉得哪一种正确，为什么？

生：第三种写法是正确的。(绝大多数学生认同)

师：奇怪，个级上没有珠子，应该写四个 0 占位，怎么会有六个 0 呢？

生：(激动地)因为万位、十万位上也没有珠子，也得写 0 占位，加上个级上四个 0，一共就有六个 0 了。

生：再说，如果只写四个 0，那就成一万了。

师：说得真好！刚才，我们借助计数器认识了三个更大的数。观察这三个数，你觉得它们有什么共同的地方？

生：它们的个级上都有四个 0。

师：像这些个级上都是 0、表示多少个万的数，就是我们今天要认识的整万数。(板书课题)这些整万数，会读吗？谁来读一读？

教师指数，学生试读。结合学生的读法，教师及时引导学生体会：像这样的整万数，万级上是 23，就读二十三万；万级上是 100，就读一百万；

万级上是104，就读一百零四万。

师：万级上是340?

生：三百四十万。

师：万级上是1020?

生：一千零二十万。

师：万级上是“多少”——

学生先是一愣，随后恍然大悟，齐声喊道：那就读作多少万。

师：光会写、会读这些数还不够，像二十三万、一百零四万、一百万究竟有多大，下面，还是让我们借助人民币，一起来真切地感受一下吧。

课件依次呈现：一百元、100张一百元捆成一捆、23捆、100捆和104捆。在一片惊叹声中，学生又一次经历了对这些整万数的直观体验，并再次直观体会到：23个万是230000，100个万是1000000，104个万是1040000。

师：还想玩游戏吗?(想)依然是拨数游戏，不过这一次，有一个特殊的要求：老师报的数如果需要在个级上拨珠，请同桌俩坐右边的同学拨，如果需要万级上拨珠，请坐左边的同学拨。可不能错位哦！拨完以后，再把这个数写下来。

明确游戏规则后，教师引导同桌的两位学生你来我往，先后拨出并写下这样六个数，课件呈现下图：

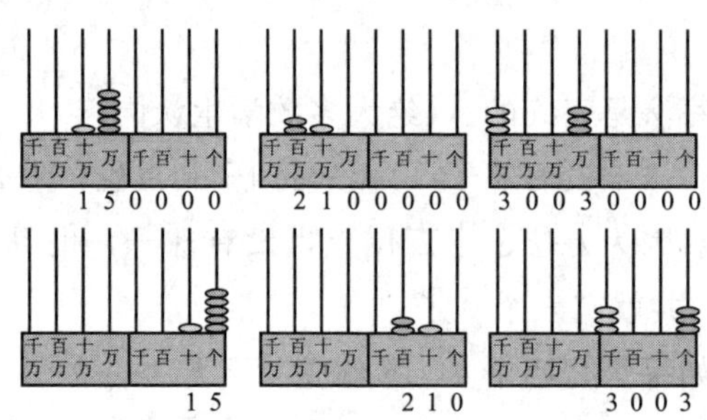

师：观察每一组中的两个数，你有什么发现?

生：每组中的两个数，所用的珠子是一样的。

生：上面的数都拨在万级，下面的数都拨在个级。

生：上面的数都比下面的数多四个0。

生：两个数读法也不同，上面的数比下面的数多读一个“万”。

结合学生的交流，教师再呈现几个整万数，引导学生通过画分级线的方法深入探索它们的读法与写法。

师：最后，让我们再次回到课一开始时的拨数游戏上来。利用3颗珠子，我们从3拨到30，再到300、3000、30000。还能继续往下拨吗？

生：能。

师：猜猜看，下一个数会是多少？

生：三十万。

生：三百万。

生：三千万。

师：如果还是这个计数器(八位)，能拨出第九个数吗？

生：不能。

生：如果要拨出第九个数，那得用三个小计数器合起来。

生：那得用到亿级。

……

师：没错。新增加的亿级又会有哪些数位，含有亿级的数又该如何读、如何写，这些问题，我们将在下一节课中继续展开研究。

破解数学知识内在的结构

——我是如何打开《认识整万数》一课的教学谜团的

一切教学法，均源自于学习内容自身的规定性及儿童内在的心理需求。我们一直提倡要解读教材、分析学情，道理就在这里。

鉴于此，备《认识整万数》一课，在正式确定教学思路之前，我始终努力思考着如下几个问题：首先，在"整数"这一知识序列中，"整万数"究竟处于怎样的特殊位置，它具有怎样的承前启后的作用？其次，对于一个只具备"认识万以内数"的经验(分数、小数不在探讨范围内)的四年级学生而言，"整万数的认识"将对其构成怎样的认知难度与思维挑战：仅仅凭借原有的认知结构即可实现对新知的同化？还是需要借助知识结构的顺应，在重构中完成对新知的理解与掌握？

抽象的逻辑判断与"合情"推理无助于问题的真正解决，于是课前，我们又借助问卷进行了非正式的课前随访，调查的结果大概显示：学生对于整万数的了解、接触并不像我们想象的那样“知之甚多”。事实上，在“他们”的生活及视野范围内，整万数并不多见。这一点和“万以内的数”形成了鲜明的对比。尤其是，不止一位学生(他们似乎已经认识万位、十万位)将 340000 读作“三十万四万”时，这一特别的现象引发了我们的思考，那就是：学生已有的读数经验似乎无法同化新知，当一个数出现万级后，那就不再沿袭原有的读数方法，而改之以“分级计数”的方法。这是一次方法系统的飞跃，由此引发的也是学生读数方法的一次突破，而这，仅凭学生已有的经验，是无法通过方法迁移顺利实现的。

如此想来，如何引导学生鲜明、深刻地建构起对“级”这一规定性知识的认识，是这节课的“节骨眼”，并将直接制约着学生对整万数的意义、读法及写法的掌握。而相应的教学思路也就据此多向度展开。

导入从拨数游戏开始。3，30，300，3000……拨数的过程，是学生对计数器、计数单位、数位的一次回顾，是他们相关经验储备的唤醒和复苏。至于比较的过程，意在帮助学生感受“同样的数字在不同的数位上表示的数大小不同”，渗透位值制原理，为后续整万数的学习奠定基石。而由 3000 到 30000，是规律的自然延展，是新知的自然引入，更是认知冲突(用四位计数器如何拨出三万这个数?)的引发与激活。教学至此，可谓课伊始，疑已生。

随后的教学过程，恰恰见证了这样一点：学生的智慧潜力是值得尊重与信赖的！在教师的引导下，当同桌两位同学通过合作，想出“将两个小计数器合并成一个大计数器”时，我们以为，这里不仅仅是一个问题解决(如何拨出三万这个数)的过程，更是学生知识结构的一次“有意味”的拓展。我国沿用的是“四位一级”的分级计数方法，对于这一知识，简单地告诉固然可以，但无法帮助学生建立对这种分级计数方法的深刻理解与感悟，而“4＋4”的拼合过程，恰恰以一种直观、形象的方式构造出了“级”的雏形，为学生随后进一步感悟并理解“分级计数”的数学模型奠定基础。

当然，仅有“拼”的过程是远远不够的：拼成的新计数器中，右起第五个计数单位“个”为什么要改成“万”？相应的“十”“百”“千”又该作怎样的调整？为什么有些学生在调整计数单位时连橡皮都没用？这当中又蕴涵着怎样的一一对应的数学规律？这一规律与分级计数又有着怎样的内在关联……课堂中，对每一个问题的追问与慎思，事实上都促发了学生更深层面的数学思考，而关于计数单位、数位、级、分级计数等一系列的数学知识、方法、思想等，恰是在思考的过程中得以建构与生成的。

例题以汽车及其价格作研究题材，这一选择有其明显的失误：汽车的价格超过“千万”的实属少见，这就大大限制了例题中数据的选择。但汽车这一题材毕竟离城市学生的生活较近，实际教学过程也反映出学生对这类题材的关注与喜好。但这还是次要的。更为关键的是，我们以为，生活中关于人民币的交付有一个约定俗成的“规定”，那就是整万元的现金，通常都是以“一万元”(在银行中表现为一捆百元人民币)为单位的，230000 元则表现为 23 捆，1040000 元则表现为 104 捆，这正好与例题教学中反复强调的“七十七万是多少万……”有一种契合，也可以说是一种很好的现实模型。用其作学习题材，可以为学生认识整万数的组成，进而更好地理解分级计数的方法作出铺垫。这才是我们真正的意图所在。

练习量显然偏少，这与学习计数器、计数单位及分级计数方法时的充分展开有必然关系。但有限的练习如何用好，我们仍然围绕分级计数的方法进行。学生每拨一个数之前都需要思考：这个数是万以内的数还是整万数，需要在哪一级拨珠？用的珠子个数相同，为何拨出的数大小、写法、读法不同？每组中的两个数之间有什么区别，又有什么联系？等。从而始终将学生的思考聚焦于本课的“节骨眼”，为学生突破难点再作铺垫。

结尾处是对课首小游戏的一次呼应。“三万”不是这个数列的终结，有了新的计数器，“三十万”“三百万”“三千万”也就顺理成章。只是，“如果还是这个计数器，能拨出第九个数吗”这一问题的抛出，对学生而言又是一次新的挑战。事实上，“再加一个数位”，或者“再加一个四位的小计数器”都能解决问题，但区分处也恰在于分级计数的方法与意识了。

解析“合并”过程

张楼军

张齐华老师的《认识整万数》一课，我曾在数月前现场感受过，今天，再次品读了他的课堂实录和课后反思，感觉这一课最精彩的莫过于“两个计数器合并到一起”这一过程。下面就此课精彩的合并过程做出笔者自己的分析和理解，以期从中吸取营养。

为何要“合并”

学生是如何产生“合并”这一合理需要的呢？是因为一个四位计数器中无法表达出三万，所以需要合并？还是因为课始对计数器的了解、对同样多的珠子在不同的数位上表示不同的数的知识点的熟悉，才导致了合并呢？其实，两者兼而有之，两者的相辅相成，才能自然地到达“合并”过程。

所谓的十进制记数法，它包含两个方面的含义：一是满十进一；二是“位值制”，即每一个数码所表示的数值，不仅取决于这个数码本身，而且取决于它在记数中所处的位置。这一课，就由此出发。先让学生认识四位计数器，提取学生已有的知识经验，并根据学生的已有经验得出十进制记数法的第一含义：满十进一。然后，让学生玩一玩计数器，依次拨出3、30、300、3000，并得出“同样的三颗珠子，拨在不同的数位上表示的数的大小不同”这一规律。有了这两个规律，学生面对“能否运用四位计数器拨出30000”这个问题时，思考就有了方向，说明就有道理可依。不是因为珠子不够，而是按照规律，满十就应该进一，数位不够了，就应该补充数位，从而，原先的知识结构——个级的四个数位无法满足现在的需要，认知上的局限导致了学生自然而然地产生了扩展的内在需要，于是依靠十进制记数法的规律将同桌两人的计数器(特别值得一提的是，每人的计数器都是四位，这是一个隐含着的“金矿”)合并成一个新的计数器就成知识结构扩展的一个直接表现。合并之后，这个新的计数器不仅包括了原先的内容，而且还包含了今天将要学习的万级的四个数位，这就为整万数的学习创造了良好的条件，特别是在合并的过程中渗透了分级计数的意识和方法，这对整个数位顺序表的学习都起着纲举目张的作用。

精彩并非空穴来风，可以说，正是有了十进制记数法的“规律”作为铺垫，作为解决问题的方法，依此步步深入，步步提升，才使学生获得了一个更广阔的新的知识结构，才有了精彩的合并过程。

倘若，根据学生对亿以内数的生活经验，出示学生初步感知过的整万数，从一万的基础上引导出计数单位，进而教学整万数的认识。如此的处理，学生对产生更高一级数位的缘由知道吗？对十进制计数法的内在规律清晰吗？对分级计数的方法深刻吗？不同的处理方法，效果肯定迥然不同。

知识结构的扩展依据什么？是学生的生活经验，还是数学知识自身的规律？在当下过多强烈关注于学生的生活化经验，并从中寻找一个切入点进行知识结构的扩展时，我们是否忽略了数学知识本身的内在规律在知识扩展时所起的作用？这个合并过程之所以能够获得成功，并意义深远，是否在提醒我们，请我们多多关注数学自身！

可以怎样“合并”

把同桌两人的四位计数器合并成八位计数器，纵使有千万条好处，但在没有经历课堂实践之前，终究只存在于教者的想象之中。课堂上学生究竟会怎样合并还是未知。本以为学生会直接把四位合并成八位，谁知，第一位学生的发言就很意外：“把我俩的计数器叠在一起，把叠在下面的那个计数中露出一个数位，这样合起来就有五个数位了。”出现了这种合并，该怎么办呢？张老师并未惊慌失措，他虽“没有预料到学生会想出这一方法”，但仍然“请这位学生在实物展台上作了展示”，随后说明了直接把四位合并成八位的方法，并将两种方法进行了比较。正是如此的处理方式，才使学生有了充分的比较过程，使学生对两种方法都有了切实的理解，并以“长远的眼光”作为理由，进行了精彩的分析说明。在这个优化的过程中，分级的意识已不再停留在教师的设计之中，而是潜入了学生的心中。

一个意外生发了一段未曾预料的精彩，透过这个精彩过程，我们可以发现课堂中张老师对数学知识的深刻把握——在这个过程中分级意识的培养是至关重要的。任凭学生具有何种方法，万变不离其宗，一切都应归入此道。于是，让学生暴露不同的思维过程，进行碰撞，在碰撞中纠正、融合，从而达成共识。

仅有“合并”就够了吗

学生有了八位计数器之后，教学过程该如何进行呢？且不说借助于计数器如何开展读数、写数的翔实过程，单单说一说教学中的一个细节：“有些同学调整时居然没用橡皮，你们知道他们又是怎么调整的吗”“这样看来，新增加的计数单位千万、百万、十万、万和原来的四个计数千、百、十、个之间还存在着一一对应的关系呢！多媒体演示万级四个计数单位与个级四个计数单位之间的一一对应关系。”这个细节看似和合并过程并没有多大的联系，其实不然，它是合并之后的延续，是合并过程中的浓墨

一笔。将万级的四个数位一一对应着原先的知识经验——个级的四个数位，在对应的过程中，个级与万级两者的异同点显而易见。不同的点是原先是个、十、百、千，而现在增加了万、十万、百万、千万，个级与万级之间的区别一目了然，更清楚地说明了“位值制”原理，有利于学生分级意识的培养和对数位的理解；相同点是都含有个(万位也可看成万级的个位)、十、百、千，满十了才进一，十进制记数法的含义再一次凸显，认识再一次深化。同时，一一对应还串联了新旧两个知识系统，使两者不再孤立存在，而是无缝地结合在一起，共同纳入了新的系统之中，学生利用这个系统去认识整万数就显得很容易，并能轻松地接受后面将要学习的亿级数位，也可为小学阶段的“数的认识”画上圆满的句号。看似蜻蜓点水的一个环节，实则独具匠心啊！从中也可再一次“窥见”张齐华老师高超的课堂艺术和对数学的深厚理解。

精彩是实力的自然表达！

质朴新思考　灵动新课堂

——评张齐华《认识整万数》一课

卢声怡

在年轻一代的数学教师中，张齐华算是走在了前面。或许你还记得，江苏省小学数学优质课竞赛上，他率先教的《圆的认识》，为数学课堂平添了浓重深远的文化色彩，从此，大家记住了齐华这个朴实的名字。也许你还记得，在黄山举行的全国小数年会中，他那信手拈来，却又妙趣天成的《分数的初步认识》课堂设计，技惊四座，赢得久久不息的掌声。他灵动而充满智慧的课堂教学折服了诸多同行，人们为他呈上“数学王子”的桂冠。这是怎样一个绝无仅有的称号啊，在我看来，这甚至是一种“爱称”，是人们向求索者的致敬。

成名也早，世界繁华，他却做到了不为盛名所累，始终保持着“无语”(这一直是他的网名)的姿态走在数学教育研究的旅途上。不论是独自前行，还是应者如云，他走出了别人没有走过的路。“永远不重复别人，更不重复自己”是他的格言，也成为他不断探索研究的信念。

我们有幸，能够从他展示的课堂中，分享他的思考成果，并得以窥见前方美丽的风景，坚定了自己的信心。这一次，他带给我们又一节精彩的《认识整万数》，则让我读到了一个“升级版”的张齐华。

下潜，点击数学本质

弥漫数学文化的课堂，是唯美的课堂。而课堂需要美，却并不需要完美。大师的课，过人之处，常常不是令人高山仰止，而在于能够于平常中尽显教育智慧，在于课堂细节中渗透教学理念，在于关键处绽放的精彩。从张齐华的身上，我们则发现，精彩的四十分钟，来自于课外的日日夜夜，来自于教师对教材内容和数学知识结构的深入把握，对教学规律方法的深层揣摩，更重要的是，对学生已有知识的调查了解。

张老师在课前进行了抽样调查。准确地一手把握住整万数在孩子们已有的认知体系里的位置，另一手，则抓住了“万级”对于“个级”而言在思维上的跃升及由此而给孩子带来的挑战。精彩，在“级”处展开。

“创造新的计数器和数位顺序表”是孩子们的创造，也是张齐华的创造。课堂的进入，并不拖泥带水。先由简单的师生对话，明确“满十进一”这个计数的基本法则，再依次要求学生在只有个级数位的计数器上，分别拨出 3、30、300、3000。就这样，师生共同来到了“个级”与“万级”之间的分界点，数学知识的量变已然积累，质变即将发生。

“猜猜看，第五个数该拨谁了？”从这一刻开始，孩子们已经叩响了“整万数”的大门。再“看看手中的计数器，你能想办法拨出这个数吗？”老师轻轻一问，却如校园晨歌，唤醒了鸽群高飞，盘旋在数学的天空。

直接在千位上拨 30 颗珠子的方案，被孩子自然而然地提出来了，再在辩论中被心悦诚服地否定。孩子们面临着无法解决的问题，增加计数器的数位成为他们的共同愿望，合作在此时已经成了刻不容缓的内在需求，创造的火花在此刻迸射出来！

“合二为一，变成八位的计数器”，最优的方案在比较中确定，个级、万级的计数单位在孩子们手中被一一创造出来，数位的名称随之生成！教师巧妙的教学预设，让孩子们的数学知识、方法及至思想跃升到一个新的领域。新知，就这样从原有的知识体系中生长出来。

我不由感叹，“君子之教，喻也。道而弗牵，强而弗抑，开而弗达”，古老的《学记》所告诉我们的，此时，张老师给出了最好的实例。

充分的探究过程，往往随之带来时间上的紧张。用有限的练习时间，如何发挥最大的效能？张老师并不另外寻找“巧妙”的练习，他一如既往地选择了课后的练习题，但再一次地，我们看到了他“点石成金”的智慧。改独立练习而为合作练习，为了明确谁来拨，同桌就要事先思考，在哪一级拨珠？观察到了用的珠子个数相同，就必然思考，为什么得到的数大小、写法、读法却又不同？两人的合作，不但没有冲淡这道练习的“甜度”，反而更突出了“分级计数”的要点，让孩子们瞬间重温了新知的滋味。

创新的教学设计，带来的是灵动的教学过程，于是我们看到——

智慧，在课堂中激荡

质朴中蕴藏思想深度，是对张老师精巧的课堂设计的褒奖，而灵动中彰显人格魅力，则是对他和谐的课堂教学的赞赏。在张齐华老师的课堂上，我们感动于师生之间的自然和谐、水乳交融的关系，感动于教师的幽默机智、收放有度，感动于孩子们的积极思考、创新思维，感动于教学设计的大胆创新、精彩组合，感动于师生的全情投入、生机勃发。师生的智慧在课堂上激荡辉映，组成了数学行程上最美丽的风景。

我们能够读到张老师的智慧、灵动和诗意。

这里有简明扼要的演进：拨出3——动作真快！拨出30——动作更快了！拨出300——猜出第四个数了吗？把它拨出来吧！教学如轻舟直下，已驶过了万重山。老师唤醒了学生对“所在的数位不同，表示的数的大小也不同”的认识，认识整数之旅迅捷抵达个级与万级的分野，孩子们面临着认知上的冲突，却也将由此开始收获成功。

这里更有恰到好处的引导：“你的计数器上有几个数位？”询问同桌，也只有四个，于是“如果老师允许同桌两俩合作，那能不能想出好办法，表示出三万这个数来？”学生的积极思维被问题触发，智慧的潜力被教师的尊重和信赖唤醒，精彩的思路纷纷呈现，甚至出现了教师事先所没有预料的“借一位”的拼合方式。

这里有信任的放手：“会写吗？对照计数器，试着写一写二十三万。”

更有主动的阐述：“这四个数位与原来的四个数位存在着一一对应的关系，因此，我国的计数方法中，把这四个数位称为个级，而原来的四个数位统一称为个级。”

有睿智从容的评价：“瞧，出现不同的声音了，这样的课堂多好！”

更有四两拨千斤的点拨：“有些同学在调整这些计数单位时，居然连橡皮都没用，他们是怎么调整的?”看似旁枝末节，却引发了孩子们对数位一一对应的发现与思考，分级计数由知识、方法向数学思想升华。

这里还有真诚大方的激励，有风趣幽默的赞扬。像这样自由对话、个性张扬、情境建构、互动生成的课堂，是基于张齐华老师丰富的知识背景，开阔的学科视野、厚实的文化积淀，更来自于他对数学本身所内含的魅力的思索和对教育教学技艺的不断追求。

“教育是点燃火焰。”当教师成为文明传递的火种，学生就将成为被点燃的火焰，我们看到孩子们的精彩表现：

有大胆的思考：能不能在一个数位上放 30 颗珠子？教师的暂时沉默，却引发了学生更激励和更开放的辩论，智慧在交锋中得到考验。

有和谐的探讨：拼合两个计数器，只借一位好不好？方案的优劣比较开始了。彼此都肯定了对方的正确，却又就第二种办法的可扩展性达成共识，更由此顺理成章地开始了对数位名称的思考和改造，新的数位顺序表诞生在孩子们自己手中。

谁能轻视他们？不用橡皮擦竟然也能修改数位名称，这充满智慧的创举，在教师的点明之下，成为课堂的又一生成点。给予学生充分的信任和尊重，给他们一些自我建构和理解的时间和空间，同时，用知识的慧眼去阅读他们，用教学的机智去解读他们，会让我们的数学课堂生出无限的精彩。学习是成长的过程，这个过程，就在于师生的智慧互动中。

追问，仍向着文化方向

人们已经看到张齐华的改变，他舍弃了美丽动人的抒情曲，割舍了精心收集的数学史料，课堂变得更加理性，更加体现着数学学科本质。我却困惑，是否更深广的数学背景真的是数学课堂所不必要的？数学文化，是否只是一件在节日里穿着的盛装，不应当在平凡的日子里穿着？心灵的震撼、精神的愉悦、成功的喜悦、继往开来的憧憬，能否和知识技能一道，成为孩子们在数学课堂上的收获？回顾我们自己的数学学习历程，现在犹存记忆中的，有没有当年老师不经意讲起的一则故事，一个名字？

有人说，小学阶段的学习，有两大任务，一是培养兴趣，二是培养习惯。受孩子们的心理发展阶段性影响，那些或美好或古老或神奇的资料，应当更容易在幼小的心里留下印记。在“数级”被孩子们在课堂上“再次发现”时，张老师只是简要地说明了“这是我国的计数方法，把数位分为万级、个级”。而这种分级计数的方法作为我们国家延续千年的习惯，不仅是数学成果之一，更成为民族文化的一部分，在现实中有着诸多的反映。于此用墨，孩子们将可以发现数学的传承，感受文化的古老和真实，对自己的发现得到“验证”的快乐。有可为之际，张老师却不再出手，令人惋惜。

无疑，数学学科在本质上具有工具性，但另一个方面是，作为教育的数学，却应当更多地思考接受对象的心理状况。我们既看到了张齐华老师在数学文化上的大胆探索和成功应用，也看到了他对数学本质的潜心思考和到位把握，而从小学阶段的数学教育的基点出发，如何调配二者，应当是我们可以继续期待张老师并共同思考的。

对大数教学的两点建议

——兼与张齐华老师商榷《认识整万数》的教法与学法

郭洪兵

《中国教师报》2007 年 1 月 17 日创新课堂版刊登的江苏省特级教师张齐华的以“简单的教具，精深的思维”为题的(苏教版小学四上)《认识整万数》的课堂实录，一路读来，很为张老师崭新的教学理念和层层推进的教学设计所折服，然而在耳目一新的同时，也对张老师授课中的个别环节和个别结语有几点质疑，愿意以建议的形式与张老师共同商榷。

一、“四位分级读数法”是根据汉语读数法则确立的，其更多地表现为一种语言现象，而非是一种数学思维的结果。在引导学生认识整万数的时候，教师采用以“读”促思，以“读”促悟的互动式教学形式为宜。

在数目的横列中，一个数字占有一个位置，即数位。常用的数位顺序有：整数部分——千亿位、百亿位、十亿位、亿位、千万位、百万位、十万位、万位、千位、百位、十位、个位：小数部分——十分位、百分位、千分位……汉语中数位的分级，是四位分级。这是根据汉语读数法则确立的。第一级是“个级”，包括“个、十、百、千”四个数位；第二级是“万级”，包括“万、十万、百万、千万”四个数位；第三级是“亿级”，包括“亿、十亿、百亿、千亿”四个数位。用汉字数码写数，一般按照口语说法照写，没有任何问题。——摘自《实用语文规范知识小词典》

萧国政与李英哲在《汉语确数词的系统构成、使用特点和历史演进》一文中对汉语读数法则概括为“位序上的后升性”：从位数状态看是前低后高，呈升位排列。所谓“前低后高，呈升位排列”是指最后一个数字单独所代表的位数比其前每一个数字所代表的位数都高。如“二十”的“十”所代表的十位高于它前面“二”所代表的个位，“三百、四千”的“百、千”所代表的位数也分别高于其前“三”“四”所代表的个位。“五千四百二十万”的“万”也高于它前面的每一个数词所代表的位数。同时他们还指出这种读数特点从古至今并未发生变化。

以上论述从数的历史传承的角度告诉我们，“四位分级读数”是一种活生生的，具有极强生命力的语言，其自古流传至今，广泛存在于人们的生活和接触的环境之中。由此我们可以断想，学生完全有机会，也完全有可能不断接触到大数合乎标准的读法，并会达到一定程度上的耳濡目染和认知上的潜移默化。同时，它既然表现为一种语言现象，其必然表现出汉语的最大特点——文本语言理解的主体参悟性，教师完全可以在授课中加以依托，通过学生“读数”过程的互动，突破“万以内”的读数法的制约，凸显出大数“分级读数”的特性。仍以张老师在课前调查的错误读法为例，学生将 340000 误读为“三十万四万”，在很大程度上是受了“万以内”书的读数习惯的影响，即按数位的高低先读数位上的数字再跟读数位名称，连缀而成为一个完整的读数过程，思维惯性使然，自然会在新的读数体系下得出错误的(不恰当的)读法，但在这个读数过程中，学生并非是一个机械地照搬者，其间必然夹杂针对这种读法优缺点的个人理解，只需稍加点拨，消除“万”字重复、拖沓的弊端，学生自可达成对旧有认识体系的突破，形成新的读数原则的自我更新和建立。

据此，笔者认为，张老师在授课中所设计的“合并四位计数器”的中心教学环节有失对“四位分级读数法”的全盘认知和考虑，难免有“以己养鸟”之嫌，虽是课堂亮点，但学生原应具有的对这一问题参悟的发言权和表决权却完全被教师匠心独运的光辉所掩盖，不能不说是这堂课设计所带来的最大瑕疵，甚至是失败。

二、正视“四位分级读数法”在我国实际生产生活中有“溢出”现象，结语给出要谨慎，最好淡化处理。

据我国东汉时期的《数述记遗》所载，中国古代亿以上的大数计数方法存在“上、中、下”三个体系：

上法，为自乘系统：万万为亿，亿亿为兆，兆兆为京。10^4＝万，10^8＝亿，10^16＝兆，10^32＝京

中法，为万进系统，皆以万递进：万 亿 兆 京 垓 秭 穰 沟(土旁) 涧 正载——(万万为亿 万亿为兆 万兆为京——)；10^4＝万，10^8＝亿，10^12＝兆，10^16＝京

下法，为十进系统，皆以十递进：万 亿 兆 京 垓 秭——10万为亿，10亿为兆，10兆为京……10^4＝万，10^5＝亿，10^6＝兆，10^7＝京

虽然随着时代的变迁，上述计数三法已逐步退出了人们的视野，但“上法”的计数办法仍部分地应用于当代社会，如我国数学界给出的“千亿”以后的计数单位“万亿”“百万亿”“千万亿”便是沿用了“上法”的计数系统，其在读数方法上“溢出”了我们固有的“四位分级读数法”体系。比如“1785666455500”，如果按“四位分级读数法”应读作“一(新的分级单位)七千八百五十六亿六千六百四十五万五千五百”，但实际上却被读作“一万七千八百五十六亿六千六百四十五万五千五百”。这种现象应引起我们的正视，并应及时地反馈于我们的大数教学之中，以免刻板地按照教材的说法去教，给学生识读生活中的更大数造成不必要的障碍。

鉴于此，我们有必要分析一下“上法”中计数系统，个级计数单位：个、十、百、千；万级计数单位：万、十万、百万、千万；亿级计数单位：亿、十亿、百亿、千亿、万亿、十万亿、百万亿、千万亿。刨去“级数”单位，不难发现，高一级的数位与低于它的级的数位之间是一种“包含”关系而非“并列”关系，在读数方法上也自然跳过了“四位分级读数法”的规定。

这样看来，张齐华老师在下面这段教学过程中的结语就有失妥当，并给学生日后灵活认知更大数设置了障碍：

师：可是，张老师还有一个奇怪的发现。有些同学在调整这些计数单位时，居然连橡皮都没用，你们知道他们又是怎么调整的吗？

生：我猜想，他们可能是直接在“十”的后面添上“万”就成了“十万”，同样，在“百”“千”的后面添上“万”，就成了“百万”“千万”。

生：我就是这样改的，因为我发现原来“十”的位置正好对应着“十万”，所以我就直接添了一个“万”字，“百万”“千万”也一样。

师：听听，多么了不起的发现！原来，新增加的计数单位千万、百万、十万、万和原来的四个计数千、百、十、个之间还存在着一一对应的

关系呢！

（教师借助多媒体，演示万级四个计数单位与个级四个计数单位之间的一一对应关系。）

因此，笔者建议，教师不宜对不同级的数位之间作如此“对比”，更不宜盲目下一些表面看来无懈可击，但在实际生活应用中极可能自相矛盾的结语，在读法上强调一下可以，但最好不要限制得太死，淡化处理，给学生日后的识数、读数留下自我调控、刷新的空间。

教坛无圣坛，争鸣无禁区，一堂成功的课，只有反复推敲才能真正走向为学生发展服务的道路，因此斗胆撰写上述啰里啰唆的文字，亮出可能一击即破的观点，以示向张齐华老师讨教的诚意，不当之处，还望海涵和指正。

基于教材理解后的教学突破，以《分数的初步认识》教学为例

《分数的初步认识》教学实录与评点

评点：王林(江苏省教育科学研究院)

一、情境与激活

师：喜欢野餐吗?

生：喜欢!

师：丁丁和当当在野餐时遇到了一些和数有关的问题。想不想一起去看看?(出示主题情境图，见图 1)

图 1

生：想!

师：瞧，他们带来了不少东西。可是，究竟该怎么分呢?你能帮他们把这些食物分一分吗?

生：4 个苹果，每人分 2 个。(课件演示分的过程)

师：真好!矿泉水呢?

生：2 瓶矿泉水，每人分 1 瓶。(同上)

师：看来，咱们班同学不但聪明，而且还善解人意。瞧，每人分得同样多，数学上，我们把这种分法叫做——

生：平均分。(板书)

师：可蛋糕只有一个，还能平均分给2人吗？平均每人分多少？

生：半个。(教师演示分的过程和结果)

师：指一指，蛋糕的一半在哪里？(学生有些指这一半，有些指另一半)看来，只要把一个蛋糕平均分成2份，每份都是它的一半。

[**评析**："平均分"是初步认识分数的基础，是产生一个分数的前提。教师通过教材的主题情境图，创设了既富有生活情趣又蕴涵认知冲突的数学情境，激发了学生学习分数的心理需求。在分配苹果、矿泉水和蛋糕这一解决问题的过程中，教师巧妙引导学生唤醒原有的"平均分"的经验，为初步认识分数作好适宜的认知铺垫；同时随着问题发展呈现的思维冲突，又自然引导学生的思维视角从"整数"突围，为学生实现"由整数向分数"的自然过渡构筑了良好的思维空间。]

二、探索与建构

师：可是，"一半"还能用以前学过的数来表示吗？(不能)那该用怎样的数来表示呢？

生：可以用二分之一表示。

师：听说过吗？(小部分学生表示听说过)今天这节课，我们就来认识像1/2这样的数——分数。(板书课题：认识分数)

师：仔细观察，把一个蛋糕平均分成几份？

生：2份。

师：这一半(右边半个蛋糕闪烁)正好是这2份中的——

生：1份。

师：(结合"平均分""2份""1份"，教师依次出示"—""2""1")这个数就是1/2。谁来读？(请学生读，再齐读)

师：这一份是蛋糕的1/2，那一份呢？(也是它的1/2)看来，把一个蛋糕平均分成2份，每份都是它的1/2。

[**评析**："一半"是学生的生活经验，而"1/2"则是这一生活经验数学化的结果。在教师的引导下，学生借助有意义的接受学习，在"生活经验"与"数学知识"之间架构起认知桥梁。这样处理，体现了教师对学生生活经

验、认知水平和知识建构方式的准确把握。]

师：回顾刚才的学习，我们是怎样得到一个蛋糕的1/2的？同桌俩轻声说一说。

生：（略）

师：这是蛋糕的1/2。那么，长方形的1/2又该如何表示呢？从材料中拿出一张长方形纸，折一折，并把它的1/2涂上颜色。

学生操作，教师巡视并作个别指导。

师：谁来介绍一下，你是怎么表示长方形纸的1/2的？

生：我把长方形纸对折后平均分成2份，涂色部分是它的1/2(见图2左)。

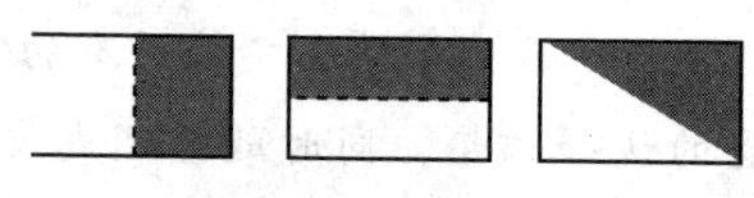

图2

师：哪些同学这样折的？(部分学生举手示意)这样折挺好。没举手的同学，你们又是怎样折的？

生：我是这样折的。(见图2中)涂色部分也是长方形的1/2。

师：折法不同，都表示出了长方形的1/2。还有不同折法吗？

生：我的折法是这样的。(见图2右)涂色部分也是长方形的1/2。

师：这样折可以吗？

看到有学生赞成，有学生半信半疑，教师沿折痕将长方形纸剪开，旋转后重叠，验证结果。

师：折法不同，涂色的形状也不同，为什么涂色部分都是长方形的1/2呢？

生：因为它们都是对折的。

师：找到了关键。换成数学上的语言，对折就是指——

生：平均分成2份。

生：因为这些长方形都被平均分成2份，涂色的一份都是它的1/2。

师：看来，折法不是关键，只要平均分成2份，每份就是它的——

生：1/2。

[**评析**：教师组织了折一张长方形纸并表示出它的1/2的数学活动，丰富了学生对1/2的认识。让学生自己表示长方形的1/2，有这样几点好处：首先，单位“1”既可以是一个物体(蛋糕)，也可以是一个图形(长方形)，

丰富了学生对分数内涵的理解；其次，从“有意义地接受1/2”到“自主表示1/2”，帮助学生实现了数学认识由理解向表达、由内化向外化的自然过渡；再次，长方形1/2的不同表示方法，以及由此而展开的“求同思考”(折法不同，为什么涂色部分都是长方形的1/2)，可以进一步剥离1/2的非本质属性，凸显“只要平均分成2份，每份就是它的1/2”这一本质属性，深化了学生对分数的认识。]

师：下面的图形中，哪些涂色部分都能用1/2表示？又各是谁的1/2呢？(见图3)

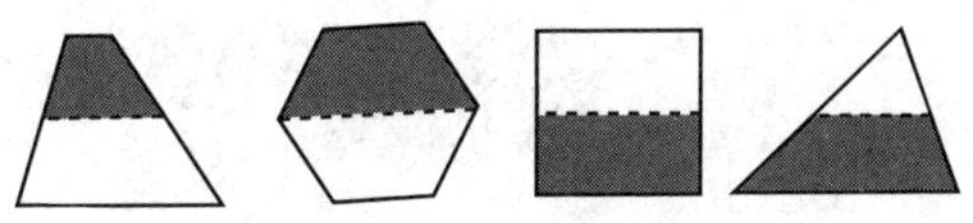

图3

生：中间两幅图，涂色部分可以用1/2表示。一个是六边形的1/2，另一个是正方形的1/2。

生：第1和第4两幅图不行。

师：它们不也是分成了2份吗？

生：因为它们没有平均分。

师：看来，不管是一个蛋糕、一个长方形，还是一个六边形、一个正方形，只要平均分成2份，每份就是它的——

生：1/2。

[**评析**：出示1/2的一些正例和反例，组织学生及时展开比较、辨析，以进一步深化学生对分数本质属性的认识。]

师：认识了1/2后，你还想认识几分之一？

学生交流，教师顺势板书：1/4、1/8……

师：想不想也来折一折、涂一涂，表示出你想认识的几分之一？(想)从材料中再拿一个图形，动手试一试。

注：组内4位学生分到的图形完全相同，组与组之间分到的图形不同，有些组分到长方形，有些组分到正方形，有些组分到圆形。

[**评析**：教师在教学1/2时如此浓墨重彩、层层推进，其意图在于，学生这样认识1/2，便可以对分数的本质有比较深刻的理解和把握，从而形成较强的知识迁移能力，为自主认识其他的几分之一作好铺垫。教学时这样重点突破，可以以点带面，学生就能自然迁移，顺利地自主认识并表达

1/4、1/8……等分数，正是这一意图的成功体现。]

师：你表示出了几分之一，是怎么表示的？

生：我把这个圆形平均分成4份，每份是它的1/4。

生：我把这个正方形平均分成8份，每份是它的1/8。

见学生纷纷想介绍自己表示的分数，教师引导他们在组内容轮流介绍。

教师参与各组的交流，并收集不同图形的1/4(见图4)，依次贴到黑板上。

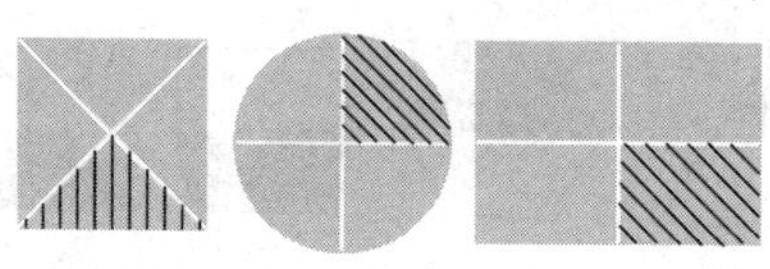

图4

师：瞧，这些图形的形状不同，涂色形状也不同，为什么涂色部分都能用1/4来表示？

生：因为它们都被平均分成4份，涂色的1份就是它的1/4。

[**评析**：围绕不同图形的1/4展开第二层次的"求同比较"(图形不同，为什么涂色部分都是它的1/4)，再一次剥离分数的非本质属性，使学生进一步感受到单位"1"是什么并不重要，关键是"平均分成了多少份"和"表示这样的多少份"，这才是分数最本质的内涵。]

师：瞧，不同的图形，表示出了相同的分数。那么，相同的图形能表示出不同的分数吗？

生：能。

师：哪些同学用的是圆形？举起来看看。

学生举作品示意，教师从学生中收取圆的1/2和1/4，并贴黑板上。

师：同样大小的圆，它的1/2和1/4，哪一个更大呢？比一比各自的涂色部分，再说一说。

生：同样的圆，它的1/2要比1/4大。

师：这儿还有一张同样大小的圆形纸片，如果表示出它的1/8，想象一下，你觉得它的1/8和1/2或1/4相比，大小会怎样？

生：我觉得1/8应该比1/2或1/4都要小。

师：谁用圆表示出了1/8？(生举手示意，教师收取作品，并和黑板上的两幅图比较)是这样吗？

生：是。

师：看来，用同样大小的图形，我们还能比较分数的大小。其实，每个组内 4 位同学手中的图形就完全相同，你们各做出了几分之一，哪个分数大，哪个分数小呢？互相比一比，再说一说。

学生组内比较，教师参与交流，并作出引导。

[**评析**：结合学生自己表示的分数进行分数大小的比较，一方面是对学习资源的巧妙利用；另一方面，不同小组间的图形各不相同，又可以使学生感悟到，同样大的圆固然可以比较分数大小，同样大的其他图形也能比较分数的大小，从而使学生对分数大小的比较有了更深一步的认识，初步沟通了分数与单位“1”的联系。]

师：认识了这么多分数，会写分数吗？

教师重点指导学生写好 1/2，并引导学生看图写分数。(见图 5)

  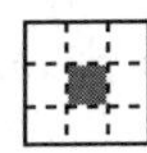 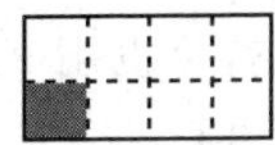

图 5

交流略。

师：写了这么多分数，觉得分数和以前认识的数有什么不同？

生：分数的中间有根线。

生：线的上下还有数。

师：想知道这些部分各叫什么名称吗？(想)自己到数学书上找一找。

学生自学教材，并交流。教师板书分数各部分名称。

[**评析**：分数写法的教学，注重教师的示范与指导；分数各部分名称的教学，注重引导学生看书自学，这都是对以往好的教学传统的继承。在新课程背景下的数学教学中，继承好的教学传统应该引起我们的重视。]

三、练习拓展

师：下面想考考大家的眼力。把一张纸条全部涂色，可以用数“1”来表示(见图 6 上)，估计一下，现在涂色部分是几分之一？(见图 6 中)

学生估计略。

师：究竟是几分之一呢，一起来验证一下。

课件验证，得出涂色部分是 1/3。

师：现在呢？(出示图 6 下)同样估计一下。

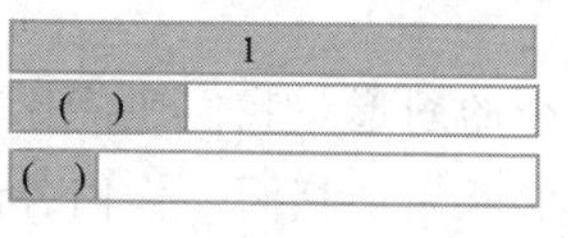

图 6

学生估计略，课件验证学生的估计。

师：许多同学一下子就估计出是1/6，你们是怎么估的，有没有什么窍门？

生：我是和纸条的1/3比较的，这次涂色部分只有它的一半，所以我认为涂色部分可以用1/6来表示。

师：平均分成3份后，每份再平均分2份，也就意味着平均分成了——

生：6份。

师：这样的1份就可以用1/6来表示。瞧，借助观察和比较进行估计，这是多好的思考策略呀！

师：观察这里的涂色部分和对应的数，你还能发现什么？

生：(稍作思考后)我发现同样一张纸条，它的1/3要比1/6大。

生：我发现1里面有3个1/3，1里面有6个1/6。

师：看来，今天所学的几分之一，和以前认识的"1"有联系吗？(有！)

生：我还发现，平均分的份数越多，涂色的一份也就越小。

师：那么，表示每份的分数也就会——

生：越来越小。

[**评析**：教师将教材"想想做做"第3题的呈现形式作了简单变化，隐去了原题中三等份、六等份的部分等分线，使这一习题的教学彰显了独特的思考价值和魅力，可谓一举三得。首先，引导学生展开估计，既巩固了对分数本身的认识，又培养了估计意识，尤其是第三幅图的估计过程中，巧妙渗透了估计的策略；其次，通过整体观察，初步渗透了整数"1"和"几分之一"的内在联系，将新知初步纳入学生原有的知识体系中，拓展并完善了学生的认知结构；最后，结合直观图引导学生继续展开想象，既是对学生想象能力的一次挑战和锻炼，又巧妙渗透了极限思想。]

四、解释应用

师：下面的画面，让你联想到了几分之一？

课件依次出示下列三幅画面。(见图 7)

图 7

师：法国国旗，让你联想到几分之一？

生：我联想到了 1/3。

师：能具体说说哪一部分是法国国旗的 1/3 吗？

生：蓝色部分是整面国旗的 1/3。

生：白色部分和红色部分都是这面国旗的 1/3。

生：其实，每一部分都是这面国旗的 1/3。

师：这个五角星又让你联想到了几分之一？

生：1/5。

生：每一部分都是这个五角星的 1/5。

师：喜欢吃巧克力吗？这块巧克力又让你联想到了几分之一？

生：我联想到了 1/8。

师：是这样吗？(教师出示图 8 左)想一想，要是每人分这块巧克力的 1/8，它能分给几人？

图 8

生：能分给 8 人。

师：(将画面还原到图 7 右)还能联想到几分之一？

生：(稍作思考后)我还联想到了 1/4。我把它平均分成 4 份，每份就是它的 1/4。

师：是这样吗？(教师出示图 8 中)想一想，要是每人分这块巧克力的 1/4，它又能分给几人？

生：能分给 4 人。

师：(再次将画面还原到图 7 右)还能联想到其他分数吗？

生：(激动地)我还联想到了 1/2。

师：猜猜看，它把这块巧克力平均分成了几份？(2 份)是这样吗？(教师出示图 8 右)每人分这块巧克力的 1/2，它又能分给几人？

生：能分给 2 人。

师：瞧，从不同角度观察、思考问题，同样的画面，还能联想到不同的分数呢。而且，同一块巧克力，每人分得越多，分到的人就会——

生：越来越小。

［**评析**：*现实生活中许多画面，都能引发学生对分数的联想，法国国旗、五角星及巧克力便是教师对教学资源进行有效开发的结果。尤其是巧克力这一素材的应用，可谓恰到好处。一方面，渗透了“观察角度不同，联想到的分数也不同”的思考策略；另一方面，又蕴涵了同样一块巧克力，每份越多，分得的份数越少这一反比例的函数思想；与此同时，“1”里面有 n 个 $1/n$ 在这里也得到了无形的铺垫。*］

师：再走进教室看一看。同学们正在出黑板报呢。(见图 9)“科学天地”大约占黑板报版面的几分之一？“艺术园地”呢？

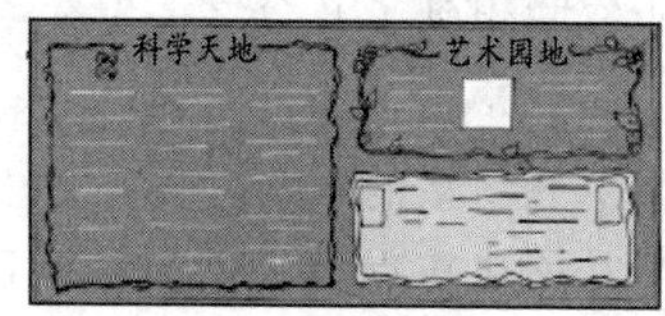

图 9

生：科学天地约占黑板报版面的 1/2。

师：说说想法。

生：把黑板报版面平均分成 2 份，科学天地大约是其中的 1 份，所以是 1/2。

生：把黑板报版面平均分成 4 份，艺术园地大约是其中的 1 份，所以艺术园地约占黑板报版面的 1/4。

生：剩下的黄色部分也大约占黑板报版面的 1/4。

［**评析**：*从学生熟悉的黑板报切入，使学生进一步感到分数就在自己身边。而“艺术园地”大约占整个版面的几分之一的思考，又进一步深化了学生对分数的认识，培养了学生解决非常规问题的思考策略，而分数大小的比较在这里得到了及时应用。*］

师：同学们的眼力真不错！其实，人体当中也能找到分数，不信？请看屏幕。

教师出示自己 1 周岁时直立的照片。

师：知道照片上的孩子是谁吗？猜猜。

生：(激动地)我觉得是张老师。

师：真有眼力。这是1周岁时的我。仔细观察。(动画演示：身高约是头高的4倍)

师：发现了吗，1周岁婴儿，头的高度约是身高的几分之一？

生：1/4。

师：长大后，情况又会怎样呢？

教师出示现在自己的直立照片，并动画演示：头高约是身高的1/7。

师：现在，头的高度约是身高的几分之一？

生：1/7。

师：其实，不同的年龄阶段，相应的分数也不一样。同学们今年10岁左右，那么，一个10岁左右的儿童，他的头高又约是身高的几分之一呢？想知道吗？

生：(激动地)想！

师：这样，咱们不妨请一位同学上来，其他同学一起来现场估一估。

教师请一名中等身高的学生上来，其他学生比画、估计。

生：我觉得，他头的高度约是身高的1/5。

生：应该是1/6。

生：我觉得比较接近1/7。

师：当然，估计时出现误差很正常。至于10岁左右儿童头的高度究竟大约是身高的几分之一呢，课后同学们不妨去查一查资料，好吗？

生：好。

[**评析**：教师给学生提供自己小时候的和近期的全身照，看头各占身高的几分之一，题材新颖、活泼，既激发了学生的兴趣，又使学生在看一看、比一比、估一估的过程中加深了对分数的认识。“身高中的分数”这一题材的引入，有机拓展了学生的认识视野，使他们真切感受到分数在日常生活中的广泛应用，切实体验到学习分数的价值。]

师：最后，张老师给大家带来一则有趣的广告。别小看这广告，只要我们仔细观察、善于思考，我们还能从中联想到今天所学的分数呢。

播放某“多美滋奶粉”广告，情节大致如下：

男孩冬冬将蛋糕平均分成4份后(第一幅画面)，却发现一共有8个小伙伴，灵机一动，他从中间横着切了一刀，将蛋糕平均分成8份(第二幅画面)，正在这时，第9个男孩出现了(第三幅画面)。怎么办呢？冬冬又将自己分得的一份分成2份(第四幅画面)，将1份送给了他。

最后定格在如下画面。

师：联想到了几分之一？

生：我联想到了1/4。

师：猜猜看，是哪幅画面让他联想到了1/4？

生：第一幅画面。

师：瞧，把蛋糕平均分成4份，每份就是蛋糕的——

生：1/4。

生：我还联想到了1/8。

师：他又是从哪幅画面中联想到的？

生：第二幅画面。把蛋糕平均分成8份，每份就是它的1/8。

生：我还从第三幅画面联想到了1/9。

生：不对，不是1/9。

师：看到第9个孩子，联想到1/9很自然，为什么他分到的蛋糕不能用1/9表示呢？

生：因为蛋糕没有平均分成9份。

师：真不错，一下就抓住了问题的关键。要是第9个男孩早些来，9个人一起来平均分这个蛋糕，他能得到蛋糕的1/9吗？

生：那就能了。

师：还能联想到几分之一？

生：我还联想到1/2，是从最后的画面中联想到的。

师：前提是，最后那个小男孩应该把那一块蛋糕怎么分？

生：平均分成2份。

师：如果那样的话，联想到1/2就更准确了。再想想，这里的1/2是整个蛋糕的1/2吗？

生：不是。

生：应该是平均分成8份后，每一块蛋糕的1/2。

生：我觉得应该是整个蛋糕的1/8的1/2。

第三位学生精彩的回答赢得满堂喝彩。

师：瞧，广告中也能找到分数，看来，生活中不是缺少分数，而是缺少善于发现的眼睛。期待同学们能在今后的不断学习中，尽早拥有一双善于发现的眼睛。

［**评析**：将广告巧妙引入课堂，不仅能够激发兴趣，更重要的是，广

告中蕴涵着丰富的数学内涵及浓浓的人文关怀。就广告本身而言，冬冬横着切一刀将蛋糕平均分成8份，体现了其思维的简约性和独创性，将自己的那一份蛋糕再平均分成2份，送1份给第9个小朋友，则反映了冬冬善良、友好的人性美。至于观察广告画面学生能联想到哪些分数，尤其是第9个小朋友拿到的1/2究竟是谁的1/2，他到底有没有拿到整个蛋糕的1/9，如果没有，他究竟拿到了整个蛋糕的几分之一，这一系列问题的思考，必将引导学生的思维不断走向深入，知识的后继性和连贯性在这里得到了很好的体现。]

备课，要学会向他人“借智慧”

——打磨《分数的初步认识》一课的三段小插曲

教学需要一种智慧。

我渴望拥有它，但它却总是与我若即若离，因为它不可言说、无以言传。

然而，“认识分数”一课的打磨、锤炼，却让我对此有了一种新的领悟。原来，智慧也是可以传递的。

事情，还得从教学《分数的初步认识》一课中的三个小插曲说起。

故事一：

按照惯例，今天还得再一次试教。当教学至“想想做做”第三题(见下图)时，不知是屏幕本身有些模糊，还是项中奇同学位置太靠后，实在看不清，总之，当大多数同学轻松、自然地给出答案1/3、1/6后，小项坚持地举起了他的手。“老师，我看不清竖着的线，这第二幅图和第三幅图到底是平均分成几份，我这儿一点也看不清楚。”

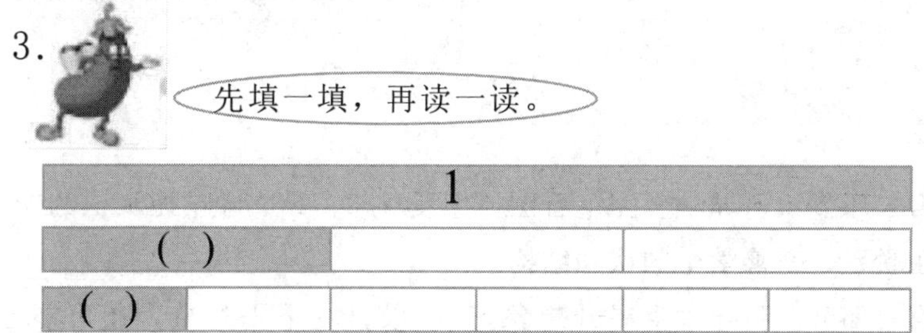

我走到他的身边，抬头一看，屏幕是有些模糊，尤其是下面两幅图的等分线几乎已经看不清楚了。正准备告诉他时，不知是谁插了一句："看不见平均分的线，猜一猜不也知道吗?"很多同学都纷纷附和。

我一想，"唉，不是吗，何不让他看着涂色的部分，先估一估呢，正好也可以试试他的观察与估计能力。"

"第二幅图好像是1/3吧。"小项不很肯定地说。"但第三幅图，空白部分那么多，我实在是看不出涂色部分到底占整张纸条的1/5、1/6还是1/7了。"

想想也是，毕竟第二幅图相对容易一些，但第三幅图中，一下子估计出准确结果，是有些困难。正准备打消继续让他估计下去的念头，没想到，许多学生纷纷举起了手。"老师，不看竖着的线，我也敢肯定第三幅图中涂色部分应该占整张纸条的1/6。""对，对，是1/6。"

"为什么?"见此情景，我把问题信手又抛给了学生。

"老师你看，第二幅中涂色部分是整张纸条的1/3，而第三幅图中涂色部分又正好是它的一半，3×2＝6，肯定是1/6。"不少同学纷纷表示赞同，更有同学刚刚领悟过来，也是赞叹不已。而我，却在他们的争论交流中也恍然大悟："对呀，为什么不干脆去掉这几根等分线，让所有同学都来先估一估，再通过数学推理或数学直觉验证自己的估计结果呢?"

就这样，原本一道简单的习题，因为一段小插曲而给出了新的调整：

第一环节：出示下图，引导学生分别估计第二、第三幅图中涂色部分占整张纸条的几分之一，并说说各自不同的估计方法，渗透数学思考方法。

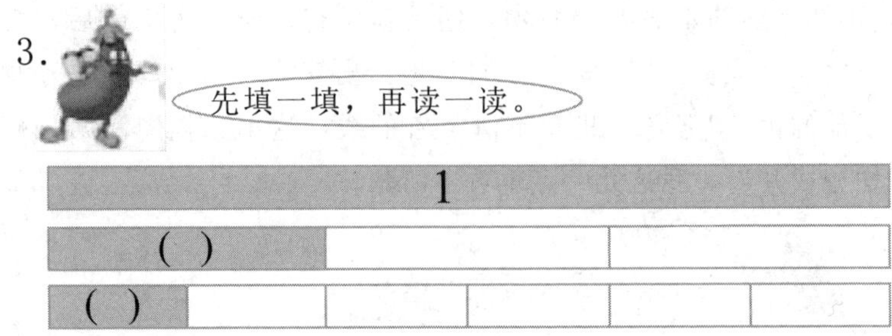

第二环节：引导学生完整看图，感受1/3、1/6与以往认识的"1"之间的内在联系，完善学生的认知结构。

第三环节：引导学生展开想象，"如果再往下平均分，还可能会出现几分之一?”“随着平均分的份数越来越多，表示每一份的分数将怎样?”引导学生初步感受极限思想，并蕴伏分数大小的比较。

听完课后，当大家对这一小小的调整给习题带来的质的飞跃啧啧赞叹时，我却在窃喜中告诫自己：原来，学生也可以给我们智慧!

故事二：

鉴于数学理应与生活之间建立一种必要的联系，因而，当下的课堂，如何有效地引入必要的生活素材作为教学资源，成为数学教师共同关注的事。“认识分数”一课的练习环节，我同样为此作出了艰辛的思考。

然而，在究竟该选择怎样的现实题材这一问题上，却是困难重重。

应该说，生活中，相关的题材原本是非常丰富的：比萨饼、紫荆花，甚至于阴阳太极图，每一种图案都可以很自然地诱发学生对于分数的联想。然而，题材仅仅具有现实性是远远不够的。事实上，题材本身是否具有丰富的数学内涵，能否有效唤醒学生的数学思考，应该成为一个题材是否能够成为“好”的数学题材的更重要的因素。也正是基于这样的考虑，上述题材一一从我的视线之中淡出。

正所谓“山重水复疑无路，柳暗花明又一村”。正当一次次的失败即将摧毁自己继续寻找更好题材的信心时，那个周末，我和儿子关于分巧克力的一段对话却为我打开了思考这一问题的另一扇窗。

“爸爸，我想吃一半，还有一半给你吃。”儿子拿着一块刚拆开包装的巧克力(见下图)对我说。

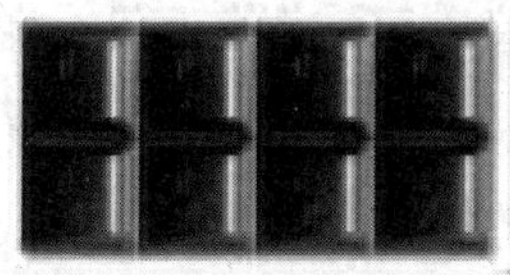

“不行，那样的话，妈妈就吃不到了。你只能吃其中的一小块。”我有口无心地应付着，心里还想着“分数题材”的事。“吃两小块行吗?你也吃两小块，妈妈也吃两小块，还多两小块……”

儿子还在讨价还价，但我却再也没有听进他后面说的任何一句话。飞奔进书房，我在教案上写上了这样一句话：就用巧克力作题材!通常，学生可能会直觉地联想到1/8，然后，教师可以再引导学生换角度进行观察，进而由1/8进一步拓展开去，联系到1/4、1/2等分数，从而充分挖掘这一题材的丰富价值，并体现思维的开放性。

果不其然，学生对这一问题表现出了极大的兴趣。他们由1/8想开去，进而联想到1/4、1/2等。此外，“1”当中有8个1/8、有4个1/4、有2个1/2；同样一块巧克力，分得的人越多，每份就越少，分得的人越少，每份就越多的辩证思考等都在这一题材中得到了很好的蕴伏。

更加意想不到的是，不少听课教师还从这一题材中看到了分数的单位“1”从“一个物体”向“一些物体组成的整体”的巧妙过渡，这却是我在设计这一题材时所没有考虑到的。

如今回想起来，原来，“无知”的儿子也可以给我们智慧。

故事三：

虎头蛇尾是一堂课的大忌。如何能以一个漂亮的结尾结束一节课，同样成为我对本课的又一期待。一次次地选择，又一次次地放弃。走投无路时，我开始在每一个办公室里“闲逛”，期待能从老师们那儿找到一些新的触点或灵感。让人难以置信的是，情况却是在品社办公室里打开局面。唐老师无心的一句话，“分数呀，我好像前几天在南京那个频道上看到过一则广告，是关于多美滋奶粉的，反正非常好玩，而且好像就和平均分有关，你不妨找找看。”

正所谓病急乱投医。回到家后，我便打开电视，在南京的各个频道间不断搜索。果不其然，那则关于多美滋奶粉的广告映入眼帘。

真是太棒了！广告的画面和情节固然十分动人，更可贵的是，其中所蕴涵的数学内涵、数学思考同样丰富、深刻，作为本课的小结，应该可以引发学生关于分数更多的联想。比如，每一幅画面都让你联想到了几分之一？1/4的一半又是几分之一？第九个男孩分得这个蛋糕的1/9了吗？……而且，广告中弥散的智慧的思维方式、浓浓的人文情怀同样让人心动。稍作处理后，关于广告的一个教学环节就应运而生。黄山之行，这一环节更是赢得了众多教师的喝彩。

如今，作为对课堂的一种自觉思考与自我读解，回想这一略带“喜剧色彩”的磨课经历，我颇有感触。三则看似偶然的小故事，恰恰折射出了，教师并不是一种孤独的存在。至少，从这三个角度来看，在课堂，你生活在孩子们当中，他们的经验、思考、感受、发现、质疑，都足以对你的思考构成一种丰富的影响；在办公室，你生活在教育同伴们之间，和他们保持一种活泼的对话、互动，同样将丰富你的教育教学的思考与行动；在家庭里，你还生活在家人们之间，你自己的孩子就是你活生生的教育对象、观察对象、研究对象，他们的一言一行，他们的童言稚语，或许恰恰构成了你独一无二的灵感，影响你对教育的理解、对教学的思考。

我想，在今后的教育教学中，我会更加自觉、深刻地认识这一问题，并在实践中不断予以印证。

朴素中彰显数学课堂的魅力

——评张齐华老师《分数的初步认识》一课

王林（江苏省教育科学研究院）

认识几分之一是学生首次接触分数，也是学生对数的认识的一次重要拓展和飞跃。为了使学生切实学好分数的初步认识，扩展认知结构，江苏教育版义务教育课程标准小学数学教材将分数的初步认识分成两段安排：第一段在三年级上册初步认识一个物体或图形的几分之一和几分之几，第二段在三年级下册初步认识一个整体的几分之一和几分之几。如何在教学过程中使学生对几分之一有准确、丰富的认识和把握，为以后进一步认识分数打好基础，是这一节课必须解决的问题。张齐华老师对其进行了深入的思考并作了科学合理的安排，主要表现在以下三个方面：

第一，优化学习情境，丰富情感体验。分数的概念比较抽象，学生学习起来有一定的困难。为了使抽象的数学概念以一种生动活泼、富有活力的姿态展现在学生面前，让学生在获得知识的过程中发展数学思维，形成积极的情感与态度，张老师在教学中注意精心选择学生感兴趣的现实场景和素材，优化学生的学习情境。在“情境——冲突”环节，从秋游场景中提出平均分实物的问题，让学生感受到分数的产生是由于生活实际的需要。在“应用——提升”环节，为学生提供法国国旗、五角星和巧克力的图片，引导学生自由联想，说出不同的分数；接着，让学生观察黑板报和教师身高的照片，引导学生通过估计说出分数；最后，为学生播放了富有数学内涵和彰显人文情怀的广告短片。这些丰富的情境，既让学生感受到分数来源于生活、应用于生活，激发了学习兴趣，又有助于学生逐步深入地加深对分数的理解和认识，形成丰富的情感体验。

第二，以认识 1/2 为重点，引导主动迁移。这一节课所认识的分数都是几分之一，在结构上具有相似性，在意义上具有相同点。因而，教师抓住学生最容易理解的一个分数 1/2 重点突破。教师先通过主题情境图，在分苹果、矿泉水和蛋糕的过程中，巧妙唤醒学生“平均分”的活动经验，激发思维冲突，引导学生将认识视阈由整数向分数拓展，为学习 1/2 作好认知和心理铺垫；对 1/2 的认识，充分利用蛋糕图，在师生互动对话中让学生初步建立 1/2 的表象；之后，教师又组织了折长方形纸表示出 1/2 和判断一个图形的涂色部分能否用 1/2 表示等数学活动，多层次、多角度地丰富并充实学生对 1/2 的理解和认识。有了对 1/2 的深刻把握，“你还想认识几分之一”和“能不能也用某个图形表示出你想认识的几分之一”等学习任务便在类比和迁移的过程中水到渠成地得以实现。

第三，精心设计问题，引发数学思考。根据教学目标和学生的学习实际，精心设计问题，对于学生掌握知识、形成技能、发展思维是十分重要和有益的。在教学过程中，张老师注意结合学生表示分数的直观操作活动，适时地提出问题，引导学生的思考逐步走向深入。在学生动手折一折长方形纸并用阴影表示出 1/2 后，由于折法不同，涂色部分的形状也不同，教师提出了这样的问题：“同样的长方形，折法不同，涂色部分的形状也不同，为什么涂色部分都是长方形的 1/2?”在学生表示出长方形、正方形和圆这些不同图形的 1/4 后，教师提出了这样的问题：“三种图形的形状各不相同，为什么涂色部分都能用 1/4 表示?”每一个问题都有丰富的数学内涵，都有助于学生进行深入的比较和辨析。学生在问题的引领下，渐渐明晰“折法”和“形状”都不是分数的本质属性，而“平均分成若干份”“表示这样的几份”才是分数的本质属性。类似这样充盈着数学思考的问题，在教学设计中随处可见。比如，在“估计、比较、沟通”的练习中，通过恰当的问题，引导学生发展估计意识、启迪思考策略，同时渗透了极限思想，沟通了分数与整数的关系。在播放广告短片后，提出“第九个小朋友分得的 1/2 是整个蛋糕的 1/2 吗？那又是谁的 1/2 呢？1 小块蛋糕的 1/2 究竟又是整体的几分之一呢?”如此巧妙的设问，必将引领学生的目光越过蛋糕本身，聚焦于对整数与分数、分数与分数之间关系的思考上。这些问题，对提升学生的数学思考大有裨益。

张老师在整节课的教学中，能够准确地把握教学目标，安排扎实、开放的数学活动，引导学生在积极的氛围中主动思考，从容对话，真诚分享，使学生在经历数学思维的挑战中扎扎实实地理解和掌握数学知识与技能的同时，又经历了情感与态度的润泽和熏陶，获得和谐的发展。

匠心独运，构造润泽美丽的课堂

——评张齐华老师《分数的初步认识》一课

卢声怡

一位教育学者说过，“我每一次进入课堂，都是赴一次生命的约会。”今天，我同样怀着激动的心情，观摩了张齐华老师的《分数的初步认识》一课。本节课采用了《数学课程标准》(以下简称《课标》)所倡导的“动手实践、自主探索、合作交流”的教学组织方式，集先进的理念、生动的情境、新颖的活动，深刻的体验、和谐的互动、良好的效果于一身，充分体现了教师的主导性和学生学习的主体性。让人感叹：师生如此精彩、课堂如此生动、数学如此美丽！

下面我从四个方面具体谈谈对本课的感受：

一、预设情境、感受联系，架设起生活与数学的桥梁

《课标》指出：“教学中，要创设与学生的生活环境、知识背景密切相关的，又是学生感兴趣的学习情境。”奥苏伯尔也认为：“影响学习的唯一最重要的因素就是学生已经知道了什么。”在小学生的生活实际确实很少会接触到分数，张老师从创设“野餐分食物”的情境入手，唤起学生对“平均”分的直觉；从“一半”这个生活经验开始，让学生认识分数的意义。这样的教学设计，真正地唤醒了学生的已有知识，沟通了生活与数学的联系。

创设“现实的、有意义的、富有挑战性的”的情境，体现生活化、文化味是本课的一大特色，如“不同年龄人的头部占身体的几分之一”就极大地激发了学生的学习兴趣。又如通过法国国旗、五角星、巧克力等实物，让学生大胆联想“几分之一”。尤其是巧克力这一生活素材的应用，使1/8、1/4、1/2等分数不断地呈现，学生体会到了“观察的角度不同，联想到的分数也不同”的思考策略，同时，初步体验了“分得越多每份越少”的反比例关系，还对“1里面有 n 个 $1/n$”有了直观认识，可谓是一举多得，达到了良好的学习效果。这正如荷兰数学教育家弗赖登塔尔所说：“数学学习中，联系得越紧密，越是记得牢，学得快。”

二、对话交流、动态生成，打造出润泽而美丽的课堂

《礼记·学记》早已经指出："故君子之教，喻也。道而弗牵，强而弗抑，开而弗达。"而德国的第斯多惠也说过："教学艺术的本质不在于传授的本领，而在于唤醒、激励和鼓舞。"

张老师教学基本功扎实，本课中他不断地鼓励着学生、及时地评价点拨着学生，如："真棒""挺好""动作多快啊!""学得真不错!"这样的语言不时地在课堂上自然地流淌出来。尤其是张老师作为男教师，风趣幽默，自然而不矫揉，课堂充满民主气氛，体现了教师作为组织者、引导者、参与者的作用。

这种"师生之间、学生之间交往互动与共同发展的"的课堂，不仅成为生活化到数学化的坚实平台，更让教室成为"润泽的教室"(佐藤学语)。我发现，这种自由宽松的氛围中，学生不断有火花闪现，正如叶澜教授所指出的："课堂应是向未来方向挺进的旅程，随时都有可能发现意外的通道和美丽的园景，而不是一切都必须遵循固定线路而没有激情的行程。"

例如，"想想做做：黑板报各个版面占整个黑板的几分之几"的环节，学生准确地判断出"科学天地约占黑板报版面的1/2，艺术园地约占黑板报版面的1/4"，进一步深化了对生活中分数问题的认识，同时有机地蕴伏了分数大小的比较。最后，更有一位同学提出"我觉得艺术园地大约占科学天地的1/2"，他的发现，实际上已经为今后认识"甲是乙的几分之几"作了极好的揭示，这样的发现，是自然的实时生成，极富价值。

三、动手操作、自主探究，经历数学学习的过程

弗赖登塔尔认为，"数学学习的过程就是数学化的过程。"这是因为"数学知识、思想和方法，必须由学生在现实的数学活动中理解和发展，而不是单纯地依靠教师的讲解去获得。(《课标》)"本课中，教师注重让学生动手操作，"让学生亲身经历将实际问题抽象成数学模型并进行解释与应用的过程。"

比如说折纸，这是一个教材中常用的例子，但是张老师不仅仅为了让学生动手操作而进行折纸活动，而是组织了三次的比较活动来逐步加深对分数的初步认识：第一次比较：折法不同，为什么每次都是1/2呢？从而发现"折法不同，只要平均分成2份，每份就是1/2"。第二次比较：图形

不同，为什么涂色部分都可以用 1/4 来表示呢？得出不管什么图形，只要平均分成 4 份，每一份就是 1/4，学生的思维得到提升。第三次比较：相同的图形能表示出不同的分数吗？你表示出来的 1/2 和 1/4 谁大呢？学生的思维达到了新的深度。

波利亚曾经说过："学习任何知识的最佳途径，是自己去发现。因为这种发现，理解最深刻，也最容易掌握其内在规律、性质和联系。"我们看到，教师给了学生思想的自由，给了学生活动的空间和时间，在学习过程中，原有知识结构进行了深刻的转化，从而形成新的主动的建构。

四、设计独到、手段恰当，协调教学要素的关系

张老师素有"数学王子"的美誉，本课中，许多设计都可以体现他对数学教学的独到认识。如他恰当地运用了教材，在学习"分数各部分的名称是什么"的时候，告诉同学们"课本第 98 页就有，看谁先找到"，很好地培养了学生数学阅读的能力。这对有的老师误以为的新课改后就可以完全抛开教材是一种反驳。

另外，本课中灵活地运用了各种教学法，使得课堂紧凑合理、过渡自然。在"分蛋糕"情境中，运用"谈话法"；在感悟分数的环节中，先运用"操作实验法"，再使用"练习法"不仅巩固了认识，而且起到了反馈作用，为课堂调节提供了依据；在读写环节中，先运用"自学法"，再用"谈话法"具体理解，最后综合运用"演示法"和"操作实践法"，师生共同读写分数，等等。教师充分了把握各种方法的精华，并把它们恰当地结合起来，对教学目标的实现起到了关键的作用。

课堂中，张老师本着扎实、有效的教学原则，合理地使用了现代化教学手段。课件不光是教师教学的得力助手，也成为学生的思维发展的"脚手架"。例如课堂结尾，引用了一个"多美滋奶粉"的视频广告，这个广告是大家司空见惯的，但是张老师敏锐地发现了其中蕴涵的数学意义，巧妙地将其与分数结合起来，在学生精神上已经有些疲乏的时候，一下子抓住了他们的眼球，甚至引来了听课席上的轻笑声。老师引导学生观察广告画面，问能联想到哪些分数，尤其是第 9 个孩子他拿到的 1/2 到底是谁的 1/2？是不是整个蛋糕的 1/9？这一系列问题，引导学生思维不断地深入，知识的后继性和连贯性得到了很好的体现，成为全课的点睛之笔。

也有待商榷之处。

本课的容量相当饱满，也因此造成最后的课堂小结没有得到充分展开。我认为，学生学习的过程是一个元认知的过程。在探究的活动中，学生应该也能够对自己的认知过程做必要的监控和对学习的策略做适时的调整。因此，这一点不能不说是一个遗憾。

另外有个细节必须指出，张老师在课堂上引用法国国旗的三色条纹来作为 1/3 的生活实例，这与笔者在小时候从《十万个为什么》里得到的知识极为矛盾，事实上，法国国旗的三色比例并不是完全相等的(具体数字待查)，其直接原因就在于色彩具有视觉膨胀感。这也警示我们，联系生活，努力让学生感受数学文化固然很好，但是这对老师的数学素养和知识储备有极高的要求，有待于教师素质不断提高，学无止境、教无止境。

总之，张齐华老师作为小学青年教师中的佼佼者，其对数学教学孜孜不倦的追求早已成为大家的榜样。本节课就让人真切地感受到他娴熟的教学技能，深厚的数学素养，灵动的教育智慧和对数学文化的独到体验。纵观整节课，密切联系生活、朴素而有效、巧妙而深刻，堪称是现实意义上的一堂好课。掩卷沉思，可以说是“心向往之”吧。

我看张齐华的《分数的初步认识》一课

郑毓信(南京大学哲学系教授)

“认识分数”也是这次会上所演示的一堂课。相关内容可见苏教版小学新教材三年级上册第 98 ~ 100 页。

从本文的视角看，笔者在此愿意首先提及这样一个事实：任课教师在“认识分数”这一内容的教学中所设计的一些“课堂提问”事实上即可被看成“变式教学”的很好应用。

例如，在具体安排“学生动手折一折，用阴影表示长方形的 1/2”之后，老师提出了这样的问题：“折法不同，为什么阴影部分都可以用 1/2 表示?”(相对而言，以下的提问方式或许更为恰当：“折法不同，为什么这些阴影部分都可说是长方形的 1/2 呢?”)

在学生实际从事了以下的操作——“利用图形折一折、涂一涂，表示出它的几分之一”以后，基于学生所使用的图形并非完全相同(包括圆、长方形、正方形等)，老师又专门设计了这样一个问题：“图形不同，为什么涂色部分都能用1/4表示?”

更为一般地说，这事实上就是所谓的“变式教学”的本质：我们在中应当注意引入适当的变化，但“求变”正是为了“不变”，这也就是说，我们在此即希望能够通过恰当的变化(与必要的对照)以突出其中的不变因素(本质)。

值得指出的是，学习心理学的现代研究已从理论的角度进一步指明了上述做法的合理性。具体地说，这即是指由瑞典学者马顿所提出的学习理论，而以下则就可以被看成这一理论的核心内容：第一，学习就是鉴别(区分)；第二，有比较(差异)才能有鉴别。从而，在教学中我们就应尽可能地去拓宽学生“学习空间”的“变异维数”，也即应当尽可能地引入适当的变异。显然，这事实上也就更为清楚地表明了在教学中适当应用比较的重要性和基本目的。

其次，就“认识分数”这一内容的教学而言，笔者又愿提及这样一个事实，即任课教师在全部的教学过程中自始至终都发挥了特别重要的引导作用。也正因为此，在笔者看来，我们甚至可以认为这一堂课即是与课程改革之前的某些典型课例(对此可通风先前所出版的各种“名师授课录”)十分相似的。但是，这种做法难道不是与课程改革的基本精神直接相抵触的吗?

事实上，在笔者看来，这正是一种典型片面性认识，即认识教学方法的“新旧”可被看成区分教法好坏的主要标准，或者说，我们应将教学方法的变革简单地理解成用某些新的方法或模式绝对地去取代种种传统的教学方法或模式。恰恰相反，笔者以为，我们在此应采取更为开放的态度，这也就是说，我们既应积极地去引进种种新的教学方法，但同时又应当更为明确地去提供教学方法的多样化，也即应当鼓励方方面面教师通过积极的教学实践与认真的总结深入地去认识种种方法的优点与局限性，从而就能依据特定的内容、对象、环境(以及老师本人的个性特征)创造性地对其加以应用。显然，从更为一般的角度去分析，以上的论述事实上也就可以被看成从又一角度更为清楚地表明了认真继承我国数学教学优秀传统的重要性；当然，作为问题的另一方面，我们又应十分重视对于传统的必要发展，特别是，应努力超越其局限性而达到新的更高发展水平。从后一角度去分析，就“认识分数”这一课例而言，我们就应深入去研究如何在充分发

挥教师引导作用的同时，更好地体现学生的参与精神与主体地位，如在教学中能否给学生更多的“自由(探索)空间”，并让学生有更多的机会对自己的想法作出较为完整的静态，以及如何更好去处理大班教学与学生个体特殊性之间的关系等。

最后，应该强调的是，这事实上也就是笔者关于如何深入开展数学课程改革的一个基本想法，即应当努力做好“课改新理念”与“数学教学(学)传统”的适当平衡与朴素渗透；进而，由于课程改革的创造性与困难性，更由于教学活动的实践性与复杂性，因此上述目标又不可能单纯领先某个权威或指导性文件获得彻底解决，在此所需要的是方方面面一线教师与各级教研员的积极参与，通过自身的实践与深入的教学研究(包括总结与反思)不断地去发现问题、解决问题，从而也就能够不断取得新的进步。正是在这样的意义上，笔者愿意突出强调这样一点，路就在我们自己脚下！

行走在儿童经验世界的边缘

——由《分数的初步认识》一课的磨课过程想到的

我们从来就没有忽视过儿童的经验世界。

新一轮基础教育课程改革实施之前，我们早就开始关注儿童的已有经验。只是，那时关注更多的是知识经验，即与本课所学新知相关的，对新知学习起直接或间接的影响的数学知识系统内的旧有知识。这种关注一方面反映了数学知识的前后逻辑性与系统联结性；另一方面，恰是认知心理学中学习理论在数学学习领域的一种应用。当时，我们提倡“复习铺垫”，恰是基于这样一种思考。只是，在目前看来，我们遇到两个新问题。其一，这样的复习铺垫是只关注了知识接受本身，而忽视了学生的数学学习能动性与创造性；其二，我们对于儿童的经验系统的关注是否只关注了纯数学的一面，而忽视了“生活经验”这一经验系统的重要、有机组成部分，并且，我们还忽略了“生活经验”对于儿童数学学习的重要意义。

由此，新一轮数学课程改革中，我们将“关注儿童的生活经验”这一话题提到了一个崭新的高度，并且，就这一问题在思考与实践层面上展开了丰富的探索，并获得相当丰厚的教育教学经验及理论充实。但新的问题再度呈现，尤其是，我们对于儿童的生活经验的认识、理解把握上是否有一些“形而上学”，或者说是“主观臆断”。儿童的生活经验系统究竟处于一种怎样的状态：丰富还是贫乏？有序还是无序？相对稳定还是流动不居？区域之间具有一般性还是差异明显……

一系列的问题，使我们不得不重新就这一问题展开思考。而思考的契机恰恰发端于笔者的一次教学实践。教研活动中，笔者执教《分数的初步认识简单统计》一课。从数学教学的一般视角来看，这是一堂“起始课”。说“起始”，无非是说明，在数学的知识体系中，它是一个数学分支的“开端”。在其之前，没有与它有直接联系的“知识经验”(事实上，间接相关的有“平均分”等)。因而，作为对学生学习起点的把握，我们一开始便直接将视角锁定的学生的“生活经验”基础上。“对于分数，学生是否一无所知？”“零起点？”毫无疑问，我们很快否定了这些假设。众所周知，“学生不是一张白纸”“他们在日常生活中已经接触过大量与数有关的信息(事实上，这在学生认识整数、小数、百分数的学习中已经得到证实)”“对于分数的认识应该也不例外”……正是基于对学生认识起点(在这里主要是指生活经验)的这般把握，设计教学思路时，我们设计了如下环节：(1)巧设生活情境，激活经验储备；(2)借助原有经验，主动创造分数；(3)在丰富的数学活动中深化认识，提升思考。教学顺利进行，效果也不错。但在交流时，几位教师如出一辙的诘问，开始动摇我们最初的预想：“学生在日常生活中真的对分数已有所了解？”“为什么多数学生在面对含有分数信息的生活情境，尤其是进入‘创造分数’的环节时表现得如此不自信，他们时而困惑、时而游离的眼神说明了什么？”“如果只是个别学生‘有所了解’，那么选择引导学生‘借助原有经验主动创造分数’的学习策略是否有失妥当？”……

“还是作一次深入的了解吧！看看情况究竟如何。”调查先在小范围的语文教师群体中随意展开：“回忆一下，现实生活中你曾在哪儿见到过分数？”四位语文教师思考片刻后，给出的答复是“整数、小数、百分数倒随处可见，但分数并不多见”。成人亦如此，学生可以想见。事实上，随后正式的问卷调查结果，恰恰印证了我们后来的猜想：在四个不同层次学校的300名三年级学生中，真正在现实生活中接触过分数，并对分数有初步了解的，不足30名……

作为对这一调查结果的回应，我们当机立断地调整了本课的教学框架，从“分东西”的操作情境入手，在“用整数无法表示分得的结果，怎么办”的适宜认知冲突中，引导学生借助“有意义接受”的方式展开对分数的初步认识。

教学策略的调整是本次调查的直接收获，但间接的，或者意义更为深远的是，案例本身引发了我们对“学生生活经验”领域的许多话题的重新思考，诸如“对于学生真实的生活经验状况，我们究竟知之多少?”“以往教学中，我们通常是如何切入学生的经验系统的?”“从一般意义上看，数学教师到底该如何准确把握学生的生活经验储备状况?”等。

对于第一个问题，我们曾经相当自信。而现在，我们不得不承认，我们似乎高估了自己，并变得谨慎起来。如果上述案例传递的是我们对学生生活经验的一种“高估”，那么，更多时候，我们似乎还会“低估”学生的生活经验。印象最深的是，《轴对称图形》一课(苏教版三下)中，教材要求引导学生用钉子板、橡皮筋、剪刀、颜料、白纸等材料“创造”轴对称图形，不少教师均就此活动提出异议。认为三年级学生缺乏相关的生活经验储备，主动创造难度颇大，尤其是用颜料进行创作。并且，我们一度准备调整这一思路，代之以“先引导然学生欣赏相关作品，再模仿创作”。然而情况远出乎我们的想象，他们不但能娴熟地利用相关素材创作轴对称图形，而且作品十分精致、精彩。问及原因，学生的回答很干脆：“幼儿园里我们就学过用对折的方法剪纸了”“美术课上，我们也像这样学过印染呢。”原来如此。

第二个问题，我们曾召集过一批数学骨干教师就此展开交流。对话很有意思，也的确深化了我们对这一问题的看法。综合老师们给出的答案，大致可归结为如下几种：

其一，结合自己对相关数学领域的生活经验储备，对儿童在同一领域“可能”的生活经验储备的一种判断、猜测(将心比心)。

其二，来自于对上一轮教学实践的自觉或不自觉的反思，并由此而获得的关于学生经验状况的经验。

其三，回想自身“童年期的生活经验”，并由此推断当下儿童相应的生活经验。

其四，基于对儿童心理发展水平、儿童生活视野及生活方式的客观认识，由此形成对特定年龄阶段儿童的经验世界的认识与把握。

其五，“儿童应该具有广泛的生活经验”这一抽象的认识在任何具体数学情境中的无限制推广与迁移，并由此而展开的纯粹主观臆断。

当然，就某一具体情境，我们很难说究竟对应于上述哪一条。更多时候，则是多种想法交织、糅合在一起的结果。正如上述案例，我们一开始对学生的经验起点作出错误判断，或许正是第一、第四、第五等多种想法综合后的必然结果。

问题最终因“调查”而得以解决。但这是否意味着上述各种方法毫不可取，或者说它们不具有任何实践层面的意义。更进一步，把握学生的生活经验，我们还需要注意些什么？这使我们很自然地转入对第三个问题的思考，由此也展开过一些深度的对话与思辨，以期能就这一问题作更为全面、深入的分析。

首先，我们以为，一个只关心“教好数学”这门学科，而不知道以整个完整的人介入儿童的生活视阈，去触摸他们的世界、倾听他们的声音、分享他们的喜怒哀乐，那你是永远无法真实地了解儿童世界的。常听说唯有蹲下、倾听才能走进儿童，但需注意，那不只是一种姿态或口号，而是一种教育的真实品质。而且，这种介入不仅仅只是数学教学的一种手段，它更是有价值、有意义的教育的题中之意和应有之举。不妨注意留心学生的课外活动，看他们在干些什么；有时不妨介入他们的游戏，成为他们中的一员，你会发现和他们走得很近。自然状态下和他们展开的“闲聊”也很重要，他们最容易敞开心扉，也是你最易走进他们生活世界的重要渠道。时间久了，你会发现，自己似乎也被“童化了”，与孩子的隔阂也弥散了，在你的心目中，他们似乎也透明了起来，变得不再难以捉摸。但这还远远不够，毕竟，真切把握学生的生活经验世界，还有更多的技术问题。

其次，数学教师应该具有一种开阔的大视野。或许在你的眼中，数学便代表全部，但在学生那儿并非如此，他们需要面对的东西更多，数学学习充其量只是其中的几分之一，教师倘若只局限于此，如何“兼听则明”？应该学会多关注其他学科，看看它们都在“做”些什么。瞧，《乌鸦喝水》的寓言故事里，“投入的石子越来越多，水慢慢地升高了”，不有教师从中读到了“体积的意义”了吗？《曹操称象》中，“化整为零”的思维策略不照样在后继学习“如何测量不规则物体的体积”中得到很好的应用。美术作品的对称美及大量的操作活动经验，一直给数学学习注入了丰富营养；学生无意中道出的“五线谱不就是一些平行线”，不恰恰是音乐与数学的有机融合？至于科学学科中的例子则更多，此处就不一一赘述了。人完整地生活在他们世界里，儿童亦是如此。作为数学教师，多看看学生数学以外的生活，你会发现，原来，他们并非都如我们所愿的“数学地生存”，他们的世界千姿百态、气象万千呢！

再次，我们还应充分认识到儿童生活经验问题的共同性与特殊性。举个有趣的例了，对于“黄瓜长3(　)”这样的问题，农村学生信手拈来。但倘若某城市学生给出“黄瓜长3厘米”，那也不足为奇。毕竟，他们眼中的黄瓜更多以“黄瓜片”“黄瓜段”的模样出现，“3厘米”再贴切不过。这就是一个人的“特定视界”问题。你生活在怎样的现实环境里，你便拥有怎样的经验积累。所谓城乡、区域的差异，在“儿童的生活经验”这一细小问题上同样如此。作为数学教师，我们一方面应把握某特定年龄层面的学生所应具备的生活经验基础；另一方面，我们更应该考虑到问题的特殊性，关注因学生所处环境的区域差异及由此带来的文化差异。

如今，数学教材的“城市化倾向”为越来越多数学教育界人士所关注。对于城市儿童而言，这样的教材离他们的生活经验越来越近；而对于农村儿童而言，教材离他们的生活经验则越来越远，这是一个毋庸置疑的事实。农村数学教材为此需要付出更多的精力与智慧，因为你必须更多地去思考，哪些是学生所不熟悉的，教学该如何作出回应：是调整题材，使其“农村化”，适应农村学生现实的生活经验背景(此乃同化)？还是想办法丰富学生的相关经验储备，使其同样能轻松地面对城市题材(此乃顺应)？当然，两种努力均以准确把握学生经验背景与教材的差距为前提。但话说回来，教材的城市化倾向亦有其存在的合理性，并非无任何积极的意义。正如一位学者所言，“我们不必迁就于儿童，通过呈现儿童当下生活的现实场景以迎合他们的学习。”“教育应该具有超前性，能够借助学习引领儿童走进一个未来的、可能的崭新世界。”我想，这正是教育的引领性之所在吧。当教育超越了儿童的生活经验视野，我们无须怨天尤人，或者杞人忧天，准确地把握学生真实的经验世界，并明了哪些是他们所缺乏的，尤其是面对这种境况“怎么办”，如何“调适与应对”，应该成为我们积极、主动的选择。

把握数学内容的本质内涵，以《分数的意义》教学为例

《分数的意义》教学实录

一、由 1 到“1”

师：(板书 1)认识吗？

生(齐)：认识，1。

师：瞧，老师往这儿一站，几个人？

生(齐)：1 个人。

师：能用 1 这个数来表示吗？

生(齐)：能。

师：想想我们的周围，还有哪些物体的数量也可以用 1 来表示？

生：一个苹果。

生：一张桌子。

生：一把直尺。

生：……

师：看来，能用 1 表示的物体还真不少。不过，像这样一个苹果、一张桌子、一把直尺能用 1 来表示，我想一年级的同学一定也会。咱们都几年级啦？

生(齐)：五年级。

师：五年级学生，就应该有五年级的认识水平嘛。想想看，除了刚才同学们所列举的这一些物体可以用 1 来表示，还有什么也能用 1 来表示？

看看谁能率先超越!

生:(略有迟疑)一个班级也能用1来表示。

师:嗯，一个班级可不止一个学生哦，40多个同学，能用1来表示吗?谁来评判评判。

生:我觉得能!你想呀，尽管是40多个同学，但我们是一个班集体。既然是一个整体，当然可以用1来表示啦。

师:说得真好。掌声!(师带头鼓掌)40多个同学一旦看做了一个整体，自然就可以用1来表示了。感谢你的思考，一下子给我们打开了局面。谁接着来?

生:一群羊也能用1来表示。

师:呵，思维很有跳跃性嘛，一下就从一群人联想到了一群羊。(生笑)

生:我觉得一堆石子也能用1来表示。

生:一束花也能用1来表示。

师:这样下去，能说完吗?

生(齐):不能!

师:看来，小小的1还真是无所不包。(教师在1上加双引号)不过，这时的1和我们一年级时所认识的1一样吗?

生:我觉得不一样。以前认识的1，表示的是1个物体，比如1个人、1瓶水，但现在的这个1不但可以表示1个物体，还可以表示由一些物体组成的整体。

师:说得真好!1的内涵发生了变化，变得更丰富了。

二、由“1”到单位“1”

既然这样，那么，这儿有——

生(齐):3个苹果。

师:能看做“1”吗?

生(齐):能。

师:可我怎么看都觉得像3呀。有没有什么办法，能让我们一眼看上去就像个“1”?

生:装到一个盒子里，就像“1”了。

生:给它们套个圈，就成了一个整体，也就可以用“1”来表示了。(课

件演示：将3个苹果圈成一个整体）

师：3个苹果可以看做“1”，那么6个苹果呢？

生(齐)：也可以看做“1”。

师：9个、12个苹果呢？

生(齐)：也都可以看做“1”。

师：瞧，小小的“1”多神奇呀。不过，话也得说回来。一旦我们把3个苹果看做“1”了，那么(课件出示：6个苹果)，6个苹果通常就不再看做“1”了，想一想，这时的6个苹果又该用哪个数来表示呢？

生(齐)：应该用2来表示。

师：为什么？

生：3个苹果看做“1”，现在有两个这样的“1”，当然就是2了。

生：3个苹果看做“1”，6里面有两个这样的“1”，2个“1”就是2。

(课件演示：6个苹果，每3个圈一圈)

师：那么，现在呢？(课件出示：12个苹果一字排开)

生：应该用4来表示。

生：因为3个苹果看做了“1”，12里面有4个这样的“1”。

生：4个“1”就是4。

师：说得真好！那么，如果有5个这样的“1”呢？

生(齐)：就可以用5来表示。

师：8个这样的“1”呢？

生(齐)：就用8来表示。

师：10个这样的“1”呢？

生(齐)：就用10来表示。

师：一句话，有几个这样的“1”——

生(齐)：就可以用几来表示。

师：这样看来，在这里，3个苹果所看做的“1”，其实不就成了一个计量的单位？

学生点头以示赞同。

师：正因为如此，所以数学上，我们就把这样的“1”又叫单位“1”。(补充板书：单位)想想看，为什么会叫单位“1”呢？

生：因为有几个“1”就是几，它就是一个计量的单位。

师：说得真好！可别小看这样的单位“1”，今天的学习，我们就将从这里开始。

三、沟通"1"、整数、分数的联系

（课件出示：）

师：认识吗？

生（齐）：月饼。

师：能把这1个看做单位"1"吗？

生（齐）：能。

师：把一个月饼看做单位"1"，那么，下面的这些月饼，又该用哪个数来表示呢？

（课件出示：）

生：可以用5来表示。

生：每个月饼看做单位"1"，有5个这样的单位"1"，就可以用5来表示。

（课件出示：）

师：现在呢？

生：可以用3来表示。

生：每个月饼看做单位"1"，3个单位"1"就是3。

（课件出示：）

师：现在呢？

生：现在只能用1来表示了，因为只有一个单位"1"了。

（课件出示：）

师：那现在？

生（齐）：用3/4来表示。

师：奇怪，同样都是月饼，为什么刚才大家都用整数来表示，而现在却选择了分数？

生：因为刚才不止1个月饼，所以用整数来表示。现在还不满1个月饼，只能用分数表示。

生：把1个月饼看做单位"1"，满几个单位"1"，就能用几来表示。现在还不满一个单位"1"，当然只能用分数来表示了。

师：有道理！不过，分数有很多，这一回大家为什么都选择用 3/4 来表示呢？

生：因为它被分成了 4 份，取了其中的 3 份。

生：不对，是平均分成了 4 份。

师：更准确了！不过，你们在说谁呀？

生：是这个月饼。

师：也对，但还不够专业。

生：是单位“1”。

师：没错。这回呀，不但不到一个单位“1”，而且还把单位“1”——

生：平均分成了 4 份，取了其中的 3 份。当然只能用 3/4 来表示了。

师：回顾刚才的学习，同学们一定已经发现，把 1 个月饼看做单位“1”，有几个单位“1”，就是几；而不足一个单位“1”的，就可以用分数来表示。

四、建构 3/4 的意义

(课件分别出示： 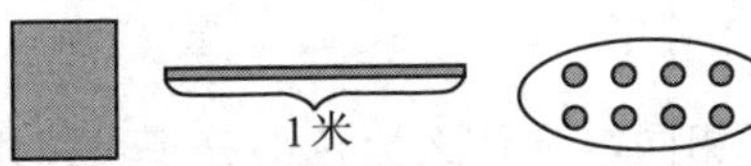

)

师：继续来看，认识吗？

生：一个长方形、1 米、8 个小圆片。

师：没错，它们也能看做单位“1”吗？

生：能！

师：把一个长方形、1 米这样的长度单位、8 个圆片组成的整体分别看做单位“1”，下面的括号里又该分别用怎样的数来表示呢？想不想自己动手试一试？(课件出示下图)

生：想！

学生试填，教师巡视并作指导。交流结果时，教师引导学生就每组图的最后一幅，具体说一说思考的过程，丰富学生对 3/4 的感性认识。

师：继续观察四幅图，如果我们再整体来看一看，你有没有什么新发现？

生：无论把什么看做单位“1”，只要满几个单位“1”，就可以用几来表示。不满一个单位“1”的，只能用分数表示。

生：我还发现，每幅图的最后一个都可以用 3/4 来表示。(顺着学生发

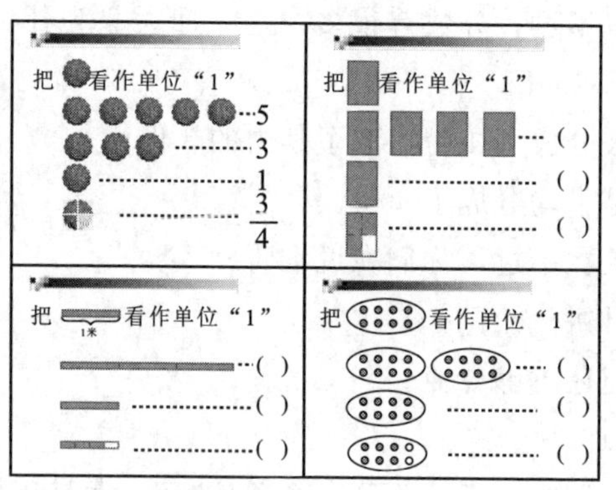

言，教师课件出示下图）

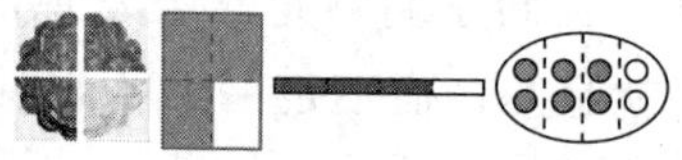

师：的确都可以用 3/4 来表示。不过，仔细观察每幅图，单位“1”一样吗？

生(齐)：不一样。

师：单位“1”各不相同，为什么涂色部分都可以用 3/4 来表示呢？

生：因为它们都是把单位“1”平均分成 4 份，表示了这样的 3 份。

生：尽管单位“1”不同，但他们都是单位“1”4 等份中的 3 份，所以都可以用 3/4 来表示。

师：这样看来，能不能用 3/4 来表示，与把什么看做单位“1”有没有什么关系？

生(齐)：没有。

生：就算把别的什么看做单位“1”，只要是把单位“1”平均分成 4 份，表示这样的 3 份，照样可以用 3/4 来表示。

师：既然能不能用 3/4 表示与单位“1”是什么没啥关系，那么，我们能不能就直接用 0 到 1 这样的一条线段来表示这里的每一个单位“1”？

生：(稍作思考)能！

师：把 0 到 1 这一段看做了单位“1”，那么，3/4 又该如何表示呢？

生：把 0 到 1 这一段平均分成 4 份，再表示出这样的 3 份。(结合学生的发言，教师分步演示课件，最终成下图)

师：在 0 到 1 这一段中，3/4 倒是找到了它的位置，那 2/4、1/4 呢？

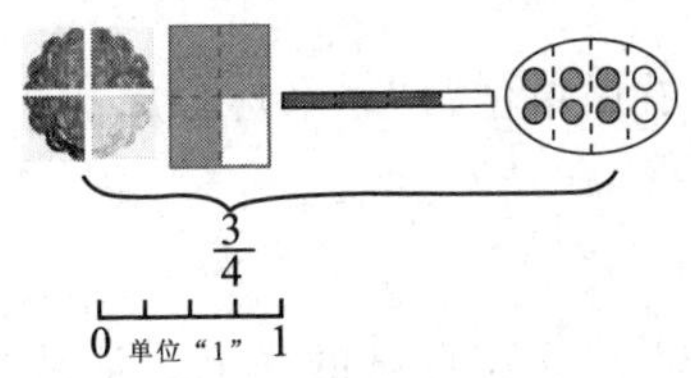

生：把单位“1”平均分成 4 份，这样的 2 份就是 2/4，这样的 1 份就是 1/4。

生：3/4 的前一个点就是 2/4，再前一个点就是 1/4。

师：那我们以前所认识的 2、3、4……这些整数，它们又该在这条线的什么位置呢？你能试着找一找吗？

生：2 还应该在后面。

生：把这条线段向后延长 1 倍，那个地方就是 2，再延长 1 倍，那个地方就是 3 了。

生：对，两个 1 这么长就是 2，三个 1 这么长就是 3。

（结合学生的发言，教师分步演示课件，最终成下图）

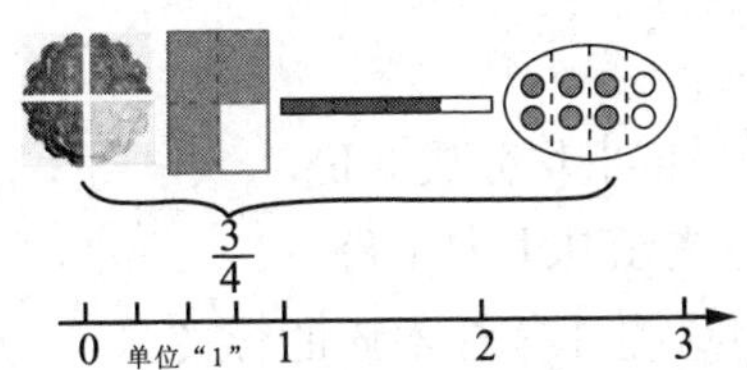

五、拓展更多分数的意义

师：通过刚才的学习，我们借助单位“1”不但沟通了整数、1、分数的联系，而且还深入理解了 3/4 这一分数的含义。瞧，这儿还有几个分数(课件出示：1/3、2/5、5/8)，它们又表示怎样的含义？课前，老师给同学们准备了一些图形或图案，你能选择其中的一个或几个，动手分一分、折一折，涂色表示出你最想表示的一个分数吗？

学生动手操作，涂色表示其中的一个分数，随后交流。

师：观察手中的作品，思考一下，你是把什么看做单位“1”，又是如何表示出这个分数的呢？

生：我把一个圆形平均分成 5 份，涂色表示了其中的 2 份，是 2/5。

生：我把 6 个五角星看做单位“1”，平均分成了 3 份，涂色表示了其中的1份，是1/3。

生：我把8个梯形看做单位“1”，平均分成了8份，涂色表示了其中的5份，是5/8。

生：……

师：还有这么多同学想交流自己的作品，那就在自己小组里互相说一说吧。

学生组内交流，教师收集相应作品，以备全班交流。

师：老师手中收集到了一些作品，它们表示的各是几分之几呢，让我们一起来看看。

教师依次出示五幅由不同单位“1”表示出的1/3，学生一一作出判断。

师：单位“1”一样吗？

生：不一样。

师：为什么都可以用1/3来表示？

生：因为它们都把单位“1”平均分成了3份，表示了这样的1份。

师：与单位“1”有没有什么关系？

生：没有。

师：那与什么有关？

生：有没有把单位“1”平均分成3份。

生：还有，有没有表示其中的1份。

师：说得好，这些才是1/3最本质的含义。

随后，教师以类似的方式，引导学生交流了2/5、5/8的含义，深化了对这两个分数的理解。

师：认识了这些分数的含义，那它们在刚才的数线上也能找到相应的位置吗？

生：能！

师：如果我们还是把0到1这一段看做单位“1”(课件出示下图)，1/3又该如何表示呢？

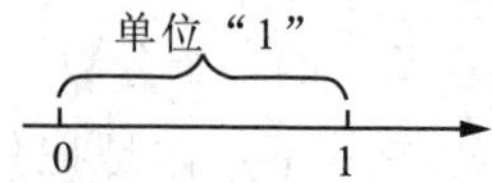

生：很简单！只要把它平均分成3份，再表示这样的1份就行了。(课件相机出示下图)

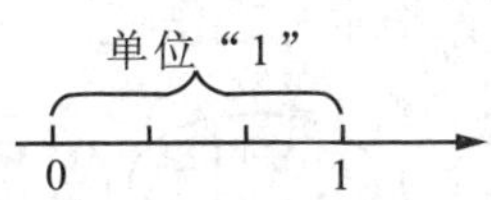

师：你能上来指一指 1/3 的位置吗？

学生上台来指，多数学生指出其中的第一份。

师：既然 1/3 表示的就是 0 到这儿的一段，有时，我们就直接用这一个点(第一个三等分点)来表示 1/3。(课件演示下图)

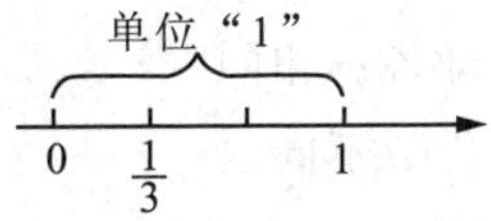

师：既然这样，那 2/5、5/8 又分别在什么位置呢？在自己的作业纸上找一找、标一标。

学生独立尝试，随后交流结果。课件相机呈现如下图。

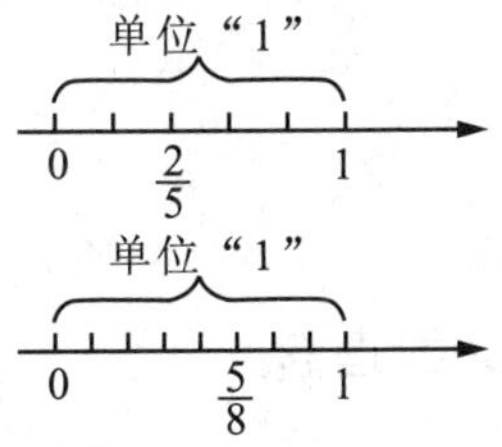

六、概括分数的意义

师：下面几幅图，你能很快说出涂色部分表示怎样的分数吗？

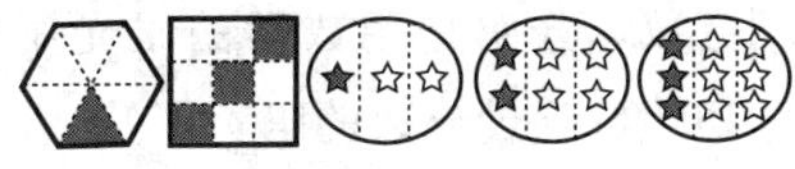

课件依次呈现，学生一一作答。

师：最后三幅图，既然都表示 1/3，为什么涂色的五角星的个数却不同呢？

生：因为总个数不同，有的是 3 个，有的是 6 个，而有的是 9 个。

生：因为单位“1”不同，所以同样表示 1/3，但涂色的个数不同。

师：看来，单位“1”是什么的确很重要。

课件继续依次呈现下图，学生一一作答。

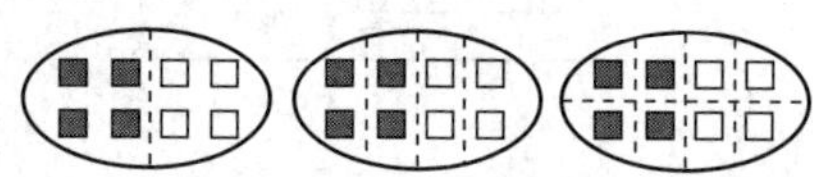

师：这一回，单位“1”一样吗？

生：一样！

师：涂色部分的正方形个数呢？

生：也一样！

师：为什么表示的分数却各不相同呢？

生：因为它们平均分的份数不同。

生：而且表示的份数也不同。

师：这样看来，要准确表示一个分数，我们既要关注单位“1”是什么，还要关注——

生(齐)：单位“1”被平均分成了几份，表示了这样的几份。

教师相机板书：

单位“1”$\xrightarrow[\text{平均分的份数}]{\text{表示的份数}}$分数

师：这就是分数的意义！

七、深化对分数意义的理解

师：在现实生活中，见过分数吗？

生(齐)：见过。

师：举个例子说说。

生：我和爸爸妈妈分蛋糕，平均分成 3 份，每人得到这个蛋糕的 1/3。

师：你这哪是看到分数，分明是用数学的眼光洞察到其中的分数嘛。很厉害！不过，有真真切切看到过分数的吗？

生：有，在数学书上。(笑)

生：在药品说明书上。

生：好像不太多。

师：在现实生活中，分数的确很多。同学们之所以看到不多，还是因为我们关注的视野还不够开阔。等我们借助网络、报刊了解更丰富的世界时，你会发现，我们生活的这个世界真的离不开分数。老师从网络上随意收集到了这样几则与分数有关的资料，让我们一起来看看。

课件出示：我国小学生中，睡眠不足的人数大约占总人数的2/3。

学生阅读资料后，发出一片感慨。

师：奇怪，不就一个小小的分数嘛，哪来的感慨？

生：睡眠不足的人数也太多了！

师：从哪儿看出来的？

生：你看呀，全国小学生一共就3份，2份就睡眠不足。

生：把全国小学生看做单位"1"，平均分成3份，其中就有2份睡眠不足。情况很不理想！

师：原来，你们是从2/3这个分数的意义入手，才发出这样的感慨的。看来，小小的分数，真正读懂了它，还真能给我们提供很多的信息呢。不过，多归多，和咱们又没有什么关系。

生：怎么没关系，我觉得我们很多人也睡眠不足。

师：是吗？觉得自己睡眠不足的举个手。

(全班大部分学生举手，众笑)

师：光这样还不行。你觉得你睡眠不足，总得有些依据吧。老师这儿还带来了一则资料。

课件出示：小学生每天的睡眠时间应占一天总时间(24小时)的3/8。

学生阅读资料，进而窃窃私语。

生：要睡9个小时呢。

师：说说判断的理由。

生：24除以8等于3，再乘3等于9，所以是9小时。

生：这里是把24小时看做单位"1"，平均分成8份，这样的3份正好就是9小时。

师：分析得有理有据，真好。现在，有了这一科学的数据，仍觉得自己是这2/3中的一个的，请举手。(仍有相当一部分学生举手，众笑)看来，情况的确不容乐观。那么，如果情况可以发生一些改变，你希望会怎样呢？

课件出示：我希望，我国小学生中睡眠不足的人数占总人数的(　)/(　)。

生：我希望，我国小学生中睡眠不足的人数占总人数的1/10。

生：我希望，我国小学生中睡眠不足的人数占总人数的1/10000。

师：很美好的祝愿。

生：我希望，我国小学生中睡眠不足的人数占总人数的0/3。

生：不对，没有这样的分数。

师：这样的分数或许没有，但他的愿望你一定能了解。

生：是的，他希望，我国小学生中睡眠不足的人一个都没有。

师：多么希望这一天早日来临呀。聊完睡眠时间后，再来看一则更有趣的资料。(课件出示下图)认识吗？

生：冰山。

师：我们都知道，冰水露在海面上的只是其中的一部分。

生：还有一部分沉在海面下。

师：那么，你知道，冰山露在海面上的部分大约占整座冰山的几分之几吗？大胆猜猜看。

生：1/3。

生：1/5。

生：1/2。

生：1/10。

师：光这样猜看来不是个办法。要不这样，老师给大家缩小范围，二选一。

课件出示：通常，冰山露在海面上的部分只占整座冰山的(　)。(1)1/2　(2)1/10

生：我觉得应该是1/10。

生：我也觉得是1/10。

生：我觉得是1/2。

师：盲目的争论意义不大，说出理由才是最关键的。

生：我觉得应该是1/10，如果是1/2，那么冰山的上面和下面将一样大，这样不就是头重脚轻了吗？

师：那不叫头重脚轻，那叫头脚一样重。(生笑)

生：我也觉得是1/10，应该我觉得冰山下面应该比上面大得多，不然的话，它就不会这么稳定，容易翻过来。

师：很形象的思考。

生：我冬天玩过冰，发现冰浮在水面上的部分应该比下面小得多，所以我也选择 1/10。

师：看起来结论一边倒嘛。当然喽，有理不在声高。究竟哪一个答案更合适呢？想不想知道？

生：想！

师：这样吧，还是让冰山自己来告诉你。

课件出示下图：

生(齐)：是 1/10！

师：它可一句话也没说，你是怎么发现的？

生：因为它沉在海面下的部分比上面的大得多。

生：哦，我知道为什么有个成语叫冰山一角了，意思是说，冰山露在外面的部分只是其中的一小部分，更大的部分还沉在海面以下。

师：很善于联想嘛！不过，这幅画面除了告诉让我们了解到 1/10 这个分数以外，你还能联想到别的分数吗？

生：冰山沉在海面下的部分占整座冰山的 9/10。

生：冰山露在上面的部分相当于下面的 1/9。

师：瞧，善于观察、善于联想，分数的的确确就在我们的身边，我们的周围。不过，老师最后还留有一个问题。除了冰能浮在水面上，还有什么东西也能浮在水面上？

生：塑料。

生：泡沫。

生：木板。

师：这些东西如果浮在水面上，露出水面的部分还会占整体的 1/10吗？

生：不会!

师：如果不会，那么又会占整体的几分之几呢？回去查查资料，甚而亲自动手做个小实验，相信你一定会有新发现。下课。

好课，从把握数学的本质开始

——我是如何打磨《分数的意义》一课的

近年来的我，时不时对自己怀有这样的忧虑：作为数学教师的我，如果没能在自己的课堂上真正理解并呈现出数学教学的本质，那么，教学设计越是精致，课堂实施越是完美，给学生带来的，恐怕唯有更加严重的“南辕北辙”。

而促使我形成这一顾虑，并启迪我开始致力于如何“把握数学教学的本质”的，无疑是2007年版本的《圆的认识》一课。也正是从这一课开始，秉着“向数学教学的本质靠近一些、再近一些”的执著与努力，我开始在备每一节新的数学课之前，尝试着以一种持续不断的方式究问自己：你确信自己真的已经准确把握住你所要教学内容的本质了吗？你是如何获得这种把握的？持续不断的思考与自我质疑，尽管也给自己带来了更多的焦灼与痛苦，但每一次的焦灼与痛苦，换来的恰是自己对数学以及对数学教学的一次又一次质的飞跃与攀升。《分数的意义》一课，恰是在这样的背景下诞生的。

一、思考

何为《分数的意义》?

这是我拿到教材后首先思考的第一个问题。

有过小学数学高段教学经历的教师对此应该并不陌生。“把单位‘1’平均分成若干份，表示这样的一份或几份的数就是分数。”但这样的答案显然无法满足自己对分数意义的本质的探求。

回想曾听过的《分数的意义》的课堂，教学线索通常都会围绕这一句话如是展开——

首先呈现题材一(比如一个蛋糕的3/4)，引导学生思考：可以用怎样的分数表示？为什么？教师结合学生的交流，作出相应板书："把一个蛋糕平均分成4份，表示这样的3份，是3/4。"随后，教师继续结合类似的其他题材(比如一个图形的5/8、一个计量单位的2/5、6个圆片组成的整体的1/3等)，引导学生以相似的方式完成观察、思考、交流，进而形成完整的板书。

至此，教师结合板书展开引导：数学上，像这里的一个蛋糕、一个图形、一个计量单位、一些圆片组成的整体等，都是分的对象，我们把它们统一叫做单位"1"。而像这样平均分成4份、8份、5份等，我们通常称之为若干份，表示这样的3份、2份、1份等，我们称之为一份或几份。现在，如果把它们连起来，你能说说什么是分数？

答曰，"把单位'1'平均分成若干份，表示这样的一份或几份的数叫分数。"

至此，分数的意义自然得以生成。

类似的课应该听过不下十余次。但问题是，当这一句表示分数意义的话，从学生口中如此这般地"说"出来的时候，他们是否已经真正在思维上完成了对分数意义的有效建构？分数的意义究竟只是这些关键词的简单连缀，还是具有心理学的具体内涵？数学上，这些被等分的对象为什么叫做单位"1"……尤其是，随着对教材研读的不断深入，新的问题又接踵而至：三年级教材所呈现出的分数，无论是依托面积模型或是集合模型，通常都是建立在"部分与整体的关系"这一维度上，表现出的往往是分数的无量纲性，那分数的"有量纲性"，也即分数本身理应包含的表示一个具体数值的数的资格与地位，又该以怎样的方式赋予？三年级时已经借助各种模型全面地认识过各种小于1的分数了，五年级再次认识分数，仅仅是三年级内容的一次重现与拼盘？如果不是，那么，这种基于具体背景之上的重要抽象，究竟该如何帮助学生跨越……

当这一系列问题随着对分数意义的不断质问与考量，在头脑中一一生成后，我深知，绕开这里的任何一个问题，我都可能会丧失一次接近分数意义本质的机会。于是，我决定从其中最简单的一个问题着手展开思考。

是呀，"为什么把它叫做单位'1'，而不是什么整体'1'，或者干脆叫做对象'1'？"当我拿着这一看似很普通的问题向我身边的同事请教时，获得的要么是戏谑的回答："这还用问，这本来就叫单位'1'"，而更多的则是一种疑惑与不确定："应该是数学上的一种规定吧，大概没什么理由。"

我得承认，数学上的确有一些人为的规定，本身是无理可究的。但问题是，明明从语义理解的角度来看，整体“1”、对象“1”更便于我们认识与把握，为何数学研究者们偏偏要舍近求远？抑或，其本身压根儿就不是一种所谓的“人为规定”，而恰恰相反，它有着我们所未曾洞察出的合理合情的重要一面？

我决定独辟蹊径，试着作一次深入的探寻。

一直对我有着莫大帮助的数学工具书和《辞海》，这一回并没能给我提供实质性的帮助。百思而不得其解后，我决定退而求其次，从“单位”入手。而让我没有想到的是，问题的最终获解，恰恰就从“单位”这儿打开了缺口。

何谓“单位”，度量中的标准量。所有度量的结果，都是以包含多少个这样的度量标准，也即“单位”所决定的。打个比方，“米”是一种长度单位，度量过程中，发现某长度中包含有 4 个这样的单位，所以它的长度就是 4 米；“千克”是一种质量单位，度量过程中，发现某物品的质量中包含有 12 个这样的质量单位，那它的质量就是 12 千克。

至此，问题似乎已找到了一些端倪与突破口：“单位”“标准量”“单位‘1’”？

有了！单位“1”不就是一个度量的标准量！比如，通常我们默认把一个蛋糕看做“1”，那么 4 个蛋糕自然就应该用“4”这个数来表示计量结果，因为这里包含了 4 个这样的计量单位，一个蛋糕在这里恰恰就是一个计量的标准量，也就是一个“单位‘1’”。当然，如果我们在特定的情境下需要把 2 个蛋糕看做单位“1”，也行，此时，4 个蛋糕就不再用“2”这个数来计量了，因为此时的 4 个蛋糕只包含了 2 个这样的单位“1”，所以我们只能用“2”来表示。

重新回到分数的语境，我们才发现，原来，以往对分数意义的认知，我们总是局限在分数的维度上来审察。当我们就分数看分数时，单位“1”的内在合理性便少了被发现、被阐释的可能。而一旦我们突破分数的框架，将分数与整数、“1”之间建立起联系，尤其是，当我们不再由单位“1”向内审视，而是试图由单位“1”向外拓展时，单位“1”的真正含义反而获得了一种可以被理解的可能。说白了，什么是单位“1”？如同“米”“千克”一样，它也是一个计量的标准量而已。包含几个这样的单位“1”，我们就可以用“几”来表示；如果不满一个单位“1”了，此时我们就需要根据单位“1”

被平均分的份数以及表示的份数，用一个恰当的分数来表示。原来，单位“1”并不仅仅存在于“分数”这一狭隘的语境中，更重要的是，它首先存在于整数的语境中，并在整数语境中获得意义、获得被理解的可能，进而才向分数语境慢慢渗透过来。当然，与此同时，单位“1”含义的获解，又使我们对分数、1、整数三者间的内在关系有了一种深入的把握。事实上，就目前的理解来看，整数也好，分数也罢，都是以单位“1”为标准量后度量的结果：如果满了若干个单位“1”，即可用整数表示；如果不满一个单位“1”，即可用真分数来表示；如果超过了一个或几个单位“1”，但又不满整数个单位“1”，此时用假分数或带分数来表示更合适。师父张兴华老师就这三者间的关系给出了一种很形象的说明：“如此看来，整数也好，分数也罢，都是以‘1’作为标准量后计量的结果。唯一不同的是，整数是1的‘积’，而分数是1的‘分’而已。”对此，我深以为然。

而且，两人进一步的交流和思辨，又使我获得了另一条重要的线索：倘若我们能够在数轴上将这三者间的内在关系处理得当，分数的有量纲性也好，分数本身抽象的意义也罢，或许都可以获得一种准确的阐释。

至此，《分数的意义》一课的教学线索已基本确立。而所有这一切，恰恰就源自于对单位“1”这一司空见惯的数学对象的深入思量。

二、实践

教学无疑就应该从单位“1”的意义建构着手。

师：老师往这儿一站，几个人？(1个人)能用1这个数来表示吗？

生(齐)：能。(板书：1)

师：想想我们的周围，还有哪些物体的数量也可以用1来表示？

生：一个苹果。

生：一张桌子。

生：48个同学也可以用1来表示。因为是一个班集体嘛！

师：说得真好。(师带头鼓掌)40多个同学一旦看做了一个整体，自然就可以用1来表示了。你的思考，一下子给我们打开了局面。谁接着来？

生：一群羊也能用1来表示。

生：我觉得一堆石子也能用1来表示。

生：一束花也能用1来表示。

师：这样下去，能说完吗？

生(齐)：不能！

师：看来，小小的1还真是无所不包。(教师在1上加双引号)不过，这时的1和我们一年级时所认识的1一样吗？

生：我觉得不一样。以前认识的1，表示的是1个物体，比如1个人、1瓶水，但现在的这个1不但可以表示1个物体，还可以表示由一些物体组成的整体。

师：说得真好！1的内涵发生了变化，变得更丰富了。

解读：单位"1"的含义无疑应建立在对"1"的理解之上。因而，上述片段中，我由表示1个具体物体的自然数1引入，继而过渡到可以表示一些物体组成的整体的自然数"1"，"1"的内涵获得了一次重要的拓展与提升，而这恰恰为随后单位"1"概念的建立奠定了重要的基础。

师：既然这样，那这儿有3个苹果，能看做"1"吗？

生(齐)：能。

师：可我怎么看都觉得像3呀。有没有什么办法，能让我们一眼看上去就像个"1"？

生：给它们套个圈，就成了一个整体，也就可以用"1"来表示了。(课件演示：将3个苹果圈成一个整体)

师：3个苹果可以看做"1"，那么6个苹果呢？

生(齐)：也可以看做"1"。

师：9个、12个苹果呢？

生(齐)：也都可以看做"1"。

师：不过，话也得说回来。一旦我们把3个苹果看做"1"了，那么(课件出示：6个苹果)，6个苹果通常就不再看做"1"了，想一想，这时的6个苹果又该用哪个数来表示呢？

生(齐)：应该用2来表示。

生：3个苹果看做"1"，现在有2个这样的"1"，当然就是2了。

生：3个苹果看做"1"，6里面有2个这样的"1"，2个"1"就是2。

(课件演示：6个苹果，每3个圈一圈)

师：那么，现在呢？(课件出示12个苹果)

生：应该用4来表示。

生：因为3个苹果看做了"1"，12里面有4个这样的"1"。

生：4个"1"就是4。

师：说得真好！那么，如果有 5 个这样的"1"呢？

生(齐)：就可以用 5 来表示。

师：8 个这样的"1"呢？

生(齐)：就用 8 来表示。

师：10 个这样的"1"呢？

生(齐)：就用 10 来表示。

师：一句话，有几个这样的"1"——

生(齐)：就可以用几来表示。

师：这样看来，在这里，3 个苹果所看做的"1"，其实不就成了一个计量的单位？

学生点头以示赞同。

师：正因为如此，所以在数学上，我们就把这样的"1"又叫单位"1"。(补充板书：单位)想想看，为什么会叫单位"1"呢？

生：因为有几个"1"就是几，它就是一个计量的单位。

师：说得真好！可别小看这样的单位"1"，今天的学习，我们就将从这里开始。

解读：如何才能帮助学生实现由"1"向单位"1"的实质性跨越？单位"1"作为标准量、单位量的内在含义如何才能向学生有效揭示？这是该教学环节中我需要着力解决的问题。实际操作中，我借用了学生建构长度单位、质量单位的意义的认知线索，将学生同样置身于实际计量的数学活动中，让学生凭借观察、比较直观地认识到，无论把什么看做"1"，只要包括几个这样的"1"，就可以用"几"来表示，从而在计量的背景下帮助学生丰富了对单位"1"内涵的把握。

(课件出示：)

师：1 个月饼能看做单位"1"吗？

生(齐)：能。

师：把 1 个月饼看做单位"1"，那么，下面的这些月饼，又该用哪个数来表示呢？

(课件出示：)

生：可以用 5 来表示。

生：每个月饼看做单位"1"，有 5 个这样的单位"1"，就可以用 5 来表示。

课件继续出示 3 个月饼、1 个月饼、1 个月饼的 3/4。学生尝试着用不同的数表示每一次月饼的个数，随后交流——

师： 奇怪，同样都是月饼，为什么刚才大家都用整数来表示，而现在却选择了分数？

生： 因为刚才不止 1 个月饼，所以用整数来表示。现在还不满 1 个月饼，只能用分数来表示。

生： 把 1 个月饼看做单位“1”，满几个单位“1”，就能用几来表示。现在还不满一个单位“1”，当然只能用分数来表示了。

师： 有道理！不过，分数有很多，这一回大家为什么都选择用 3/4 来表示呢？

生： 因为它被平均分成了 4 份，取了其中的 3 份。

师： 回顾刚才的学习，同学们一定已经发现，把 1 个月饼看做单位“1”，有几个单位“1”，就是几；而不足一个单位“1”的，就可以用分数来表示。

在此基础上，教师结合长方形、1 米这一计量单位、8 个圆片组成的整体，以类似的方式，帮助学生逐步丰富对单位“1”的理解，并得出 3/4 这一相同的分数(如下图)。

解读： 至此才介入分数这一“正题”，似乎有些重心偏移。尤其是，每一个题材中都要引导学生在计量的背景下一次次强化对单位“1”含义的理解，有无实际的必要？教学研讨时，这的确受到了不少教师的质疑。但一想到学生只有真正建立起对单位“1”的丰富感受，分数的意义以及分数与 1、整数间的内在关联才有可能为学生所真正把握，这样的一次次重复与铺染，其价值与意义也就不难为我们所理解。

师： 不过，仔细观察每幅图，单位“1”一样吗？(不一样)单位“1”各不相同，为什么涂色部分都可以用 3/4 来表示呢？

生： 因为它们都是把单位“1”平均分成 4 份，表示了这样的 3 份。

生： 尽管单位“1”不同，但它们都是单位“1”4 等份中的 3 份，所以都可以用 3/4 来表示。

师： 这样看来，能不能用 3/4 来表示，与把什么看做单位“1”有没有什么关系？

生(齐)：没有。

生：就算把别的什么看做单位“1”，只要是把单位“1”平均分成 4 份，表示这样的 3 份，照样可以用 3/4 来表示。

师：既然能不能用 3/4 表示与单位“1”是什么没啥关系，那么，我们能不能就直接用 0 到 1 这样的一条线段来表示这里的每一个单位“1”？

生：(稍作思考)能！

师：把 0 到 1 这一段看做了单位“1”，那么，3/4 又该如何表示呢？

生：把 0 到 1 这一段平均分成 4 份，再表示出这样的 3 份。(结合学生的发言，教师分步演示课件，最终成下图)

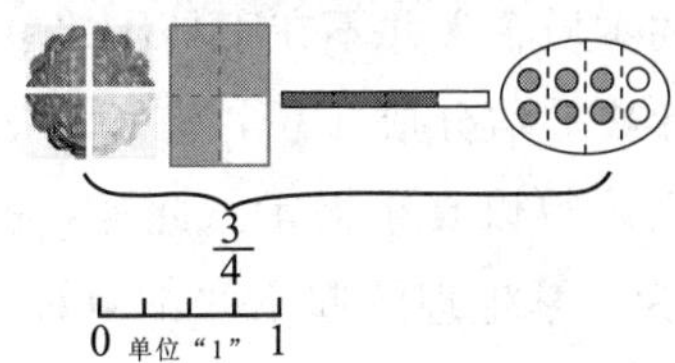

师：在 0 到 1 这一段中，3/4 倒是找到了它的位置，那 2/4、1/4 呢？

生：把单位“1”平均分成 4 份，这样的 2 份就是 2/4，这样的 1 份就是 1/4。

生：3/4 的前一个点就是 2/4，再前一个点就是 1/4。

师：那我们以前所认识的 2、3、4……这些整数，它们又该在这条线的什么位置呢？你能试着找一找吗？

生：2 还应该在后面。

生：把这条线段向后延长 1 倍，那个地方就是 2，再延长 1 倍，那个地方就是 3 了。

生：对，两个 1 这么长就是 2，三个 1 这么长就是 3。

(结合学生的发言，教师分步演示课件，最终成下图)

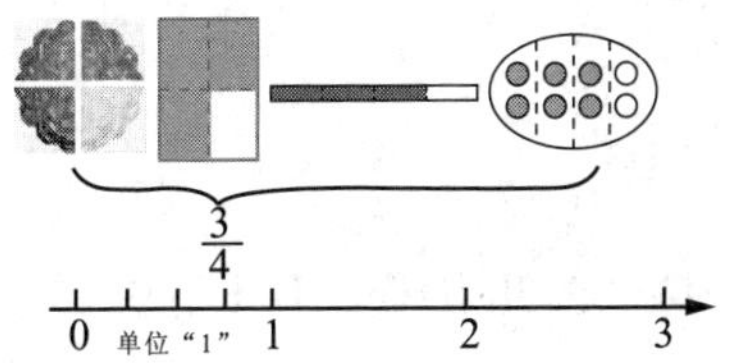

解读：什么是分数的意义？怎样又算是学生真正从思维上建构了分数的意义？在我看来，与其强调学生能够用形式化、规范化的数学语言表达对分数意义的认识，不如真正引导学生深入建构每一个具体的分数的意义。事实上，离开对每一个具体的分数意义的理解与把握，奢谈抽象层面上的分数的意义。反之，倒是有了对一个个具体层面上的分数意义的把握，并将这些理解与认识迁移类比到更多其他分数中去，学生倒是有可能在一般意义的层面上把握抽象分数的意义的。也正是基于这样的考虑，教学中，我浓墨重彩地借助诸多不同的题材，也即不同的单位"1"，引导学生在观察、比较、分析的过程中，自觉剥离了每一个具体的3/4的非本质属性，比如单位"1"的具体内容、各自的颜色、形状等，从而使学生真正认识到，3/4这一分数的本质含义并不在于具体的单位"1"究竟是什么，而是在于这单位"1"有没有被平均分成4份，有没有表示出这样的3份。至此，3/4这一分数的意义才得以真正揭示。此外，前文提及的关于分数的无量纲性问题，笔者以为，学生理解起来并不困难。事实上，通读三年级所有有关分数的教材，几乎都是建立在部分与整体的关系维度上展开对分数的认识的。但随着对分数学习的不断深入与推进，如何实现由分数的无量纲性向有量纲性的飞跃，倒是更值得我们关注。上述片段中，笔者在学生基本获得对3/4这一分数意义的抽象与把握的同时，借助数轴这一载体，通过将3/4这一分数纳入数轴体系，使学生直观地认识到，和1、2、3等自然数一样，像3/4这样的分数同样可以表示一个具体的数，同样可以在数轴上找到其相应的位置，甚至于3/4与0、1以及1/4、2/4等的大小关系，也在直观的数轴上得到了体现。至此，分数无量纲性往有量纲性的决定性跨越得以实现。

随后的教学，教师进一步引导学生认识像1/3、2/5、5/8等分数，帮助学生建构每一个具体分数的含义，在数轴上寻找每一个分数的位置，进而在抽象层面上建构起一般分数的意义。

练习略。

三、再思考

入乎课堂，再出乎课堂。几点感受不吐不快。

其一，教什么比怎么教更重要。内容决定形式，哲学层面早就对这一问题达成共识，但在具体的数学教学实践中，要想真正获得对这一问题的共识，尚需一个过程。当然，比此一认识更重要的问题是，如何去更好地认识你所要教学的内容？如何评定你是否已经准确把握了你所要教学的内容？标准是什么？有没有什么确定不变的本质存在？《分数的意义》这样去理解与把握便对了吗？无疑，这里的每一个问题，都需要我们作出具体而深入的思考。

其二，要重视核心概念的教学。数学不同于其他众多人文学科的一个重要特点便是它的结构性的存在。有结构便有网络、便有体系，有体系便有核心概念。如何把握好数学学科中这类核心概念的教学，不仅关乎核心概念本身，更是对由此引申出去的其他更多的相关概念有着重要而积极的影响。无疑，在小学数学概念体系中，分数恰处于核心概念的地位上。事实上，随着数学学习的不断推进，越来越多的数学概念、数学内容将与分数这一核心概念发生或紧或疏的联系。比如分数乘除法及相关的实际问题，比如比和比例，再比如百分数、百分率等。可以武断地说，分数意义如果在建构过程中出现认知中的模糊或错误，那么后续的相关学习活动中，学生将会一而再、再而三地遇到麻烦。这就是核心概念的意义与重要性之所在。

其三，教学结构的变革比教学形式的变革更为重要。课程改革推进八年，取得的成绩无疑是骄人的。但后面的路如何走，微观层面的教学改革如何向着纵深发展，路还很漫长！当我们在教学情境如何创设、合作学习如何展开、学习主体性如何发挥等问题上已经作出相当探索的前提下，教学变革是否还需要有一个向着学科内部转向的微妙调整？毕竟，一切教学形式最终都为了服务于教学内容。而教学内容自身的学科价值的最终发挥，仅靠教学形式的变革，其所可能形成的影响力终究是有限的。在此，我们似乎更期待着每一次教学研究能够在教学结构领域，有更多的新的探索与发挥的空间。《分数的意义》一课，如果大家能够从中读出教学结构变化的意味，应是笔者最大的幸运。

教学的勇气

——听张齐华老师《分数的意义》一课有感

夏青峰

在听张齐华老师上《分数的意义》一课时，我脑中总是在跳跃着几个字，那就是“教学的勇气”，这可能是美国帕尔默教授的《教学勇气》这本书给我的启示，更是张老师那种对教学执著追求的精神与智慧给我的感动。

很多时候，数学的课堂总感觉没有语文课堂那么优美，可是，张齐华老师的数学课堂却不一样，无论是他执教的《轴对称图形》，还是《圆的认识》，都给人以美轮美奂之感，把数学的美非常好地呈现在孩子们面前，让孩子们去喜欢数学、享受数学。而能做到这一点，无疑，张老师花费了很多心思，他敢于向现状挑战，敢于去做别人还未能做到的东西。而更使我敬佩的是，张老师不断地向自我挑战，他有能力在课堂上把数学的形式美淋漓尽致地展示出来，但他并未因此而满足或陶醉，而是又潜下心去追求数学的内在美，努力使自己的教学贴近数学的本质，努力让学生体验数学的内在价值，这是一种更高的境界，这更需要一种自我反思和不断求真的精神，更需要一种教学的勇气。《分数的意义》这节课就是这种精神与勇气的体现。

《分数的意义》这节课，大家感觉到一个非常成功的亮点，就是对于“单位 1”的教学。很多老师上此课时，都基本上满足于把书本的素材，逐一地呈现给学生，然后就直接得出“单位 1”的概念；还有一些比较好的老师，能够在从“1 可以表示一个物体”过渡到“1 还可以表示一个整体”的过程中下一些工夫，让学生切实从认识上对“1”有了个升华。但是，很少有老师能够像张老师这样，把学生对“1”的认识提升到计量单位这个层面，而把“1”与计量单位联系起来，才真正地让学生触及到“单位 1”的本质。同时，教学中还把“1”、整数与分数放在一起进行教学，让学生在一个数的系统中进行学习，认识了它们之间的联系，使学生对“单位 1”及分数的理解更深刻。本节课的另一个亮点，就是对于 3/4 的理解。张老师让学生自主地对几个素材进行观察、比较、分析后，舍去 3/4 的非本质特征，揭示它的本质意义，这样学生的理解也很深刻，尤其是把几张图放到一起让学生比较。而更难能可贵的是，张老师在教学中又推进了一步，把数轴与前面几个素材结合起来，巧妙地渗透了由分数的无量纲性向有量纲性的过渡，这一点也是其他老师在上本节课时所不及的。

这样的教学，如果没有教师自身对知识的理解，是不可能达到如此效果的。而这个理解来自于哪里？来源于张老师的求索精神，不断地思考，不断地追问，不断地探索，不让自己停留在现状，而是始终保持那份心灵的敏锐与开放。“教学的勇气就在于有勇气保持心灵的开放，即使力不从心仍然能够坚持，那样，教师、学生和学科才能被编织到学习和生活所需要的共同体结构中”“真正好的教学不能降低到技术层面，真正好的教学来自于教师的自身认同与自身完整。”让我们再回味《教学勇气》书中的这两句话，我想，它在张老师这里得到了验证。

教学无止境。祝愿张老师凭着自己的教学智慧与勇气，在数学教学上不断跨越，让自己的教更加服务于学生的学，让学生的学在整个课堂结构中更加处于主体的地位，让学生能够尽情地享受属于自己的数学。

回归本原　独出机杼

——谈张齐华老师《分数的意义》一课的妙处

《小学数学教师》编辑部　陈洪杰

耳目一新！这是现场听完张齐华老师《分数的意义》一课最直接的感觉。静下心来，细细品味，张老师的这堂课也是妙处纷呈、韵味悠长。

一、由1到“1”，突破抽象整体，激发数学眼光

课始，张老师板书一个“1”字，问：“认识吗?”“1”谁不认识呢？但在五年级的课堂上，哪个老师会问这么简单的问题？看来，问题背后必有奥妙。学生的注意力在对问题背后奥妙的揣测中，一下子被调动了起来。不仅是学生，我们听课的老师也伸长了脖子。

“哪些物体的数量可以用1来表示?”这个简单的问题真正拉开了这次教学创新的序幕。果然，学生的思路先是局限在单个的物体上，“一个苹果”“一张桌子”。张老师稍一点拨，学生的思路马上打开：“1”还可以表示“一个班集体”“一群羊”“一束花”等。这一环节，张老师把学生对“1”的理解引向了深入，由表示基数意义的自然数的“1”，引向了表示一个集合的整体意义的“1”。这两个不同层次的“1”的意义，对应了“分数意义”涉及的不同整体：在分数初步认识阶段，把单个物质实体看做一个具象整体，把这个具象整体平均分成几份，其中的一份就是这个具象整体的几分之一；在分数的再认识阶段，把多个物质实体看做一个抽象的整体，把这个抽象的整体平均分成几份，其中的一份就是这个抽象整体的几分之一。

在“分数是一个整体平均分成几份之后其中的一份或几份”这样的“份

数定义”层面(还有其他的定义方式，见下文)，分数的本质是表示“整体与部分”的关系。而在分数的再认识阶段，学生的难点正是受抽象整体包含的物体数量的影响，而不能从“部分一整体”的角度来进一步认识分数。表现在教学中就是这样的现象：8 个苹果划为 4 份，其中的 2 个，学生认为应该用 2/8 表示。

张老师对“1”的意义的建构，强化了把多个物体看为一个整体的数学眼光，借助对“1”的意义的建构，实际上突破的是对分数中抽象整体的认识。正是由于有对“1”可以表示一个整体的事先认识，在之后的教学中，学生才很容易地摆脱了抽象整体的一份有多个物体的干扰，把分数的意义聚焦在部分与整体的关系上。

教学到这里，张老师的课已经可以说是“出手不凡”了！

二、“量纲”重建，从数学的角度创新分数意义的教学

数学中的数字都是没有量纲的，量纲是物理学中的名词。将一个物理量用若干个基本量的乘方之积表示出来的式子，称为该物理量的量纲式，简称量纲。(张奠宙)从自然数起，1，2，3…分数，小数，根号 2，π，等等，凡数学中运算的量都没有量纲。因此，我将张老师追求的分数教学的“有量纲性”，理解为将分数不是作为一个结果来教，而是作为一个有方向性的“矢量”来教。既然如此，就必须要有一个起点，这个起点就是作为度量标准的单位“1”。当我们把“1”理解为度量数的一个标准量时，自然数和分数就被统一起来，恰如张兴华老师所说：“如此看来，整数也好，分数也罢，都是以‘1’作为标准量后计量的结果。唯一不同的是，整数是 1 的‘积’，而分数是‘1’的分而已。”也就是说，通过“1”这个起点，我们把分数纳入到一种新的关系中，分数不仅仅是表示“部分一整体”的关系，还是“1”的度量往往和自然数相反的方向度量的结果——如果我们在数轴上来表示分数，就更容易理解这一点。

以“1”的度量来理解分数，这是一种数学的理解，那么这对教学有何意义？这样理解，学生以一种新的视角来理解分数，创新了分数意义的教学。以往我们进行分数意义的教学，教师最容易把焦点放在三个方面：(1)注重让学生进行折一折、涂一涂、圈一圈这样的操作；(2)注重为学生提供分数感知的生活材料和具体情境；(3)注重让学生正确地说出分数的意义。不管教师怎样腾挪跌宕，分数意义的教学往往脱不了以上三点。

折、涂、圈的操作，可以让课堂热热闹闹；为学生提供生活材料和情境，可以体现新课程倡导的理念；而让学生正确地说出分数的意义，可以凸显教学的成效。因此，分数的意义教学很适合公开展示，成了公开课上常常露脸的内容。然而，这样教学学生往往不是在一个“真问题”的驱动下进行操作的；由于提供的材料“同质化”，学生也很难真正经历抽象出分数意义的过程；至于最后的正确说出分数的意义，也往往是鹦鹉学舌。出现这样的缺陷，纵然有教师教学技艺层面的原因，另一个重要的原因恰恰就是老师没有带领学生发现分数的新意义。在分数的初步认识基础上再教学分数的意义是容易的，甚至于教学设计的结构都可以迁移，但正由于两次教学的“相似”，学生的思维很难被激活。

笔者认为，所谓新的意义，是在两个或多个没有联系的元素之间建立新的联系。张老师的课，从以“1”来度量的角度赋予了分数新的意义，正因此，学生觉得这样教学新、奇、趣，整堂课都能聚精会神地参与其中。事实证明，没有操作、没有生活情境，也不一定要让学生一遍一遍地说，也能让学生把握分数的意义。必须看到，当分数的数学意义被挖掘出来后，静悄悄的课堂也可以是学生火热地思考着的课堂。正是从这个意义上说，数学的本质比外在的形式重要，教什么比怎么教更重要。

三、不仅仅是关注单位“1”，还经历了由具象到抽象的过程

在教学中，由于有作为度量标准的“1”作为拐杖，张老师出示如下的图让学生表示相应的数。

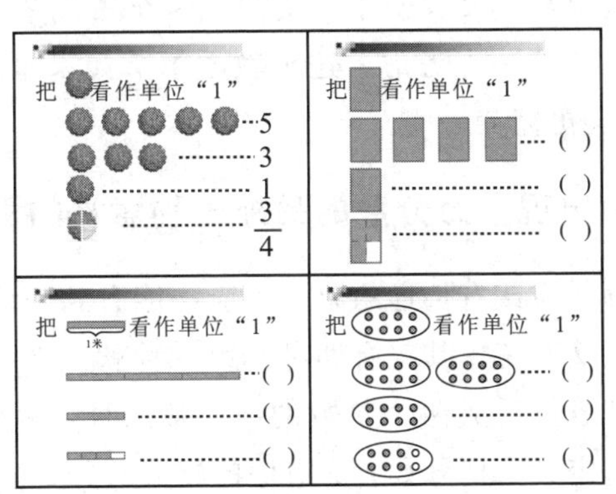

图 1

在此基础上，聚焦最后的 3/4，出示下图：

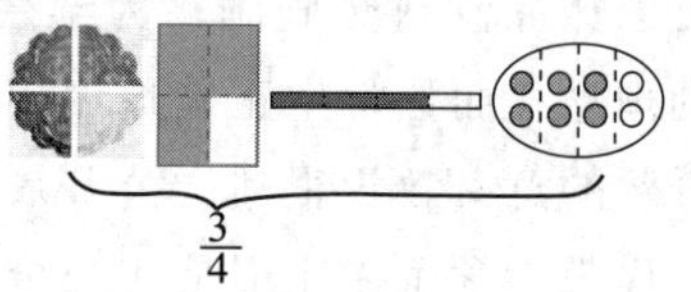

图 2

这一教学过程不仅仅如张老师所说是“在计量的背景下一次次强化对单位‘1’含义的理解”，还暗含着概念教学的应有取向。在教材中，一个数学概念往往是以精确、简洁的定义形态呈现的。这是一种“结果式”的呈现，概念的形成过程在这样的呈现中是看不到的。正因此，以往的教学常常遵循“呈现概念—记忆概念—辨析概念—运用概念(练习)”的教学路径。即便在新课改背景下，分数概念的教学在很大程度上也还是这样的演绎教学。而如果我们以“感知材料—观察比较—归纳提炼—抽象命名”的思路来设计教学，就有可能使学生以更高层次的思维活动方式经历概念的形成过程，真正经历“数学化”。因此，张老师课中的这个环节，不停地呈现的是“3/4”的种种表象，最后一并呈现，学生就会去观察这些表象的异同，抽象出“3/4”的本质。——这样的教学方式，在其他的概念教学中也应该坚持。

有必要指出一点的是，分数的“份数定义”特别强调“平均分”，这里的平均分是指各个部分的地位相同，而不是外观、材质等物理属性的相同。正因此，笔者曾经撰文指出，应该给学生呈现“异质个体构成的整体”，比如，一个车队既有卡车，又有轿车，我们说卡车占1/2，那是基于卡车和轿车的地位相等。从这一点考虑，这个教学细节如果呈现一个“异质个体构成的整体”可能会更完美一些。

四、数轴的出现，为分数的另外一种意义的引入埋下了伏笔

作为数学教师，应该有长远的眼光，应该能看到一课教学内容之外的东西。就分数的定义而言，其实有四种：第一种就是教材上的，以份数来定义；第二种，把分数看成两个整数的商；第三种，分数是两个数的比；第四种是公理化的定义，把分数看成有序的整数对(p，q)。

分数定义中一份或几份的说法，没有逃脱自然数的“影子”，显示不出分数是一个全新的数。在教学中，有的老师借助“几份之一(分)”让学生来理解“几分之一”，如果学生始终不能丢掉“份”的单人旁，理解还是没有到

位。其次，取整体中的一份或几份这样的说法，学生会误认为分数总是小于1。这就带来教学中以图像、实物来代表一个大于1的分数时，比如1又1/4，学生又会陷入“是1又1/4还是5/8的”争论。因此，如果教师能注意到这些后续问题，那么在一堂课的教学当中就有可能“立足一点，放眼长远”。

从数学层面而言，分数的真正来源是自然数除法的推广。在自然数领域，除数比被除数大的情况是无法计算的，所以，分数就有了产生的需要。在凸显分数是一个新数这一点上，数轴这个“半抽象”的载体，比各种实物、涂色的几何图形更适合作为教学的载体。在张齐华老师的教学中，最后出现了下面的图，其含义就是要点出3/4和其他自然数一样，“可以表示一个具体的数”。

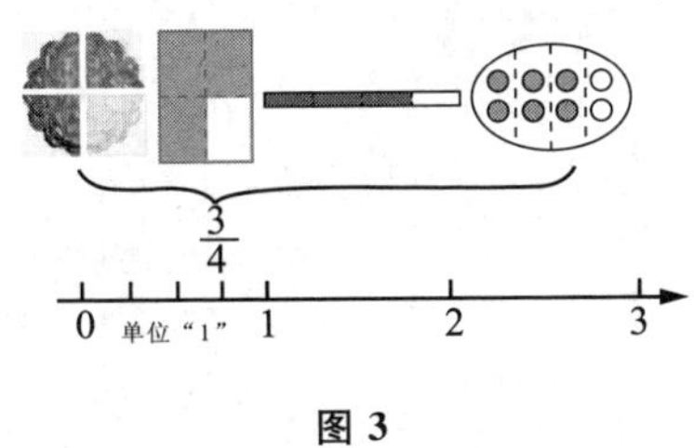

图3

当然，在此处，学生未必会深刻理解分数是一个新的数。在后续的教学中，或许可以考虑用一段比“1”长的线段，让学生用分数表示，引发学生的讨论。或者，在这堂课中聚焦数轴，让学生看到几分之一“填满了”0到1的区间，后续教学追问数轴上1到2之间是什么数，是不是也可以用分数去“填”。此外，对于图3，可以考虑利用多媒体的优势，设计一个所有“3/4的表象”都“嗖”地一声缩入“3/4”这个数，同时数轴放大的动画。

以上是听了张齐华老师《分数的意义》一课后的零碎想法。教学如棋局局新，当一堂新课呈现出来后，我们或许能说出个一二三来，但之前孕育过程的甘苦，则非外人所能体会。因此，谢谢张老师的探索，不仅为我们打开了思路，还为我们提供了努力的范本。期待张老师给我们带来更多的惊喜。

理念探索篇

Linian Tansuo Pian

“文化”者，“文而化之”也。只不过，数学是一种文化吗？倘若是，作为文化的她，以什么去“化”？能“化”些什么，又该如何去“化”？无论是在理论层面，还是在具体的教学语境中，这些问题都值得细细思索、慢慢品味。尽管最终形成的结论并不完备，甚至还多有偏颇，但思考过程本身，恰是比结论更重要的。

数学文化，审视课堂的一种新视角

数学，原来还可以这样表达

看海时，我常常冥想：平静的海面下，谁说不会暗潮涌动、潜流翻腾？

犹如数学，远远看去，仿佛一个由符号、数字、概念、命题编织的抽象王国。然而真正走进去，你才发现，原来那竟是一个充满想象、激情、诗意的广袤天地。

记得罗素曾说过，“数学，如果正确地看它，则具有……至高无上的美——正像雕刻的美，是一种冷而严肃的美，这种美不是投合我们天性的微弱的方面，这种美没有绘画或音乐的那些华丽的装饰，它可以纯净到崇高的地步，能够达到严格的只有最伟大的艺术才能显示的那种完美的境地。一种真实的喜悦的精神，一种精神上的亢奋，一种觉得高于人的意识——这些是至善至美的标准，能够在诗里得到，也能够在数学里得到。”

于是，为了找寻这份“冷而严肃的美”，我们循着数学的智慧足音，从容前行——

从摆石到结绳，从刻痕到算筹，每一个数字的诞生，无不凝聚着人类集体的智慧和创造！这些，你和孩子们一同见证了吗？

从蜂窝中的神奇图案到投石入水时的圈圈涟漪，从雁群南飞时的神奇队形到山水掩映中的对称现象，自然万物为我们展示了如此瑰丽、奇妙的图形世界！这些，你跟孩子们一同领略了吗？

从数学思维的抽象美到数学表达的形式美，从黄金分割的和谐美到圆周率数字排列的奇异美，从图形世界的对称美到模型建构的简洁美。可以说，一部数学的发展史，就是一首人类对美不断追求的诗篇！这些，你与孩子们一起分享了吗？

……

于是课堂上，我们开始习惯于从简单中寻找丰富，从朴素中寻找不凡：我和孩子们一同感受“1”的包罗万象、“6”的完美和谐、“7”的神秘莫测，一起探访“十个指头”和“十进制”之间的美妙联系，一同慨叹于“时分秒之间的进率之所以是60，恰恰是因为100以内的自然数中60的因数个数最多”……就这样，从抽象的数字中聆听动人的音符，合着思考的节拍，分享自古以来数字和人结下的不解之缘。

课堂上，我和他们一起探讨“自然数中究竟是质数多还是合数多”，原本枯燥乏味的数学话题，竟也让他们热情高涨。在没有结论的争辩中，我们一起感受着“无穷”“对应”“区间”“反驳”“猜想”“枚举”等数学内容、思想、方法，体验着因为纯粹的思维挑战及由此而带来的智力愉悦。

课堂上，我们不再仅仅满足于数学结论的简单获得。记得那一堂课，我们一起认识、研究圆。只是，课堂并未止于此。从“没有规矩，不成方圆”“圆出于方，方出于矩”“圆，一中同长也”等俗语、典故里，孩子们惊叹于古人超凡的数学智慧，在跨越时空的对话中，学生思接千载；从面对凶残的古罗马士兵，阿基米德脱口而出的“别破坏了我的圆”中，他们获得的何止是一个故事、一段逸闻？一种对高贵数学灵魂的油然敬意正在课堂里慢慢升腾、扩散、沉淀……

于是，我们不再因为数学的抽象、枯燥、形式化而苦恼不已。因为我们深知，课堂上，他们沉思时的宁静、疑惑时的迷茫、顿悟时的愉悦、争辩时的激越、聆听时的惊讶、论证时的流畅……都是我们值得期待的收获！因为我们深信：原来，数学还可以这样表达！

数学教育的文化之旅

一

我喜欢旅行，因为旅行见证着一种姿态，一种不断行走、不断思索的姿态。在数学教育的旅途中，我甘愿做一个行者。

二

数学是一种文化，它是人类文明的重要组成部分。2000年秋天，一个偶然的机会，我开始了关于“数学文化”的探索与研究。然而，正如一位朋友在短信中所言，既然承认“数学是一种文化”，再提“数学文化”，岂不是有语词重复之嫌？我的回复是：这里，我更愿意视其为一种意义的重申和叠加。因为，原本属于文化范畴的数学，正渐渐丧失着它的文化性。如今，课堂里的数学已经不那么“文化”了，我们的数学及数学教育，已经开始和文化背道而驰，并沦落为一种“非文化”“反文化”的东西。过度关注知识、技巧等工具性价值，正在使数学本该拥有的文化气质和气度，一点点剥落、丧失，并逐渐成为数学教育遥不可及的乌托邦。让数学变得文化些，还数学以文化之本来面目，这是我们理应关注和思考的问题。

文化者，“人化”也。承认数学是一种文化，我们便得思考：数学究竟能否从根本上改变一个人，使其变得更有力量和精神涵养？犹如母语学习可以使人在获得言语训练的同时，寻得思想和精神的家园一样。数学学习，又将对于一个人的生命和精神成长给予怎样的影响和润泽？

毋庸置疑，我们曾经对数学教育的工具性价值给予太多的关注和开掘，以至于，我们的数学课堂曾一度异化为知识的传递和方法的训练。然而，数学毕竟不只是知识和方法的简单会聚，它还应该是一个开放的文化体系，是人类智慧和创造力的结晶。它在给予我们知识与方法的同时，更以一种文化的姿态改变人类的思考品质，拓展人类的视野，丰富人类的精神世界，增进人的本质力量。

克莱因说过，“音乐能激发或抚慰情怀，绘画使人赏心悦目，诗歌能动人心弦，哲学使人获得智慧，科学可改善物质生活，但数学能给予以上的一切。”打开数学历史的画卷，抛开世俗的功利，倘若以一种更为审美、更直抵内心深处的古典情怀观照数学，哪一个数字下面，没有隐藏着串串动人的音符？哪一种图形背后，没有透视着智慧足迹不断前行的轨迹？凝聚在数学之中的美妙绝伦的思维方法、探索不止的数学精神、求真臻善达美的数学品格，对于一个人全面和谐的发展，具有怎样的重要意义和积极影响！有人说，数学感化和支配着别的东西，它具备了“大文化”概念所具有的“真”“善”“美”，体现了一种精神的品质。因而，我们在承认和弘扬数学工具价值的同时，更应该看到它的文化价值，并借助日常的数学教育实践，使其外化为一种现实的数学影响，努力彰显数学的文化品性，真正使数学课堂成为学生获得知识、形成方法、感悟价值、提升素养的精神天堂。

三

借此，我们需要重新梳理对数学的理解，重建我们对于数学教育、数学课程的认识。以一种更加全面、审慎、审美的姿态，构筑我们的文化课堂。

“吾爱吾师，吾更爱真理”

——求真，让孩子拥有数学的头脑

人，是一种有精神生活的生命，有“求真求知”的理性需要与能力。很难设想，如果没有了理性兴趣，如今的人类将会是什么样子。数学，作为科学的共同语言和最高表现形式，无论是它的内容、方法、思想，都以其真实、确定而成为人们思考、解决问题时值得信赖的东西。对于强化人的理智感，丰富人的理性精神，提升人的理性能力等具有其他学科所不可替代的价值。

□从数学的确定性中寻找力量

正如法国数学家波莱尔所言，“数学是我们确切知道我们在说什么，并肯定我们说的是否对的唯一一门科学。”人们历来对数学的真理怀有一种敬畏和信任，这是数学真理性的真实体现。数学有一个严密的逻辑体系，数学中绝不允许任何虚伪和荒谬的存在。犹如在文科学习中，“一千个读者就会有一千个哈姆雷特”，而在数学上，1 就是 1，2 就是 2，3＋4 的结果只能是 7，而方程 $5+x=10$ 也不可能出现第二个解，这些都是千真万确的真理！数学中的每一个结论都不可能带有任何个人感情色彩，它是纯客观的存在。数学可以确切地告诉我们，什么才是正确的，并且这种正确性是如此的不容置疑。从这一角度看，数学除了可以给予我们知识和方法，更可以借助存在于数学中的“真”，培养人们正确、客观地认识我们生活的世界，建立起人们对确定性、真理的最初印象。尽管，我们很难说清楚，这些印象究竟是借助哪些知识或方法的授受而得以建构的，准确地说，它是数学学习日积月累后的耳濡目染，是对日常数学活动经验的积累和自然升华，但这并不排除我们可以借助数学教育过程中有意识的引导和点拨，使学生能更加清晰地意识到数学的这种确定性，进而增进其对数学真理性的认识和信任。

[案例 1]《轴对称图形》一课，我引导学生先通过观察判断三角形、平行四边形、梯形、五边形和圆中哪些是轴对称图形，哪些不是。大家的结论各不相同。“究竟该听谁的?”我试探着问。“听我的。”“听我的。”“课代表说得有道理。”“还是听老师吧。”正当大家莫衷一是时，一个小小的声音从角落传来，“动手折一折不就知道了?”一刹那，大家恍然大悟，纷纷表示赞同，并投入到动手操作验证的过程中来。不一会儿，结论公之于众，无人异议。我启发思考，“争论的最后，我们听信了谁? 为什么?”“听信我们自己。”“不，是听信实验的结果。”“听信了真理。”……“数学学习中，没有谁是权威，真正的权威就是数学本身，因为数学本身就是真理的化身。”一席话，让每一位学生频频颔首。

□学会数学地思考问题

如今，越来越多的人开始怀疑数学学习的价值。他们固执地以为，生活中用到的只是简单的算术知识，数学给予的其余一切纯粹只是智力游戏，无任何实际意义。这是对数学价值的曲解。数学知识、技能固然能帮助我们解决一些实际问题，但数学的更大价值在于，它为我们提供了一种不同于日常思考的新的思维方式。这种思维方式为我们正确认识客观世界提供了新的工具和视角，“……它使人们能批判地阅读，能识别谬误，能探察偏见，能估计风险，能提出变通的办法。数学能使我们了解我们生活在其中的充满信息的世界”。

[案例 2]我和学生探讨“32 名同学参加校乒乓球淘汰赛，决出最后的冠军共需赛多少场?”充分的思考和尝试后，学生给出了丰富多彩的答案。

生 1：我们进行了详细列举，第一轮比 16 场，第二轮比 8 场，第三轮比 4 场，以此类推，一共比 16＋8＋4＋2＋1＝31 场。

生 2：32 人太多，比较难想，我们从小的数着手分析。发现 2 人需赛 1 场；3 人需赛 2 场；4 人需赛 3 场……不管多少人赛，场次比人数少 1。所以我们推断，32 人共需赛 31 场。

生 3：我们觉得只要比 1 场，就会淘汰 1 个人。冠军只有 1 名，因而需比 32－1＝31 场。

师：比较三种方法，你更欣赏哪一种思路？为什么？这一思路给了你哪些有益的启示？

……

三种方法都顺利解决了问题，但细细琢磨，其间的差别值得玩味。方法1固然可行，但烦琐异常，数目一旦增加，则计算量更大；方法二看似只是“推断”，但其间蕴涵的难能可贵的化大为小的转化思想、数学建模的初步意识等，都无不彰显了数学思考的魅力；方法3更是让人拍手叫绝，巧妙抓住“淘汰人数”和“比赛场次”之间的内在关联，巧妙地从数学角度审视问题结构，从逆向给出问题的简洁解法，反映出学生良好的“题感”及善于从数学角度观察、分析、解决问题的意识和能力。而及时引导学生进行比较，在比较中分析每一思路背后的数学思考方式，在比较中优化，进而在认同中内化为自己的数学思考。

其实，这样的例子尚有很多。《红楼梦》后四十回是否为高鹗续作一事，学生怎么也没想到，最后竟然是通过计算前后章节中某些常用字出现的概率，通过比较而给出解决，学生对此无不瞠目结舌，“原来文学中的纠纷也可以通过数学思路得以完美解决！”“哥尼斯堡七桥问题”，当所有人一次次进行尝试而终不得解时，数学家欧拉别出心裁的“一笔画”解题思路，以其所蕴涵的数学抽象方法、符号化、模型化及化归的数学思想等，同样使每一学生再次震撼，“原来，从数学的角度观察和思考问题，可以获得如此简洁而美好的方法”，一种对于数学思维方式的认同深深地润泽着学生的心田。

□形成良好的数学思维品质

记得肖川先生曾就“想一想”和“思考”这两个相近的命题进行过辨析，大意是说，如今的课堂“想一想”多了，而真正独立、深刻、富有创造的“思考”正一步步离我们远去，这多少发人深省。“数学是思维的体操”，如何使人的思维更广阔、更深刻、更敏捷、更富有创造性和批判性，数学担有义不容辞的责任。然而，由于人们对数学本身及课程改革的肤浅认识和简单曲解，缺乏了深度的热闹和喧嚣正成为数学课堂的通病，此起彼伏的交流、合作、对话弥盖了课堂，数学理应担当的对培养良好思维品质的功能正在逐渐淡出数学课堂的舞台。

[案例3]教学“周长20厘米的长方形(长、宽均为整厘米数)，它的面积是多少平方厘米?”面对开放的问题，两位教师不同的教学思路值得我们

深思。

教师A引导学生交流各种不同答案，并适时鼓励学生，“有时，问题的答案并不唯一，我们应学会从不同角度思考问题。”教学至此，似无可挑剔。

再看教师B的处理。“找到一种答案并不难，难就难在能否按顺序找出所有答案？”“观察这里的长、宽，再比较它们的面积，你发现了什么？”“如果周长不是20厘米，这一结论还会成立吗？举例试一试。”“倒过来，面积相等的长方形，它们的周长又会有怎样的规律？也来动手试一试。”“回顾这一研究过程，它给了你怎样的启示？”

不同的思路，背后支撑的是不同的教学思考。教师A也关注到了思维的开放性，但对思维的引导点到为止、浮光掠影。而教师B却透过问题本身，“看”到了问题内含着的更加深刻的思维引导价值，从思维的有序性到规律的有效探寻，从逆向思维的蕴伏到元认知能力的引导，其间所表现出的对于学生深层数学思考的关注，对于学生思维有序性、深刻性、逆向性、拓展性、批判性等的有效指导和渗透，是教师A所无法比拟的。而这，恰恰才是数学文化价值的本意所在。

借此，我们以为，如何让数学课堂重回适度的宁静，让良好智力和思维品质的建构和生成重新成为数学课堂学习的主旋律，让数学教育重新拾掇起培育优秀思维品质的职责，需要我们为此付出更多的思考和努力。

“数学，能提供最高的善”

——臻善，享受数学给予的精神力量

一直以来，人们普遍认为，数学命题是事实判断，道德命题是价值判断，不可能从事实判断中引申出任何价值判断来。因而对数学教育是否具有伦理价值，大家一直持否定态度。然而，这一观点终究只看到了数学静态和终端的一面。和其他任何精神产品一样，数学同样是人类的一种独特创造。是创造，就必然浓缩和承载着人类的精神追求和品质。抛开数学客观的一面，如果从动态、活生生的数学历史演变过程看，数学本身所具有的道德力量同样丰富而巨大。作为探索真理的事业，数学造就了一种人文化的独特人格气质，一种负责的人文精神：不懈地探索真理、坚持真理、为真理献身。它包含尊重事实、实事求是的求实精神，勇于怀疑、自我否

定的批判精神，勇于创新、超越现状的创造精神等。所有这些，都以特定的形式内化并沉淀在数学的内容及思想方法之中。只是同人文学科相比，其中的道德力量更为内敛、含蓄，更需要教师借助一定的教学手段进行开掘和彰显，使其成为一种显性的教育影响，催化学生的行为规范与价值取向。

□从理性精神中汲取力量

正如著名数学教育家 M. 克莱因所说："数学是一种精神，一种理性的精神。正是这种精神，激发、促进、鼓舞并驱使人类的思维得以运用到最完善的程度，亦正是这种精神，试图决定性地影响人类的物质、道德和社会生活；试图回答有关人类自身存在提出的问题；努力去理解和控制自然；尽力去探求和确立已经获得知识的最深刻的和最完美的内涵。"

比如，数学语言的准确性使得数学不可能模棱两可，数学始终站在公正的立场上。"吾爱吾师，吾更爱真理"，正是数学理性精神的极好体现。教师可以结合数学中翔实的事例，引导学生形成尊重事实、崇尚真理的精神品质，使学生从小养成不迷信权威(数学面前，人人平等)，不屈从于权贵，坚持原则、忠于真理、具有独立人格和自立自信的人。

再如，数学思维的准确性使得数学中来不得半点马虎和轻率的行为。"因小数点错位而造成的重大经济、科技损失"比比皆是，对于学生，这些都是很好的教育素材。在数学学习中，教师还应设法使学生养成缜密、有条理、有根据思考问题的习惯，养成理智地思考问题，遇到问题不冲动、不盲从，学会三思而后行的克制的思维品质。只是我们在探讨这些问题时，万不可将其冠之以"为了获得高分"。否则，喋喋不休的叮嘱反而会使学生丧失对其应有的尊重和认可，使原本高尚的数学精神沦落为获取高分的策略和技巧。

□从数学历史演变中汲取力量

越来越多的人开始注重数学史的教育，这是好事。然而，盲目的时间攀比、狭隘的民族主义，尤其是过分强调个别发明的领先权时常蒙蔽了我们的眼睛，让我们不能以更加客观、理性的态度对待数学发展的历史。其实，数学史留给我们的并不止这些。"数学的本质在于自由创造"，回顾数学发展的历史轨迹，从永不满足的探索精神，到为数学献身的高贵品质，从数学与人类社会错综复杂的交互关系，到数学对于其他科学发展的支持等，一部数学发展的历史，就是人类不断超越自我、在否定中寻得思想的自由创造的过程。

[**案例4**]认识圆周率的第二天，我给学生们带来了《圆周率的历史》一书。大家都惊讶了："一个小小的圆周率，值得写一本书?"带着疑惑的探究的冲动，我们打开了这本书。于是，从圆周率诞生的时代背景，到最初的"三倍多一些"，再到后来的"3.14"，进而到"3.1415926到3.1415927之间"，及至后来的"小数点后面几十位、几百位、几千位"，乃至于今天利用计算机算出圆周率小数点后面的一万多亿位，这是何等惊人的数目！其间还兼论了东、西方人对圆周率持有的不同学术兴趣及运用范围等，对于大家，这是一次知识和思想的盛宴。细细浏览后，我突发奇想，引发思考，"在几乎没有任何实际意义的前提下，是什么力量驱使着人们一次次实现着圆周率小数位数的超越?""是圆周率本身所具有的神秘魔力。""人类对于数具有一种天然的兴趣。""是人类对数的好奇心。""是他们对智力极限的挑战。"学生的回答让我兴奋不已。毕竟，这些感受和猜度已经接近于事实本身，而这些较之于"祖冲之最早……"显然更有意义和价值。读史使人明智，道理就在其中吧。

当然，数学作为文化还在于它表现了前所未有的探索精神。回顾数家族的扩张，日常生活所需使人们一开始相信，正整数就是数的全部。随后"0"和"负数"的出现使数的版图扩张到了整数范畴；由于测量和复杂计算的需要，小数和分数应运而生，数的版图进一步得到扩张；正当大家以为有理数就是数的全部时，单位大小的正方形的对角线长度撼动了整个数学大厦，无理数诞生了；然而，谁又能说这就是数家族的最后版图?

此外，矛盾统一、量变质变、相对绝对的辩证思考，以人生之有涯求数学之无涯的人生启迪，淡化实用功利之追逐、谋求纯粹智力之欢愉的生命境界，这些都是数学可以给予的重要启迪。有人说，如今的数学教育所培养出来的人，染上了明显的趋利性、工具性色彩。他们虽然熟练掌握了数学的知识与技能，但他们未必真正地"理解"数学。上述思考，多少给予了我们一些新的感悟。

"哪里有数，哪里就有美"

——达美，分享美妙的数学世界

许多伟大的科学家、数学家都非常热爱艺术和音乐，正是这种艺术的气质，孕育了他们的科学审美力，使他们成为科学领域的巨人。由此看来，美从来就和数学存有千丝万缕的联系。数学很美，无论是它的内容、方法、思想，只是这种美“正像雕刻的美，是一种冷而严肃的美……没有绘画或音乐那些华丽的装饰，它可以纯净到崇高的地步，能够达到严格的只有伟大的艺术才能显示的那种完美的境地。”正因为冷而严肃，所以它更需要我们去发现、探究、转化，使其以一种温和而亲近的性格，走进我们的数学课堂，并转化为学生的审美品质和涵养。

□哪里有数，哪里就有美

数学美是客观存在的。较之艺术美而言，数学美是一种至上的、崇高的理性美。它不像艺术美那样可以借助外部的物质形式表现出来，但是，许多在外行人看来是枯燥无味的符号、公式、法则，数学家却能理解其中的奥秘和神韵。那是一种属于观念形态的、折射着理性之光的美，犹如罗素所说，“数学，如果正确地看，不但拥有真理，而且也具有至高的美。”

这里，我们无须动辄提及数学中的黄金分割，也无须固守着圆和轴对称所能带来的视觉美感。美几乎流淌于数学的每一个细胞之中。只是有时，我们因为缺少发现，而一次次和数学美失之交臂。

细细想来，自然数无穷无尽，但再多的数，却只需用10个字符即清楚表达！谁能说，这里没有蕴藏着数学的符号美！等距的平行线间，记下随机投下的小棒根数和与平行线相交的小棒根数，也许你怎么也没想到，两个数据之间的比值竟会越来越接近π！谁能说，这里没有蕴藏数学的奇异美！要想不重复地走过哥尼斯堡的七座桥，需要尝试的走法可谓数不胜数，面对棘手的数学问题，“将岛抽象成点，将桥抽象成线”，原本复杂的数学难题竟转化成了数学上显而易见的“一笔画问题”。谁能说，这一优美的解法之中没有蕴藏数学的抽象美和简洁美！简简单单一数列：1、1、2、3、5、8、13……要找出其中的规律并不难，然而，不妨随机写出数列中相邻的两个数，算出前后数的比值。哇！越往后，这个比竟然越来越接近“黄金分割比”！这当中，又具有着怎样让人捉摸不定的和谐美！

这样的例子不胜枚举。于是，我们再一次相信：数学中不是缺少美，而是缺少发现美的眼睛。

□从功利走向审美

其实，要想真正欣赏数学的美，仅靠一双会发现的眼睛是远远不够的。因为，真正意义上的对美的眷顾，需要一种古典和审美的心情。而在当今并不宽松的教育环境下，在功利主义大肆盛行的教育风气中，做到这一点实属不易。试观当下的数学课堂，考试成败论英雄，教学过程中对与应试无关的内容毫无兴趣，数学中的美的思想、美的方法无法进入课堂。生活于如此功利的数学课堂，学生何暇欣赏、体验数学中的美？

如此，我们期待以一种亲近美、理解美、领悟美、欣赏美和创造美的崭新姿态，重新诠释和表达数学。我们以为，作为数学学习，结论正确与否固然重要，但方法的优美、过程的优雅、思路的简洁、视角的独特、不同方法的殊途同归、探索过程的一波三折、数学结论的出人意料(犹如布丰针实验中的 π、裴波那契数列中的“黄金分割”等)，所有这一切，都可以成为数学学习充满审美情趣的重要特征。如同匆忙赶路的行人，有时停下歇歇脚，放眼望一望沿途的风景，才发现原来真正的风景在途中。这便是一种审美心态。

□数学美的文化价值

当然，数学美如果仅仅停留于欣赏的层面，那就不能称其为文化了。正如苏霍姆林斯基所说，“应该教会儿童从周围世界的美和人的关系中看出精神的高尚、善良和诚恳，并在儿童自己身上确立这种美。”对于儿童的精神和文化成长，数学美和其他一切美育因素一样，具有激励、召唤、熏陶和点化的积极意义。

有时，儿童正是因为体验到形式之美、方法之妙，产生一种理智的好奇心，进而激发了对于数学持久的学习动力，而这种动力，较之于外部的激励，其影响更为长远、持久。由此看来，美是一种激励。

有时，由于感受到数学在探索大自然奥秘时所发挥出的巨大威力，使人领悟数学与大自然的和谐、神秘之美，进而激发了人们对于自然之美的神往，增强了探索自然奥秘的信心。由此看来，美是一种召唤。

有时，由于走进奇妙的数学，孩子们就像是面对一幅美丽的风景一样流连忘返，他们欣赏数形的和谐，他们惊奇地发现，数学为他们展示了意外的前景并给他们带来欢乐，一种深沉的美感已油然而生。由此看来，美是一种陶醉。

数学中的美还意味着一种灵感和创造。事实上，数学中的许多创造依靠的正是数学中的美感。在这里，真和美得到了和谐完美的统一。正所谓，“缺乏这种审美感的人永远不会成为真正的创造者。”由此看来，美也是一种创造。

综上所述，数学教育所要传授的不仅仅是一套概念体系，也不仅仅是一种方法、技术和结论，而是真、善、美的统一体。数学不仅以求真为其使命，而且以臻善、达美为其成果和意境。正如爱因斯坦所说："从那些看来同直接可见的真理十分不同的各种复杂的现象中认识到它们的统一性，那是一种十分壮丽的感受。"我们期待着和孩子们一道，以一种古典、审美的心怀，循着数学文化的手指，一起分享这种由数学而给我们带来的"壮丽的感受"。

用文化润泽数学课堂

数学，内在文化的消解及缘由

不得不承认，越来越多的人开始关注并认同"数学是一种文化"这一观点。然而作为一种推论，既然承认数学自身是一种文化，那么以传承数学为目的的数学课堂，就当然具有一种内在的文化性。于此种语境之下，再谈"用文化润泽数学课堂"，是否有些不合逻辑？

问题恰在于此。认同某一事物具有文化性，并不等于这一事物就一定能在所有的境域中彰显出它的文化属性来。比方说，"鱼"很有营养价值，但糟糕的烹饪方式不仅会破坏其固有的营养价值，甚至还可能使其完全丧失营养、变成有害于健康的食物。烹饪鱼是如此，教学数学又何尝不是这样？事实上，只要稍加辨析便不难发现，我们论定"数学是一种文化"，思考的对象是"科学范畴"里的数学，也即我们探讨的还只是一般意义上的、以"学术形态"存在的客观的数学科学。此时的数学，它既是"人类创造活动的结晶"，同时，"对人的行为、观念、态度、精神等又具有重要影响"，无论从广义还是狭义上看，它都已具备作为一种文化的资格。然而进入学校视野、课堂范畴的数学，势必经历了一个从"科学数学"向"学校数学"，进而向"教育形态"的"课堂数学"的转换。转换的过程中是否消解了数学原有的文化属性，恰是我们深入探讨数学文化时应着力关注的话题。

现实境况不容乐观。反观当下的数学课堂，由于对知识、技巧等工具性价值的过度追逐，数学原本具有的丰富意蕴日益被单调、枯燥的数学符号所替代，并几乎成为数学的全部，这使数学本该拥有的文化气质一点点被剥落，以致本属文化范畴的数学，正渐渐丧失着它的文化性。正是在这一意义上，重申“数学文化”，呼吁“还数学以文化之本来面目”，就成为数学实践层面迫切需要解决的问题。

数学的文化消解固然有多方原因，但教师对于数学不同的认知和理解所带来的教学行动的偏差却是重要的原因之一。试想，倘若教师在课堂中只认同数学是一门技术，那么习得、模仿、练习、熟练化势必会成为数学课堂中的强势语言。生活在这样的数学课堂里，学生如何去触摸、领略数学那开阔、丰富、优美甚至是动人心魄的一面？而换一个视角，在我们的课堂中，倘若数学不再只是数字、符号、公式、规则、程序的简单组合，透过它们，我们可以感受数学丰富的方法、深邃的思想、高贵的精神和品格，领略数学发展进程中的五彩斑斓、多姿多彩，分享数学前行足迹中的创造、超越及其背后折射出的人类的智慧和人性光芒，此时的数学，又将以怎样的姿态展现在课堂？

如此看来，文化可以在课堂被消解，也同样可以在课堂被重拾。二者之间，差异恰在于视角的切换。所以我一直坚持，文化应该成为数学课堂理应选择的视角和姿态。唯有如此，数学课堂彰显其文化的本性方有可能。

数学文化：概念误读与意义重建

在实践和探索的过程中，概念或命题的被误读已不是什么新鲜事，数学文化同样没能幸免。如何被误读，为何被误读，值得我们思考。

首先是概念的窄化。将数学文化简单等同于数学史，以为渗透了数学史，那就是一堂体现数学文化的课。应该说，数学史是数学文化的重要组成部分，但数学文化还远不是数学史能包容和涵盖的。

其次是概念的泛化。将数学文化和课堂文化混为一谈。课堂上人与人的不断对话、交往、互动无疑是一种文化现象，人们通常称之为课堂文化。事实上，不存在挣脱文化现象的课堂行为。然而，这里的“文化”关涉的是课堂活动本身，而并非指课堂中所承载的数学内容。一个充满着文化现象的数学课堂里，传递的未必就是带有丰富文化意蕴的数学内容，这足以表明二者的区别。不少教师将民主对话、平等交流等都纳入数学文化的领域，这显然不妥，是对数学文化的一种泛化，不利于我们认识数学文化本身，不利于我们准确把握数学真正的文化价值。

那么，究竟什么才是数学文化？数学又拥有怎样的文化价值呢？此处笔者无意于给出关于数学文化的确切定义，倒是更倾向于从这样一个角度给出自己对数学文化的理解。作为一种“看不见的文化”，数学在其发展过程中，伴随着数学知识的发生、生成、传播而在特定的数学共同体内积蓄下的对人的发展具有重要促进和启迪价值的数学思考方法、数学思想观念及数学精神品格等，这些都属于数学文化。具体而言，数学的文化价值主要表现在：首先，“数学是思维的体操”，由于数学并非对客观事物或现象量性特点的直接研究，而是通过相对独立的“模式”的建构，因而它有重要的思维训练功能，对于创造性思维的发展尤具重要意义。其次，数学学习需要激情，但更需要理智，需要数学地思维，因而其对于人类理性精神的养成与发展具有特别重要的意义。再次，数学看起来似乎与价值判断无关，然而数学依然具有至高无上的“善”，数学学习同样具有独特的“教化”功能：比如探索过程中的执著与坚韧；比如论证过程中的务实与谨严；比如数学规则推导过程中的理智与自律；比如数学创造过程中的开拓与超越，甚至于耐心、责任感、敬业品质、民主精神等。正是这些，见证着数学更为深沉的文化力量，使数学可以超越知识本身，找寻到更为朴素、更为丰富，也更为动人的内涵。

文化，如何润泽数学课堂

“有些数学课很难体现数学文化，比如‘数与代数’领域的许多内容，尤其像计算课……”类似的声音并不鲜见，我以为，这同样涉及对数学文化价值的定位问题。正如前文所言，如果将数学文化窄化为数学史，那么，“数学文化”势必会成为某些数学课堂的奢侈品，而在更加普遍、更为一般的数学课堂里，它必然只是难以登堂入室的“稀客”。反之，对数学文化的泛化理解，又会带来这样的后果：一切皆为文化，也就没有了文化。

如此看来，教师首先要做的是调适好自己的数学观、数学文化观、数学价值观，这是文化能否润泽课堂的重要前提。唯有澄清了认识，实践才不至于迷失方向。至于如何澄清，那就涉及阅读与积累的问题了。比如，适当阅读一些关于数学文化领域的书籍、资料等，廓清自己对数学文化的理解。再如，可以涉猎一些关于数学历史典故、趣闻轶事等，必要时，还可以了解一些高等数学方面的内容、思想、方法，这对于打开自己的数学视野不失为一种可行的路径。

具体的课堂实践，我努力从数学概念、数学规则、数学思想方法及情感态度价值观四个方面切入，试图以更为日常化、更具涵盖性的数学内容和更加朴素的教学实践表达对数学文化的理解，追求数学文化的教育价值。

1. 数学概念，在“头脑创造”中还原生命活力

即便在“学校数学”的范畴里，概念通常也是以一种冷冰冰的姿态呈现在教材或者课堂上。但我们应明白，任何数学概念的形成、发展、生成，都经历了数学家无数的观察、分析、猜测、实验、判断、辨析、调整、优化等一系列数学思维活动。由此可见，即使是静态的数学概念，其必沉淀下丰富的数学内涵、数学思考、数学观念。如果课堂仅仅停留于对数学概念的被动认识、理解和传递上，那么内含于“冰冷的美丽”背后的这些“火热的思考”将无法为学生所触及、所分享，数学概念“可能”的文化价值也无法成为“现实”力量。数学课堂，恰恰需要在这儿做一些工作。

比如“认识乘法”，当学生已经感受到用“2＋2＋2＋2＋2＋2＋2＋2＋2”表示“9 个 2 相加”比较麻烦时，教师直接告知乘法算式“2×9”是一种方式，引导学生自己想办法去“创造”一种新的算式表示“9 个 2 相加”也是一种方式。但后一种方式更加充满挑战，也预示着更多生成的可能。在我的课堂里，有学生选择了“2＋2＋…2(9)”，有学生选择了“2＋2(9)”，有学生选择了“2_9”，在教师的引导和点拨下，又有学生选择了“2・9”或者“2★9”等。静态、冰冷的乘法概念在这一刻绽放了绚丽的光芒。可以想见，这些看似不太科学、不够准确的“乘法”表达形式背后，折射出了学生多少生动、活泼的数学思考，比如观察、概括、想象、推理、优化、调整、创造，而这恰恰正是数学的“文化力量”。

再如，认识“长方体的长、宽、高”，作为规定性知识，直接告知未尝不可。然而，倘若引导学生作这样的思考：如果将长方体 12 条棱中擦掉 1 条，你还能想象出这个长方体的大小吗？如果擦掉 2 条、3 条……呢？试一试，看至少留下几条棱，才能确保想象出长方体的大小？当学生在经历尝试、探索、操作、优化等数学活动后不约而同地选择了这样三条棱(如右图)时，规定性的数学常识“长、宽、高”在这一刻被“活化”了，并被学生生动、深刻地予以建构。我以为，像这样的“头脑创造”可以还原数学概念的内在生命力量，相对于概念的授受而言，其文化价值显然更大。

2. 数学规则，在充满张力的数学思考中绽放理性之美

和数学概念一样，对数学规则的学习同样面临着一个“冰冷美丽”和“火热思考”之间的抉择和转换。处理不当，规则学习会诱导学生陷入机械记忆、单纯模仿、反复操练的窠臼。如何将学生置身于规则发生、发展、形成的生动过程，引导他们亲历观察、猜想、验证、建模、应用等数学活动，进而获得一种更有力度、充满张力的数学思考以及触及心灵的精神愉悦，这是我在课堂教学中一直关注并努力实践的问题。

比如，教学“笔算两位数加两位数(进位加)”时，“从个位加起，满十进一”是绕不开的计算规则。在成人看来，“从个位加起”应是一件再自然不过的事，但学生究竟会如何理解、建构这一规则呢？教学时，我放手让学生自己探索24＋18的笔算方法，没想到，竟有不少学生选择了从十位加起(事实上，要合并两堆小棒，我们通常不也是先数数一共有多少捆，然后再将零散的小棒满十根一捆，最后得出结果的吗)，过程如下：

$$\begin{array}{r} 24 \\ +18 \\ \hline 4\not{3}2 \end{array}$$

面对这一状况，草率地否定这一思考显然不够理智，急于纠正更显得缺乏智慧，还是让他们自己在比较中去发现、去感悟吧。结果，正是这样一份理解和从容，不但让他们在两种不同计算规则的比较中深化了对“从个位加起”的合理性认知，同时也让大家深刻地感受到了计算规则丰富和确定的辩证统一，体验到了规则生成过程中丰富的数学思考。

此外，“满十进一”也是数学中重要的规则之一。教学时，我没有仅仅停留于“告诉”，而是在学生认识“十进制”后，进一步拓展他们的视野，给他们介绍了关于五进制、七进制、十二进制的知识，并引导他们思考诸如“不同的进制之间有什么共同的地方”“十进制之所以被广泛应用，可能的原因是什么”“如果将十进制改为七进制，对已有的数会产生怎样的影响”等问题。或许这样的思考对于学生巩固或强化十进制并无太大帮助，然而正是有了这样的适度开掘，学生的视野开阔了，尤其是，数学发展过程的多元化，数学思考的多样性，数学发展过程中所展现出的无穷智慧等，渐渐沉积为学生的内在涵养，成为一种文化积淀。

3. 方法、策略和思想的有效渗透与主题实践

离开学校后，真正能留存于个体脑海中的具体数学知识、技能往往很少，但数学方法、策略、思想却常常以更为内敛、潜在的方式沉积于学生内心深处，成为他们进行数学思考的重要支撑。这是数学文化价值集中体现的又一重要方面。

较之于知识、技能而言，方法、思想和策略更为内隐，常潜伏于许多看似普通的数学知识、数学技能的学习过程中，需要教师敏锐地予以捕捉、判断、放大、外化，并在课堂中予以传递。

如教学“认识分数”时，面对如下问题“在括号里填上合适的分数”(见下图)，我有意将后两幅图中的等分线隐去，使这一内容诱导出了更多的数学内涵。

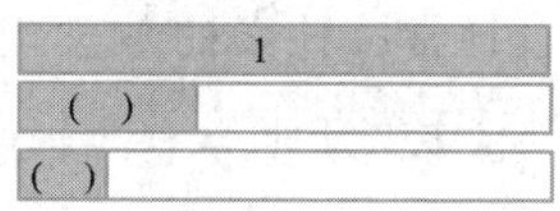

其中有估计意识的培养(估计后两幅图中涂色部分占整体的几分之一)、有思维策略的综合应用(对第三幅图的估计)、有极限思想的渗透(引导学生想象并感受：如果继续往下平均分，份数越多，表示每一份的分数会怎样)等。朴素的内容完全可以承载丰厚的数学内涵，每一堂课，我们都可以作出这样的思考。

此外，我还结合具体数学内容进行“数学思维方法”或“问题解决策略”的主题性教学实践(义务教育课程标准苏教版小学数学教材将“解题策略”作为具体板块进行教学，比如“综合与分析”“画图与列表”“倒推”“假设”“枚举”“转化”等)，效果也很好。

4. 挖掘数学内容中的丰富情感、态度和价值观

在更多课堂上，一句“使学生感受数学与生活的密切联系，体验数学的应用价值”，往往便将数学学习中原本更为丰富、多元、立体的情感、态度和价值观掩盖。事实上，数学可以给予个体情感、态度、价值观方面的影响远不止于此，前文第二小节已有描述，此处不再赘述。具体的实践过程中，我认为应注意两个问题。

首先是如何正确对待数学史料的问题。历史往往沉淀下许多值得流传的史实与价值观念。我们不能仅仅停留于对史实的介绍上，而应引导学生透过史实，触摸到史实背后的价值和观念，使其构成一种更有教育意义的积极影响。如祖冲之是中国古代研究圆周率的骄傲，但仅到此为止，并进行肤浅的爱国主义教育是不够的。他在研究过程中如何“借助正多边形周长研究圆周长”的数学思想和智慧；他不满足于既有结论，不断超越、执著奋进的探索精神等，更应该透过课堂浸润到学生的内心深处。我在教学时，将这一段数学历史有机融入具体的周长公式的探索过程中来，学生的感受更丰富了，认识也更全面了。此外，我还适时地介绍了我国古代数学的领先与现代数学的落后，并给学生分析造成这一后果的内在原因，深刻的民族尊严感和为中华数学之崛起而奋斗的决心在学生心中升腾。

当然，数学更多的价值观念应该渗透于日常的教学内容与学习活动当中。教学“小数点移动引起大小变化”，我引导学生感受踏实、严谨的数学作风；教学《交换律》《正反比例》时，我适时给学生渗透些“变与不变”的观念等。渗透重在日积月累，日常、朴素的数学内容中都挖掘并渗透上一点，那么，六年的数学学习对于学生而言，难道不正是一趟美妙、丰硕的精神之旅吗？

一咏三叹　且行且思

——关于“数学文化”的三次探索、实践与思考

数学是一种文化，它是人类文明的重要组成部分。然而，正如一位朋友在短信中所言，既承认“数学是一种文化”，再提“数学文化”，岂不是有语词重复之嫌？我的回复是：这里，我更愿意视其为一种意义的重申和叠加。反观当下的数学课堂，原本属于文化范畴的数学，如今正渐渐丧失着它的文化性，变得不那么“文化”了。教育语境下的数学，已经开始和文化背道而驰，并沦落为一种“非文化”“反文化”的东西。对数学知识积累、数学技巧训练等工具性价值的过分关注，正在使数学本该拥有的文化气质和气度，一点点剥落、丧失，并逐渐成为数学教育遥不可及的乌托邦。“让数学变得文化些，还数学以文化之本来面目”，已经成为我们数学教育亟须关注、思考和探索的问题。

2002年秋，一个偶然的机会，我开始了关于“文化数学”的探索与实践。如今，三年已过去。回顾这段时日，当一切的憧憬、期待、迷茫、尝试、顿悟、反思归于平静，梳理走过的探索之路，收获和成长自在不言间。

“踌躇满志”

——关于《圆的认识》的尝试

研究源于阅读，收于实践。

为了把握数学文化的内涵，我开始认真阅读大量有关数学文化方面的文献资料，从专题书籍到学术期刊，进而到网络、电子读本。其间，西方数学教育中关于数学文化的论述给了我不小的影响。自我感觉对数学文化的内涵有了一定的感性认识后，一种强烈的愿望在脑海中涌动、萌生，那就是，只有真正做出一份有说服力、有代表性的课堂案例，你的思考才具有真实的价值。一年后(2003 年)的秋季，适逢笔者参加某大型数学教学研讨活动。以“追寻数学课堂的文化意韵”为意旨，我选择以《圆的认识》这一经典数学课例为蓝本，进行了新的探索和尝试。(注：为节省篇幅，此处只择录相关片断以作阐述，下同。)

[案例 1]《圆的认识》及思考

片断一：

师：对于圆，同学们一定不会陌生。生活中，你们在哪儿见到过圆形？

生：钟面上有圆形。

生：有些桌面是圆的。

生：学校喷水池的池口也是一个圆形。

师：今天，老师也给大家带来一些。见过平静的水面吗？(见过)丢进一颗小石子(播放动态的水纹)，你发现了什么？

生：(激动地)水纹、水纹、圆……(声音此起彼伏)

师：其实这样的现象在大自然中随处可见，让我们一起来看看。(伴随着优美的音乐，阳光下绽放的向日葵、花丛中五颜六色的鲜花、光折射后形成的美妙光环、用特殊仪器拍摄到的电磁波、雷达波、月球上的环形山等画面一一展现在学生的眼前，见图 1)从这些现象中，你同样找到圆了吗？

图 1

生：找到了！

师：有人说，因为有了圆，我们的世界才变得如此美妙而神奇。今天这节课，就让我们一起走进圆的世界，去探寻其中的奥秘，好吗？

生：(激动地)好！

片断二：

师：俗话说，“没有规矩，不成方圆”。意思是说，如果没有圆规，是——

生：画不出圆的。

师：今天，老师特意为每一小组准备了很多其他材料，唯独没有圆规，你能利用这些材料，试着画出一个圆吗？

(学生利用手中的工具和材料画圆，随后交流各自精彩的方法。)

……

师：既然不用圆规，我们依然创造出了这么多画圆的方法，那俗语中为什么还会有“没有规矩，不成方圆”一说呢？

生：我想，大概是古时候的人们没想到这些方法吧？(生笑)

生：我觉得，“没有规矩，不成方圆”一开始指没有圆规和“矩”画不出方和圆，但是流传到后来，它的意思已经发生了改变，是指很多事情，必须要讲究规矩，遵循章法。(不少同学投以赞许的目光)

师：真没想到，一条普通的数学规律，经过千年流传，竟逐渐成为我们生活中一条重要的人生准则。当然，同学们能够利用各自的智慧，成功演绎“没有规矩，仍成方圆”，足以说明大家不凡的创造力了。

片断三：

师：其实，早在两千多年前，我国古代就有了关于圆的精确记载。墨子在他的著作中这样描述道：“圆，一中同长也。”你能理解其中的意思吗？

生：一中是指一个圆心，同长则指半径或直径同样长。

师：而中国古代的这一发现，要比西方整整早一千多年。听到这里，同学们感觉如何？

生：特别的自豪和骄傲。

生：我觉得我国古代的人民非常有智慧。

师：其实，我国古代关于圆的研究和记载还远不止这些。《周髀算经》中有这样一个记载，“圆出于方，方出于矩”，是说最初的圆是由正方形不断地切割而来(动画演示：方向圆的渐变过程，如图 2)。现在，如果告诉你正方形的边长是 6 厘米，你能获得关于圆的哪些信息？

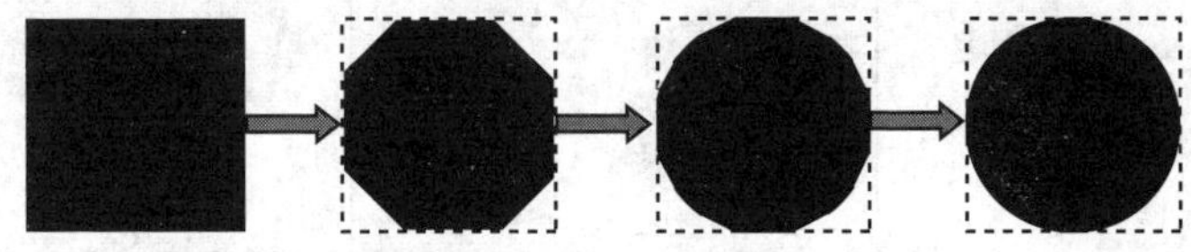

图 2

师：说起中国古代的圆，下面的这幅图案很特别(出示图 3)，认识吗？

生：阴阳太极图。

师：细细看来，阴阳太极原来是由一个大圆和两个同样大的小圆组合而成(出示图 4)。现在，如果告诉你小圆的半径是 3 厘米，你又能知道什么呢？

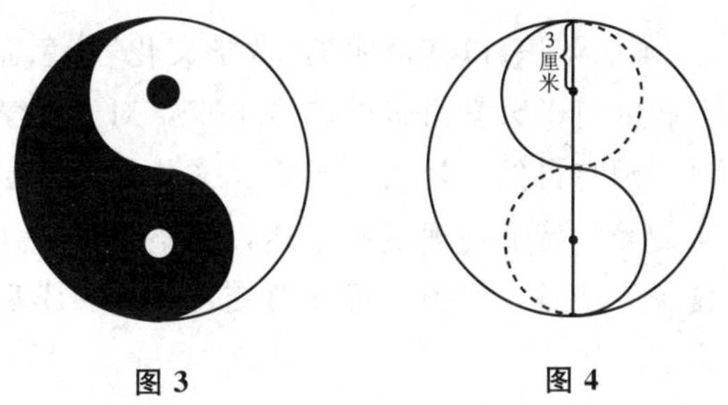

图 3　　　　**图 4**

……

片断四：

师：其实，又何止是大自然对圆情有独钟，在我们生活的每一个角落，圆都扮演着重要的角色，并成为美的使者和化身。让我们一起来欣赏——

(伴随着优美的音乐，如下的画面一一展现在学生眼前：生活中的圆形拱桥、世界著名的圆形建筑、中国著名的圆形景德镇瓷器、中国民间的圆形、中国结、中国传统的圆形剪纸、世界著名的圆形标志设计等，如图 5。)

师：感觉怎么样？

生：我觉得圆真是太美了！

生：我无法想象生活中如果没有了圆，将会是什么样子。

师：而这，不正是圆的魅力所在吗？

图 5

［思考］

研讨活动中，《圆的认识》以其鲜明的“数学文化”特色而获得成功。尤其是教学过程中，教师对于数学语言的诗意追求，对于数学历史的广泛涉猎及巧妙演绎，对于圆与自然、社会、历史、文化等各个层面内在联系的揭示，以及对于圆的美学特征的理解和表达，使整个课堂洋溢着浓厚的美感、历史感和文化感。于是，作为反思和总结，我在教学后记中写下这样一段：

“作为人类文化重要组成部分的数学，在经历了漫长的发展过程后，凝聚并积淀下了一代代人创造和智慧的结晶，我们有理由向学生展现数学所凝聚的这一切，引领学生通过学习感受数学的博大与精深，领略人类的智慧与文明。《圆的认识》一课，表达的正是对数学的这样一种文化解读。教学伊始，我们从最常见的自然现象引入，既巧妙渗透了圆的神奇魅力，激发了学生对圆的向往，又无形中渗透了‘大自然本身遵循一定的数学规律’这一西方数学文化的经典思想；探究结束，我们介绍了中国古代关于圆的记载，从宏观的历史视野丰富学生的认识视阈，拓展了学生的精神世界；最后，我们更是借助‘解释自然中的圆’和‘欣赏人文世界中的圆’等活动，帮助学生在丰富多彩的数学学习中层层铺染、不断推进，努力使圆所具有的文化特性浸润于学生的心间，成为学生数学成长的不竭动力源泉，让数学课堂摆脱原有的习惯思维与阴影，真正美丽、动人起来。由此看来，要真正体现数学的文化特性，我们应该对数学的发展史、数学的美以及数学与人类社会各领域的紧密联系予以相当的关注，这些都是体现数学文化的重要因素，是构成数学文化内涵的核心组成部分。”

活动结束后，本案例在一定范围内形成相当的影响，并一度成为网络上数学教师关注的热点和焦点。由此，关于“数学文化”的探讨和争鸣也渐渐从幕后走向前台。

“峰回路转”

——因《轴对称图形》而引发的思考

2004 年 10 月，在苏州举行的江苏省青年教师数学教学研讨会上，笔者有幸再度执教观摩课。为了彰显一年多来在“数学文化”领域所作的探索，接到任务后，笔者十分自然地对本课教学作出了“充分展现数学文化的魅力”这一定位，并进行了细致的思考。最终将课题定为《轴对称图形》，也是因为这一课例相对而言本身就具备较浓郁的文化要素，对于体现“数学文化”这一主题有一定的优势。于是，在《圆的认识》一课的基础上，笔者决定择其精华，梅开二度。

[案例 2]《轴对称图形》及其背后

有了前一案例的铺垫，新的一课可谓驾轻就熟。

为了彰显《轴对称图形》的文化内涵，类似地，笔者同样通过百科全书、电子网络等各种渠道，收集了大量有关《轴对称图形》的资料，有自然景观、有民间工艺、有商标集锦、有经典图案……从交通标志到国旗国徽，从扑克图案到桂林山水，从建筑艺术到生物百态，从图形的对称美，到图案的寓意美，再到自然世界的平衡美与和谐美。应该说，轴对称图形的美感及其文化内涵在这一设计中得到了相当充分的体现。

活动如期举行。如我所愿，本课教学同样获得成功。然而，由于与会专家、学者颇众，更因为活动本身在于交流、研讨，因而，活动结束后，由此而引发的关于“如何体现数学文化”的讨论、争鸣在更大范围内得以展开，交流也更为深入、深刻。当所有观点交互碰撞、所有争鸣趋于平静后，一种关于“数学文化”的见解浮出水面，并对我原有的观念造成冲击。这里，仅择主要观点，以便论述。

观点 1：教学过程过分关注了《轴对称图形》的文化特性，“色彩”太浓，文化味太重，而相应的数学味没有得到应有的体现，数学课堂以“着力培养学生的数学思考”这一目标没有得到足够重视，课堂教学呈现出本末倒置的倾向。

观点 2：在一般人看来，这节课的最大看点似乎在大量对称图案、标志、建筑的介入以及最后桂林山水和生物对称性的渗透。这些固然很好地体现了轴对称图形的美与和谐，然而，我们以为，本课最为成功，也最能充分彰显数学文化魅力的地方不在于此，反而在认识概念后师生围绕“五个图形中哪些是轴对称图形”所展开的那一段精彩的教学对话。粗粗看来，内容朴素无华，似与文化相去甚远，然而细细琢磨，这当中所体现出的对于数学思维的有效关注和巧妙引导，对于数学思维品质及数学思辨能力的培养以及由思考而带来的智力愉悦，恰恰彰显了更为本质的数学文化魅力。

观点 3：文化不是外在的附属品。同样，数学的文化诉求不应从数学之外去找寻。从这一意义上讲，本课对于轴对称图形所作的拓展与升华，固然为本课学习增添了亮色，但却没有涉及数学文化的本质。数学最内在的文化特性应该是数学本身，应该反映数学的个性，体现数学的思维魅力。如果数学课堂使学生真正感受到了思维的快乐，并且因为思维品质的优化和思维能力的提升，而使学习个体的本质力量得到确证，那么，数学的文化张力也就真正得到了彰显。这里，我们同样欣赏师生围绕“五个图形是否为轴对称图形”所作的交流，因为它体现了数学内在的文化力量。

……

应该说，倘若没有这些评论，我一定会忽略关于“五图”的讨论这一环节。至少，我是不会将其和“数学文化”联系在一起。于是，为了印证这些评述，我对照光盘，翔实记录下了关于“五图”的这段对话。

片断五：

认识轴对称图形的概念后，教师出示如下五个平面图形：

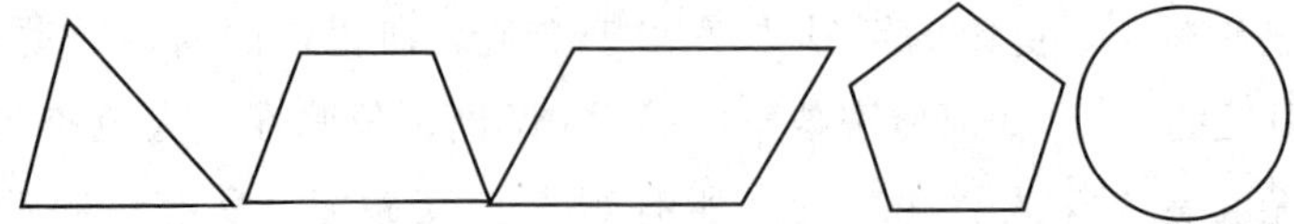

师：观察这些平面图形，你觉得哪些是轴对称图形，哪些不是？

稍作观察与思考后——

生 1：我觉得五边形和圆是轴对称图形，其他都不是。

生 2：我认为这五个图形都是轴对称图形。

师：多好呀！课堂里出现不同的声音了。

生 3：我觉得第一个和第三个不是，其余都是……

师：同学们就这一问题给发表了不同见解。那究竟该听谁的？

生：听我的、听我的……

生 4：(轻声嘀咕)动手试一试吧。

师：(请起这位同学)多好的想法！为何不大声说出来？

生 4：(自信地)我们可以动手试一试。

师：对呀。当意见出现分歧时，与其盲目地相信自己，或者听从别人，还不如亲自动手试一试，用事实来说话！

(学生拿出这五个图形动手操作、验证，有些还在组内轻声进行交流。)

师：动手实验后，大家对这一问题一定有了更加深入的认识。谁来说说？

生 5：一开始，我以为这个三角形是轴对称图形，现在我认为它不是了。

师：你是怎么发现的？

生 5：把三角形对折后，发现两边没有完全重合，所以它不是轴对称图形。

师：在事实面前，及时调整自己的意见。很好！

生 6：我想说这个平行四边形。原以为它是轴对称图形，可是把它对折后，我才发现它并不是。

师：看来，仅靠观察得出的结论有时不准确，还需要动手实验进行验证。

生 7：老师，我不同意他(生 6)的观点。

师：是吗？说说你的想法。

生 7：我也把平行四边形对折，它是一个轴对称图形。

师：关于平行四边形，出现了两种截然不同的观点。(教师统计全班的观点)两种观点势均力敌，那就用事实来说话吧。正方先亮出你们的观点。

生 8：我把这个平行四边形对折后，发现两边是两个完全一样的梯形，所以我们认为它是一个轴对称图形。

生 9：我们反对。虽然对折后两边大小一样，但并没有完全重合，你看，这边多出了一些，而那边又少了一些，不符合轴对称图形的定义。

师：嗯，抓住轴对称图形的特点进行分析。

生 10：我反对。虽然对折后两边没有完全重合，但只要我们沿着折痕剪开，换一个方向后两边就能完全重合了，所以我们认为它是一个轴对称图形。

生 9：可是，黑板上写得清清楚楚，只有对折后两边完全重合，才算是轴对称图形。剪开后两边重合是不算的。

生 11：(补充)不然，黑板上应该写"对剪后两边完全重合"了。(笑)

生 12：再说，如果剪开的话，原来图形的特点已经被破坏了，最多只能说现在的图形是轴对称图形而已。(掌声)

师：在这么多事实面前，你们(另一方)还有什么想说的吗?

生 8：我也同意它不是轴对称图形了。(这时，他的同桌又将手高高举起。)

生 13：我还有补充。如果平行四边形的四条边长度一样，变成一个菱形的话，那它就是一个轴对称图形。

面对他突如其来的补充，笔者也颇感意外，并临时剪了一个菱形。

师：请你给大家说说，为什么它是一个轴对称图形。

生 13：(边折边说)把它对折后，两边完全重合，所以它是一个轴对称图形。

师：你的发现告诉了我们一个道理，也许一般的平行四边形不是轴对称图形，但有些特殊的平行四边形却是轴对称图形，比如——

生：菱形。

生 14：(或许是受前面的启发，激动地)我觉得还有长方形和正方形，它们对折后也能完全重合。

师：很好。感谢大家，是你们让大伙的思考从一般走向了特殊。的确，这样考虑问题，要比原来完整和准确多了。

生 15：既然这样，我觉得屏幕上这个三角形虽不是轴对称图形，但有些特殊的三角形却是的。

师：是吗?你觉得哪些三角形是轴对称图形?

生 15：比如等腰三角形和等边三角形。

(教师给出这两种三角形，引导学生上台操作，说明它们都是轴对称图形。)

师：能从平行四边形自觉联想到三角形，这是多么有益的一种学习方法啊！

生 16：我想说这个正五边形。通过对折，我发现它是一个轴对称图形，但如果它不是正五边形，那它就不是了。（其余同学频频点头。）

（正在这时，笔者发现有位学生画了这么一个五边形：⬠，教师顺势拿起这个图形，放在实物展台上。）

师：瞧，这位同学画了这样一个五边形，想象一下，它是轴对称图形吗？（是！）看来，除了正五边形外，有些特殊的五边形同样也是轴对称图形。

生 17：我认为圆是一个轴对称图形，因为把它对折后两边能完全重合。而且圆的直径就是它的对称轴。

师：能和圆的其他知识联系起来进行思考，真不错。不过，准确地说，直径所在的直线才是圆的对称轴，你们说是吗？（是）

生 18：我还想补充，不管什么圆，它都是轴对称图形。

师：你的补充很有见地。讨论平行四边形、梯形、三角形时，我们既要考虑一般的情况，又要考虑特殊的情形。但圆就不同，所有的圆都是轴对称图形，不存在什么特殊的情况。看来，数学学习中，具体的问题还真得具体对待。你的补充让我们的思考又向前迈进了一步！（全班学生报以热烈掌声。）

［思考］

回顾这一教学片断，没有了多彩的画面、绚丽的音乐，没有了历史的厚重、现实的丰富。然而，正是透过朴实无华的教学实录本身，我们发现，短短的教学时空里，学生不仅对“五个平面图形中哪些是轴对称图形，哪些不是”这一问题获得了清晰、深刻的认识，更由此引申开去，在对话和思辨中获得了对一般和特殊的辩证思考，对直觉猜测与实践验证复杂统一性的深刻体会，对思维全面性和深刻性的丰富体验等。特定的时空里，学生的思维始终处于积极活跃的状态，他们尽享因数学思考而带给他们的思维的确定性、变通性、灵活性、辩证性。数学的真理感、数学思考的内在美、数学丰富的思维方式等，正是在这样一种润物无声的对话和思辨过程中悄悄滋润着学生心灵，化作学生思考的力量源泉。

清楚地记得，当执教完《圆的认识》一课后，有人提出，“虽然这节课的文化味体现得很充分，但普通的数学课，比如计算，比如应用题，再比如一般的概念教学，如何体现数学的文化特性?”那一刻，我无以答复。如今想来，当时的无言以对，背后折射出的恰恰是自己对数学文化片面、狭隘的理解。

的确，文化不是外在附属品。数学文化也不是简单意义上的“数学＋文化”。在关注数学历史性和数学美的同时，我们更应该对数学文化有一种更为家常的朴素理解：文化者，以文化人也，数学真正的文化要义在于，它可以最大限度地张扬数学思考的魅力，并改变一个人思考的方式、方法、视角。数学学习一旦使学生感受到了思维的乐趣，使学生领悟了数学知识的丰富、数学方法的精巧、数学思想的博大、数学思考的美妙，那么，数学的文化价值必显露无遗。从这一意义上讲，数学文化又怎会仅属于《圆》和《轴对称图形》?任何数学课堂，我们可以触摸到数学文化的脉搏，因为，拥有思考，便拥有了数学的文化力量。

“柳暗花明”

——《因数和倍数》一课及其他

正所谓“有心栽花花不开，无心插柳柳成荫”。《轴对称图形》一课中，恰恰在自己最不在意的一个环节里，绽放出了数学文化最为本真的一面，也让自己对数学文化的理解和思考有了一个新的飞跃。为了使新的思考转化为现实的课堂实践，2005 年春，我又开始了新的关于数学文化的探索。

这次选择的是一节普通的数学概念课——《因数和倍数》，没有图形的直观和具象，也没有丰富、直接的现实背景作支撑。一切从朴素中开始。限于篇幅，此处只呈现当时的教学预案。

[案例 3]《因数和倍数》预案及思考

活动 1：巧用模型，建构意义

教师出示 12 个完全相同的小正方形，引导学生在头脑中将它们摆成一个长方形，并试着用乘法算式将相应的摆法有序地表示出来。在此基础上，师生共同建构因数和倍数的意义。

在此基础上，结合具体内容，引导学生感受因数和倍数的相互依存性和辩证关系，发展学生的数学思考。

活动 2：自主探究，提升思考

明确概念内涵后，教师引导学生自主研究“36 的因数”和“3 的倍数”。

考虑到学生在认知背景、思维品质及思维方式上的差异，学生中势必会出现不一样的思考过程和结果：或者全面、或者片面；或者有序、或者无序；或者肤浅、或者深刻。此时，教师应该引导学生将自己的数学思考展示出来，在师生之间多维的对话、思辨、质疑、争论的过程中，彼此取长补短，相互吸纳。片面的思考趋于全面，无序的思维走向有序，肤浅的认识归于深刻。思维品质在沟通中获得提升，思维方式在比照中得以修正，思维能力在对话中得到发展。

活动3：激化冲突，活化思维

引导学生分别思考：在1～10这些自然数中，哪些数一定是20、()4和()()这些两位数的因数。

开放而充满智力挑战的问题情境，学生在认知冲突中展开思维，寻求结论，并在思维和对话中使自身的认识从粗放走向细腻和深刻，相应的数学知识也在交流中得以有效渗透。

活动4：探寻规律，感受奥秘

教师引导学生利用9颗珠子，在计数器上分别拨出不同的两位数。并引导他们观察并思考，这些数和9之间有没有什么特殊的联系？可以想见，当学生们最终发现，9颗珠子拨出的两位数竟然都是9的倍数时，心头涌起的惊讶是何等强烈而真切。在此基础上，再自然引导学生展开联想、猜测：8颗、7颗、6颗……珠子拨出的两位数，会不会也是8、7、6……的倍数。由此，开放而充满召唤的问题情境，丰富而多变的数学规律，使原本枯燥、乏味的数字绽放神奇的力量。

活动5：内部拓展，彰显魅力

先引导学生猜一猜100以内的自然数中谁的因数最多。当最终的结果“60”出人意料地展现在学生面前时，教师再适时介绍《数字王国——世界共通的语言》一书中关于“时分秒进率为60”的原因的描述，并进一步拓展到“1日＝24时”“1年＝12月”中24、12的来由。既激发学生的探究兴趣，引领学生感受数字在人类历史发展进程中的神奇作用，更激活学生的辩证思考，体会数的大小与因数多少之间的复杂关系，获得对于因数更为立体、更加深刻的理解。

接着，再引领学生走进和因数有着密切关联的另一特殊数学现象：“完美数”，在认一认、找一找、比一比的过程中，引导学生感受完美数的美妙结构，体会数学家对于完美数的无穷探究兴趣(前100亿个自然数中，只找到6个完美数，需要数学家们付出怎样的执著和艰辛)，间接体验数学的内在魅力以及数学家孜孜以求、不断超越的数学探索精神。

活动6：沟通联系，丰富内涵

从两千多年前古希腊人最初从因数、倍数角度研究音乐，到希腊建筑中大量倍数关系的存在与其雄伟、牢固、美观之间的内在联系，使因数和倍数超越一般的数学概念，获得一种美学意义上的气息。在此基础上，再从“数论”的角度重新关照《因数和倍数》，使新的知识在深度和高度上获得提升。

很难说这是一次成功的探索，或者说它已经体现了数学文化之真义。但有两点是可以肯定的。其一，摆脱“空间和图形”领域，将探索触角伸向“数与代数”，选择枯燥的《因数和倍数》这一内容，本身反映的便是一种求真、务实的研究态度，一种对各类型数学课堂中如何体现数学文化问题的自觉追求。其二，在思考和研究这一课时，能自觉跳出“数学＋文化”的窠臼，从更为开阔、全面、辩证的视角理解并构建数学文化课堂。尤其是从以往对数学历史资料的简单引入，到本课全面关注学生数学思考的提升、数学思维方式的培养，关注数学精神品质的有机渗透等(这些在教学预案中均有描述)。这一转变，丰富了数学文化的内涵，为我们今后开展数学文化的理论探索和实践研究，开掘了新的思路，展现了新的契机，描摹了新的未来。

不是尾声

三次探索，可谓一咏三叹。应该说，每一次实践和案例的背后，都沉淀下对“数学文化”更为深入、更接近于本质的思考。

如今，细细想来，数学不只是知识和方法的简单会聚，它应该是一个开放的文化体系，是人类智慧和创造力的结晶。它在给予我们知识与方法的同时，更以一种文化的姿态改变人类的思考品质，拓展人类的视野，丰富人类的精神世界，增进人的本质力量。数学的文化特征不仅仅只在于数学的历史性和美学价值，凝聚在数学之中的美妙绝伦的数学思维方法、探索不止的数学精神、求真臻善达美的数学品格，对于一个人全面和谐的发展，都具有极为重要的意义！可以说，数学是“真”“善”“美”的完美集合！因而，我们在承认和弘扬数学工具价值的同时，更应该看到它的文化价值，并借助日常的数学教育实践，使其外化为一种现实的数学影响，努力彰显数学的文化品性，真正使数学学习成为学生获得知识、形成方法、感悟价值、提升精神的生命历程。

三次探索，与其说让我在实践、交流、思辨的过程中一步步更加接近了数学文化之本质，莫如说，它见证了一段真实、执著、不断修正、不断提升的数学文化研究历程。它真切地告诉自己，教师的研究应该源自真实的课堂。唯有向课堂回归，唯有真正立足实践、反思和超越，我们的教育研究才能真正体现出它的生命张力和再生力。

我愿意携着这一认识，继续我数学文化的探索，以一个行者的姿态，行走在数学教育教学的道路上，且行且思，且思且行。

数学文化与素养：两个高度相关的问题

随着《课程标准（实验稿）》的颁布与实施，“数学是人类的一种文化，它的内容、思想、方法和语言是现代文明的重要组成部分”这一观念已经得到越来越多人的认同，实践层面的探索与研究也随之展开。对于重塑数学在学校教育及至学生心目中的形象，重新评估数学的教育价值，其意义自是非同寻常。

而在即将出台的《课程标准（修订稿）》中，随着数学双基向“四基”的推进，尤其是“数学是人类文化的重要组成部分，数学素养是现代社会每一个公民应该具备的基本素养”的进一步明确界说，人们又一次将视线聚焦在数学文化、数学素养等问题上，进而希望能就数学文化、数学素养等问题及其内在的关系等给出清晰的理解与思考。

无疑，数学文化也好，数学素养也罢，都是数学教育中的重要问题，并在某种意义上直接关系到数学教育活动的终极价值取向。就笔者看来，数学课堂中的文化渗透与素养提升，是两个高度相关以至于近乎等价的命题。要厘清其中的关系，我们不妨先从文化、数学文化及数学素养三者的内涵说起。

文化有广义与狭义之分。从广义上讲，文化与“自然”相对，文化即

"人化"，泛指人类社会历史中所创造的一切物质与精神财富，其着眼于人类与一般动物以及自然界的本质区别。狭义的文化则专注于人类精神创造活动及其结果，包括特定团体相应的生活方式、行为规范、思维方式、价值观念等。而目前普遍被认可的关于数学文化的定义，恰恰源自于对文化的狭义理解，即所谓数学文化，是指"以数学家主导的数学共同体在从事数学研究活动中所形成的一般的思想方法、思维方式、价值观念、精神品格等"。当然，精神层面的数学文化不可能脱离物质层面的具体数学知识、理论而单独存在，它们总是以某种特殊的形成凝聚、投射到具体的数学知识、数学理论之中，成为凝结在静态数学文化背后的精神因素。

当然，上面所论述的只是文化的静态层面。事实上，从动态的角度来看，文化在辞源上还有"文以教化""文以化之"的含义。"化"者，影响、改变也。也就是说，文化一方面是由人类在实践过程中创造出来，而与此同时，文化一旦固定下来，它往往又会对人的思维方式、行为观念等反过来产生相应的作用。数学文化同样如此。因而，实践层面上，我们更需要从动态层面来理解数学文化，并应在具体的课堂教学活动中，通过"释放"凝结在具体数学知识、结论背后的数学精神因子，从而使数学学习成为学生发展理性思维、精神，形成数学观念、人格的过程。数学的文化价值也正在于此。

回过头，再来看数学素养。尽管，目前我们尚无法对数学素养给出一个相对固定的界定，但从相应的资料索引来看，无论是对数学素养的广义理解，或是狭义把握，发展学生的数学思维与思想观念，帮助学生形成理性的精神品质等，都是其共同的组成部分，从而也就构成了数学素养的重要内涵。再者，有学者曾从这样的角度对学校教育背景下的"素养"问题作出如下解说：学过了，遗忘后，剩下的，就是素养。尽管这样的说法缺乏具体的学理支撑，但在通俗的层面上，这也确实揭示了素养的某些特征。借用过来，那么，什么东西才是数学学习活动中学生有所遗忘后可能剩下的？是具体的知识、技能、技巧？还是内隐的数学思维方式、思想观念、精神品质？答案已经相当明确了。

并且，也正是基这样的理解，笔者始终坚持：数学课堂中的文化渗透与素养提升，本质上是一脉相承的。对于数学学习而言，"文"(具体的数学内容)是素材，"化"(充分彰显数学文化价值的数学学习活动)是过程，而"素养的提升"则是最终的目的。两者之间相辅相成、互为因果，而最终又在“数学教育的价值”这一维度上获得了内在统一。事实上，南京大学哲学系郑毓信教授在最近所做的关于“素养提升：数学教育的价值”专题报告中也一再提及，数学思维与数学文化是数学素养的重要组成部分。对于本文而言，这无疑是一种有力的佐证。

由此，回到实践层面，数学素养的提升问题，自然又归结到了数学文化的渗透问题。作为重申，笔者愿意再次作出这样的强调，即我们的数学课堂不仅仅要关注学生知识习得与能力培养，更应该结合具体的知识与技能教学，将凝聚在数学知识背后的“文化因子”予以外显，成为学生可以触摸、感受、体验、品味的东西。数学学习的过程，应该是学生体会数学思维抽象性、逻辑性的过程，应该是学生学会数学地思维的过程，应该是学生学会从数学角度思考问题，进而建立数学模型并作出解释与应用的过程，同时也应该是学生获得理性态度与精神品质的过程。重要的是，数学教师要学会准确解读出内隐于数学知识背后的这些因素，并以合适的教学行为予以呈现，并最终沉淀为学生的思维观念与个性品质。一旦做到了，数学文化自然就渗透了，学生的数学素养自然也得到了有效的提升。

数学文化：如何走向日常的数学课堂

在具体的实践层面上，作为文化的数学究竟该如何释放出其应有的文化影响力，进而彰显其固有的文化价值与魅力。也即我们的数学课堂，尤其是日常的、更具家常意义的数学课堂上，我们又该如何体现数学的文化属性，进而凭借具体而微的数学学习活动，真正使每一个学生经由数学知识的习得、数学能力的形成、数学方法的掌握等，真切领略数学的文化价值与精髓，提升个体自我的数学文化涵养。

提出这一问题无疑有其具体而迫切的现实背景。事实上，有关数学文化的探索与实践，早在《课程标准(实验稿)》颁布与实施之初，便渐次散见于一些教师的教学研究课或观摩课中，甚至还一度成为基础教育数学课程改革的一大亮点与焦点，“言数学必谈文化”，大有星火燎原之势。但令人遗憾并不乏担忧的是，这段时间里，实践层面有关数学文化的探索与研究总是囿于一个相对狭窄的空间与夹缝中，尤其是，数学文化似乎成了数学史的代名词。数学课上，数学史料的介绍与呈现，成了渗透数学文化的唯一渠道与途径。事实上，从某种意义上讲，数学史料的渗透无疑是数学文化走进数学课堂的重要组成部分。对数学史料的有效推介与开掘，对于帮助学生重新认识数学的本来面目，进而还原数学知识的来龙去脉，将浸润在数学史料背后的更具一般意义的数学方法、数学精神彰显出来，倒也不失为数学课堂渗透数学文化的重要媒介。但问题是，数学文化无疑比数学史具有更加丰富的内涵与更加开阔的外延。将数学文化简单地与数学史画上等号，既是对数学文化内涵的一种窄化，不利于我们全方位地理解、认识进而把握数学的文化价值，同时于实践层面又使我们陷入一种尴尬的境地。也即并非每一堂日常的数学课都能寻得适切的数学史料的。既如此，那么，数学文化岂不成为了某些数学课堂的精神贵族，而失去了其应有的平民性格？难怪有人作如此判断：在实践层面，数学文化并不具有一般意义与普适性，要想让每一堂日常的数学课都呈现出数学文化的意味，几无可能。

要解决这一现实问题，进一步澄清数学文化的概念无疑是十分必要的。对此，前文已有充分阐释，此处不再赘述。而更重要的一点是，我们须沿着对数学文化已经形成的普遍认识，在实践层面开辟出一条更具一般性与普适意义的数学文化的拓荒之路，并以务实求真的教学实践，让更多的一线教师真切感受到数学文化于数学课堂中的平民特质，以此还原数学文化的本来面目。

视角一旦得以转换，问题便不再如想象中那样复杂与困难。限于篇幅，我们不妨仅结合具体数学教学中的相关内容作一粗略分析。

比如，有关数学概念的教学。数学概念是数学知识的本质属性在人脑中的反映。作为表征数学对象本质属性的数学概念，其在形成过程中已经剥离了数学对象的众多非本质属性，而仅留下其最为核心也最能反映对象的本质特征的要素。教学数学概念时，重要的不是教师对于概念内涵、外延的正确呈现与讲解，而是应通过呈现适量符合概念特征的正反例证，通过组织学生进行观察、比较、分析、综合、抽象、概括，逐步在头脑中摆脱相关数学对象的非本质属性，进而建立相应的数学概念，获得对概念本质属性的把握与理解。这一过程，既是学生数学思维得以锤炼、发展的过程，对于学生形成由表及里纵深思维，透过现象把握事物本质等，同样具有着潜移默化的影响。往小处说，这里关系到学生对数学知识本身的精确把握与深刻理解，往大处说，这更涉及学生数学思维方式的形成与确立。而这，无疑是数学文化的重要价值之一。

再来说说计算教学。计算教学是数学教育的重要组成部分，即便是新一轮数学课程改革对计算教学从难度与宽度上均作出了相应调整，但其在数学课程中仍占有相当的份额，可谓举足轻重。牢记运算规则，反复进行形式化的演练，以"熟练"至"生巧"，对于提高学生相应的计算技能，无疑有着十分显见的功效。但是，这只顾及问题的一个方面。作为数学教育重要的组成部分之一，计算教学同样可以成为彰显数学文化价值的重要平台。关键是，教师对此应有清晰的认识与足够的关注。比如说，如果我们把运算法则作为公理的话，那么，具体的计算活动正是一次次由公理而展开的演绎过程，其背后充斥着丰富的三段论式的思维：因为……又因为……所以……从这样的角度重新打量计算，我们便不难从模仿、操练、形式化演算的过程之外，寻得更多有利于学生形成精确思维、有序思维、有理有据思维的要素。可以说，从事计算活动的过程，包括那一次又一次看似平常、琐碎的"这道题你是怎么算的?""还可以怎样算?""这样算错在哪儿?"等，正是学生进行数学推理，发展数学思维的过程。长此以往的浸染与默化，改变的正是学生的思维习惯与思维方式。而这又怎能说与数学的文化性格无关?

解决问题的教学同样如此。"类型化"应用题教学之所以在新一轮课程改革中退出历史的舞台，是因为我们越来越认识到，问题解决本身并非数学教育的唯一与终极的目标。学生能否在一次次解决实际问题的过程中，不断积累起"把握实际问题——抽象出数学问题——解决数学问题——解释并解决实际问题"的纵向数学化的经验，并在这一过程中不断发展数学建模的意识与能力，进而获得蕴涵其中的独特的数学思维方法与数学意识，这些理应成为解决问题教学的更为重要的目标与价值追求。唯有如此，问题解决的过程才有可能摆脱原有应用题教学的窠臼，彰显其文化的品格来。由此，要在日常的解决问题教学过程中发挥其固有的数学文化价值，我们岂不同样有章可循?

最后，作为重申，笔者愿意再次作出这样的强调，即我们日常的数学课堂不仅仅要关注学生知识习得与能力培养，更应该结合具体的知识与技能教学，将凝聚在数学知识背后的"文化因子"予以外显，成为学生可以触摸、感受、体验、品味的东西。数学学习的过程，应该是学生体会数学思维抽象性、逻辑性的过程，应该是学生学会数学地思维的过程，应该是学生学会从数学角度思考问题，进而建立数学模型并作出解释与应用的过程，同时也应该是学生获得理性态度与精神品质的过程。重要的是，数学教师要学会准确解读出内隐于数学知识背后的这些因素，并以合适的教学行为予以呈现，并最终沉淀为学生的思维观念与个性品质。一旦做到了，数学文化自然也就得以渗透，学生的数学素养自然也就得到有效的提升。

作为文化的数学及其教学

一

无疑，从不同角度看，数学具有多重身份和角色：数学是一门工具、是一种语言、是一门科学、是一种文化……事实上，在过去的时间里，我们已经有意或无意地践行着作为工具的数学、作为语言的数学、作为思维模式的数学等。本文则试图转变视角，从文化的视角重新观照并确认数学的本质，并尝试在实践层面上给出一些肤浅的，但更接近数学本意的表达。

从作为工具、语言、思维模式的数学，转而走向作为文化的数学，视角转换的背后折射出的是认识和理解的差异。所谓认识决定行动。因而，本文愿意首先对什么是“文化”，数学是否“作为一种文化”做一些简单的探讨与说明。

二

2001年颁布的数学课程标准明确指出：数学是人类的一种文化，它的内容、思想、方法和语言是现代文明的重要组成部分。无疑，这一论述让我们对数学有了重新思考的可能，也给我们的数学教学实践提出了新的课题。随之而来的关于“数学文化”的热烈、持续的探讨，恰是一种必然的呼应。然而，令人遗憾的是，课程标准并没有对文化乃至数学文化给出明确的界定。并且，理论的缺席已经给实践带来消极影响。澄清认识，似乎已成当务之急。否则，实践上必难有深入的跟进。

“文化”是我们十分熟悉而其内涵又颇为丰富、复杂的一个科学概念。在我国古代典籍中，“文化”指“文治教化”“礼乐典章制度”等，前者用作动词，后者为名词。现代意义上的“文化”，是由西方引进的。对于“什么是文化”这一问题，叶志良先生在《大众文化》中的如下表述极具代表性，“每个试图对文化作出界定的人，都可以在自己的学科视野、知识背景、学术立场、社会环境等基础上，对文化的定义提出自己的见解。”20 世纪 60 年代，著名文化学家阿尔弗雷德·克洛依伯克莱德·克勒克荷恩在《文化：概念和定义述评》中曾经列出 160 余种文化定义。上述论断足以说明，文化正像钱钟书先生所讲的“你不说我还清楚，你越说我越糊涂”的那类概念。

尽管如此，如下对文化的广义定义，依然在国内得到了多数人的认同。“所谓文化，是指人类社会历史实践过程中所创造的物质财富和精神财富的总和。”撇开其中物质层面的文化不谈，与此相关的另一有关文化的定义，同样得到大众的广泛认可。即“所谓文化，是指一定社会群体创造、习得且共有的一切观念和行为”。

回到数学问题上来。数学“是人类社会历史实践过程中所创造的物质或精神财富”吗？进而，数学可以看做是“一定社会群体创造、习得且共有的观念或行为”吗？答案无疑是肯定的。至此，数学“作为一种文化”的身份得以确立：数学的确是一种文化。进而，为了区别于其他文化，我们把数学这一文化类别称作数学文化。这就是数学文化的由来。

明确了什么是文化，随之而来的问题是，与其他文化分支相比，数学文化的独特性及价值表现在哪儿？换言之，什么是数学文化，数学文化的价值又在哪里？对此，笔者十分赞同南京大学哲学系教授郑毓信老师给出的观点。“所谓数学文化，是指以数学家为主导的数学共同体(需要提及的是，在某种意义上，普通大众同样也是数学共同体重要的成员，他们在数学的创造、发展、进步等过程中，扮演着不可或缺的作用)所特有的行为、观念、态度和精神等，也即是指数学共同体所特有的生活或行为方式，或者说是特定的数学传统。”事实上，细心的读者一定已发现，这一对数学文化的界定，恰恰是上述文化定义的自然延伸与具体化，可谓是一脉相承。

乍一看，对数学文化的这一界定的确有点玄。事实上，笔者在与老师们交流这一观点时，却也从老师们那儿获得了类似的反馈。但稍作深入思考后，问题似乎并不难理解。众所周知，数学不是纯客观的存在，而是人类思想领域的一种创造(尽管其原型或许来自于客观现实)。就像我们能看到1个人、1棵树、1朵花，却永远看不到抽象的数“1”；我们能找到像硬币、钟表、桌子、光盘等不计其数的具有圆形轮廓的物体，却永远不可能在现实世界中找到真正意义上抽象的平面图形“圆”，诸如此类。数学既然是一种创造物，那么，在其被创造的过程中，数学势必会印上其创造者(以数学家为代表的数学共同体)鲜明的烙印。他们的行为、观念、态度和精神势必会以一种独特的方式存在于数学之中，成为“投射”并“凝聚”于数学之中的重要因子。或许，呈现在我们面前的数学，通常只是些可视的、物态层面的内容，诸如数字、符号、公式、结论等，但凝聚于这些物态层面的数学背后的，正是那些以数学家为代表的数学共同体成员在从事数学创造、研究、学习、思考时所特有的思维方式、行为准则、精神气质、价值观念以及人格特征等。

事实上，如此情形也并非仅仅出现的数学这一文化现象身上。任何一种文化，在其被创造的过程中，势必都会凝聚其创造者(从更一般的角度看，则应是创造者共同体)的观念、态度、精神及气质，比如文学、艺术、历史等。只是，不同的文化，在其被文化主体缔造的过程中，所融入的思维方式、行为准则、精神气质、价值观念等不尽相同。比如，数学作为一种文化，其所折射出的精确、抽象、公理化的思维方式，务实求真的理性精神，不断超越及自我否定的创新气度以及对简洁、对称、和谐、秩序等独特美感的敏锐洞察等，却是其他所有文化门类中所鲜有的。而这正是数学所内涵着的更为丰富、广远的文化价值，也是我们的教学实践在彰显了数学的工具价值之后，更需着力开掘的文化宝藏。

三

明确了什么是数学文化，并探明数学文化的独特价值后，作为文化的数学及其教学只是具有了实现的可能。实践层面上，我们还需要着重并审慎提出的问题是，如何实现由“作为工具的数学”向“作为文化的数学”的切实转变？这才是最核心的问题，并真正关乎实践。

事实上，伴随着新一轮课程改革，尤其是随着课程标准对“数学是一种文化”的准确表述，实践层面对数学文化的探索十分密集，甚至曾一度达到“数学课堂言必称文化”的境地。问题也随之而来。

关于数学文化的探索与实践，发端于数学史在教学中的介入。无疑，这是一种有益的尝试。并且，数学史的介入给以“工具、推理、训练”为核心的数学课堂注入了活力，对于数学发展历史的回顾，改变、丰富了学生对数学的认识。数学原来并非只是一堆无意义的符号、数字、公式的堆砌，并非只是孤僻的数学家们闭门造车、无端臆想的结果，数学原来也关乎人性与道德、精神，数学在其发展历程中，也有着动力心魄的思想冲撞与对话……

当然，所有这一切得以实现的前提是，数学史料并不只是作为一种外在于数学的“趣闻轶事”附加到课堂上。数学史料的展开、发解、还原、解密等，是数学史料之文化价值得以最大化实现的重要策略。在此，笔者愿意援引席争光老师“圆的周长”一课对数学史料的开掘作为例证，以说明上述问题。

通常，“祖冲之及其对圆周率研究至小数点后第七位”的史料，都会出现的本课教学中。但不同于其他教师简单呈现数学史料的方法，席老师的处理方式别具一格——

师：早在我国 2000 年以前的一本数学专著《周髀算经》中就有记载，(播放课件)周三径一，意思就是说，圆的周长总是直径的 3 倍，我们得出的结论是——

生：圆的周长和直径的比值是三点多。

师：很不简单嘛！这个结论在当时的生产生活中发生了巨大的作用，随着生产生活的不断进步，这个结论已经不能适应生产生活的需要了。为此，我国的数学家又用了新的方法来研究，同学们想去了解一下吗？

生：想。

师：在这幅图中都有哪些图形？

生：圆和正六边形。

师：观察正六边形的边长和圆的半径的长度，你有什么发现？

生：正六边形的边长和圆的半径相等；正六边形的周长是半径的 6 倍、直径的 3 倍；圆的周长比直径的 3 倍多一些。

师：注意观察(课件演示：在圆内接正六边形的基础上，出示圆内接正十二边形)，比较正十二边形和圆的周长，你有什么发现？

生：正十二边形的周长还是比圆的周长少，但比正六边形更接近圆的周长。

师：接着观察(课件以类似方法呈现圆内接正二十四边形、正四十八边形)，你又有什么新发现？

生答略。

师：如果再等分，又会是多少边形？

生：正九十六边形、正一百九十二边形……

师：就这样一直分下去，你有什么思考？

生：越往下分，多边形的周长就越接近圆的周长。正多边形的周长和"直径"的比值就越接近圆的周长和直径的比值。

师：这正是1700年前我国伟大的数学家刘徽提出的用"割圆术"求圆的周长和直径比值的方法。刘徽从正六边形入手，计算到正九十六边形，得出圆的周长和直径的比值是3.1416。继刘徽之后，在南北朝时期，有一位伟大的数学家，他更深入地进行了圆周长和直径比值的研究，并做出了杰出成就。现在我们一起来感受一下祖冲之研究的历史。在直径3.3333米的圆里，祖冲之一直分割到正12288边形，这时每条边的长度是0.852毫米。祖冲之没有停步，他继续分割得到正24576边形，这时每条边的长度大约是0.4毫米，不足半毫米，用针尖一点，它的长度大约就是半毫米。此时，多边形的周长和圆的周长相比会怎样？

生：已经非常接近。

生：几乎就可以当作圆的周长了。

生：这时求出的多边形的周长和直径的比值就会非常精确了。

师：同学们，祖冲之是我们民族的自豪和骄傲。正因为祖冲之的杰出成就，月球上有一座环形山命名为祖冲之山；宇宙中第1888号小行星也是以祖冲之的名字命名的。不过，圆的周长和直径的比值的研究还远没有结束。(课件播放近代圆周率的研究结果。教师板书：3.14159265358979……)

圆周率发展的历史在这一刻得以生动还原。课堂上，学生获得的不只是"原来如此"的慨叹，更重要的是，圆周率作为一个特定的数学知识，它是如何一步步真实发展起来的，在这一过程中，人类永不知足的探索精神、不断超越的人性光辉又是如何发挥到极致的。对于学生精神生命的成长，这些无疑是一笔宝贵的资源。数学史，在这一意义上，才算是担当起其作为数学文化重要组成部分的责任和价值了。

然而，物极必反。对数学史料的过度关注，却引发了新的质疑和思考：能走进小学数学课堂的数学史料毕竟有限，更多日常的数学课堂里，离开了数学史料的点缀与铺陈，数学还能否作为一种文化，存在于我们的课堂。在家常的、朴素的数学课堂里，数学的文化价值与气度又该如何去实现？

我们不得不承认，正是这样的思考和质疑，让我们有可能重新停下脚步，去思考更具一般意义、更具日常渗透力的数学文化及其教学实践路线。进而得出如下的结论：有关数学文化的探讨与实践至此远没有结束，甚至只是一个开始。对于博大精深的数学文化而言，数学史料充其量只是其不可或缺的组成部分，是一个引子。正如前文所述：数学作为一种文化，其所折射出的精确、抽象、公理化的思维方式，务实求真的理性精神，不断超越及自我否定的创新气度以及对简洁、对称、和谐、秩序等独特美感的敏锐洞察等，这些才是作为文化的数学所具备的文化价值的丰富内涵。而我们的实践，必将在新的认识高度和实践领域内，获得新的生命活力。

四

深入的研究才刚刚开始，经验远没有真正形成，更谈不上系统、理性的思考与实践建构。但是，如下的一批批颇具新意的研究案例，却有意无意地向我们昭示着：在日常教学的实践领域内，“作为文化的数学”同样有着十分广阔的天地。

这是苏教版课程标准数学教材四年级(下册)第34页的一道习题，笔者稍作微调后，问题改编如下：彩霞小区有一个由三个大小不同的等边三角形组成的花园(如下图)。

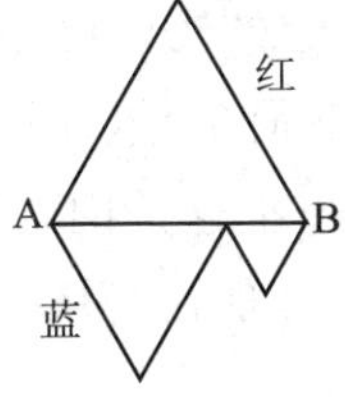

从A地到B地，红色和蓝色的路，哪一条更短？先估计一下，再想办法解决。

当时的教学实录如下。

师：凭直觉，你们觉得哪一条路更短？

生 1：我觉得红色的路短一些。因为蓝色的路拐了好几个弯，而红色的路好像比较简单，看起来稍微短一些。

生 2：我觉得蓝色的路短。因为红色的路每条边都很长，而蓝色的路每条边却很短。

生 3：应该一样长，因为……都是等边三角形。

师：看来，仅凭直觉很难作出判定。那么，该怎么解决这一问题呢？

生 4：可以量一量再比。

生 5：哦，我知道了！假设两个小三角形的边长分别是 2 米和 1 米，这样，大三角形的边长就是 3 米，然后算一算就知道了。

师：可它们的边长未必正好是 2 米和 1 米呀，能假设其他数据吗？

生：能，比如 10 米和 5 米，甚至更大。

笔者引导学生分别给出不同的数据，并通过计算得出长度相等的结论。其间，不少学生惊讶地说：两条路看起来并不等，可这样一推算，结果却一样，真奇怪。

师：当不知道具体数值时，有时，我们可以先假定数值，进而通过计算得出结论。在数学上，这是一种很重要的思考方法。但是，如果不假定数量，还能有不同的解决方法吗？

生 6：（或是受前面计算及图形直观的启发）行！因为都是等边三角形，所以，一条红边正好等于长短两条蓝边的和。同时乘以 2，长度仍然相等。所以，蓝色和红色的路同样长。

师：很有意思的推理，还有点像乘法中的分配律呢。

生 7：我是通过移一移得出结论的。（出示下图）从图中不难看出，蓝色和红色的路长度完全相同。

［图意是：把中间的两条蓝色的边分别向右下和左下方平移］

师：移一移，复杂的图形变简单了，问题也迎刃而解，真不错！既然大家如此感兴趣，那么，老师想把这一问题再变一变。（信手在黑板上画出如下示意图）还是等边三角形，现在要从 A 点到 B 点，上下两条路，哪一条更短呢？

生：还是一样长！因为……（说理过程略）

生：就算把下面变成 4 个等边三角形、5 个等边三角形，上下两条路还是一样长。

生：无论上面或下面是由多少个等边三角形组成，最终的结果都是：

红

A B

蓝

两条路一样长！

生 8：我还发现，无论上面或下面由多少个等边三角形组成，每一条路的长度都是线段 AB 的两倍(她还结合图作了具体说明)，所以，它们的长度当然是相等的。(同学们报以热烈的掌声)

师：看来，小小的问题背后，隐藏着的数学思考却是十分丰富的。现在，如果我把等边三角形改成由半圆(出示下图)，猜一猜，这时的上下两条路长度还会一样吗?

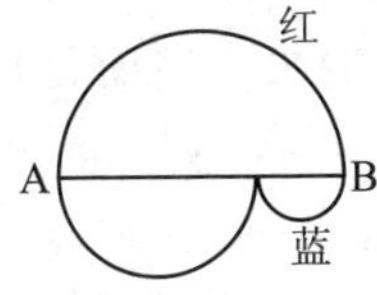

生：应该也一样。

师：为什么?

生 9：不知道……但感觉应该是这样。

师：你的直觉很棒，的确如此。这是一道很典型的数学题，而且等学完圆的周长后，大家会发现，无论是结论，或者是解决问题的方法，都和我们今天的探讨十分相似。(正在此时)

生 10：我想问个问题。如果是用大小不同的正方形、长方形或梯形也拼成这样的图形，那么，上下两条路是否永远都一样长呢?

师：能从等边三角形、半圆形联想到其他图形，并提出自己的猜想，真是太棒了！对于这一问题，同学们完全可以自己展开研究。有谁愿意课后研究这一问题吗?(90％以上的同学举手示意)别忘了，到时候将你们的研究结果和我们一起分享哦。

笔者在有关数学文化的一次课题研讨会上将上述案例以文字形式完整地呈现出来，希望能通过交流，借助这一案例帮助大家澄清对数学文化的误解或者相对窄化的理解。如下引录的是老师们交流时所给出的各种见解，笔者引用于此，是因为这些见解看似零散，却很好地呈现了大家对日常数学教学中如何彰显更具一般意义的数学文化的理解。

“数学学习除了要教会学生演绎、推理，也要教学生学会猜想、学会运用直觉。上述案例中，生 1、生 2 及生 3 所给出的猜想固然有正有误，但这样的思维方式应该在数学课堂里帮助学生建立起来，它会改变学生对问题的看法，成为他们思考问题的一种新视角。即便像生 9 那样，只是一种朴素的直觉，甚至无法借助语言去说明，但同样是难能可贵的。”

“量化思维是数学这一文化门类的重要特征。经常引导学生从数量的角度观察并思考现实情境中的问题，可以很好地帮助学生形成量化意识。生 4、生 5 能够面对新问题自觉萌发‘量一量’‘假设数值’等想法，折射出的正是这种量化思维的最初萌芽，老师在此所给予的关注、引导以及尊重，显得十分妥当。”

“猜想、实验、验证是数学研究的重要方法。上述片段中，教师先引导学生根据图形直观大胆作出猜想，进而再启发学生从不同角度或测量、或推理、或转化，最终证实或证伪猜想，得出结论。这样的处理，教师看似在着眼于问题解决，其实质则是在进行着数学方法论的启蒙，意义深远。”

“生 6 的想法已经超越一般的数学实验层面，而进入了朴素证明的高度，并闪烁着数形结合的数学思想，值得我们关注。生 7 的方法中则蕴涵着转化以及图形直观的数学思想，同样难能可贵。教学中，如能适当地放大这些数学思想，让学生从自发生成走向自觉应用，数学的文化价值或许能体现得更充分。”

“线段 AB 上下两侧的路显然是极不对称的，但距离却又出乎意料的相等。这种充满奇异性的数学现象，对于学生来说，唤醒的除了惊讶以外，自然还有好奇心以及独特的审美体验。而这些，不正是数学内在的文化价值吗?”

“讨论完三个等边三角形的问题后，教师看似随意的这一加(等边三角形个数增加)一变(由等边三角形变为半圆)，恰恰展现了数学思维由特殊到一般的推进。在数学领域，仅仅讨论特殊情形是不够的，我们应该由特殊上升到一般，唯有在一般的意义上获得的结论，才具有普遍性，才有更广泛的适用范围。生 8 的精彩发现，就是一个很好的证明。而生 10 最后的那一问，更是让我们看到了数学课堂的真正魅力：数学不但是一门充满确定的学科，它更应该让学生从确定中去找寻不确定，从看似无疑处生疑，从封闭的结论中去生成新的问题与思考，进而在更开阔的问题空间中，经由独立思考去获得结论。如果数学学习最终实现了对学生这一思维启蒙，其文化价值也就彰显无遗了。”

无疑，上述讨论让我们看到了数学文化更开阔的前景与未来的曙光，并进一步坚定了我们的信心。那就是：数学文化就在我们身边，就真真切切地弥散在我们每一天朴素的数学课堂上。只要用心去体会、去捕捉、去开启，我们有理由相信，数学内在的文化价值一定会得以释放，并成为影响学生数学成长的重要精神源泉。

数学文化：从理念走向行动

对话者：张齐华、陈静（江苏省著名特级教师）

对话背景：

“数学是人类的一种文化，它的内容、思想、方法和语言是现代文明的重要组成部分。”随着新一轮数学课程标准的颁布与实施，有关数学文化的讨论与争鸣得到越来越多的教育理论及实践工作者们的关注。作为一名年轻的数学教师，张齐华老师从 2002 年起就对这一问题给予充分关注，并试图从实践与理论的契合点上就数学文化的问题给出自己的思考与表达。在一个教学实践者的视野里，“什么是数学文化”“数学的文化价值何在何为”“如何从事数学文化视野下的小学数学教学”……我们期望通过访谈，从张老师身上找到一些答案。

一、为何关注数学文化

陈静（以下简称陈）：张老师，关于数学教学的话题有很多，你为何单单选择以数学文化作为自己的研究方向？

张齐华（以下简称张）：从工作的第一年起，我对数学教育就有一种探根寻底的冲动。比如，“孩子们为何要学习数学”“数学究竟有什么用”“数学教育到底何在何为”等，这些问题总是深深地困扰着我，也促发我的思考。而思考的必然结果是，它让我开始对数学以及数学教育的本质、意义、价值等形而上的问题有了更多思考的机会。尽管那时的思考很肤浅、粗陋，但恰是这样的思索，使我对数学文化这一问题有了最初的关注。当然，也有一些偶然的因素。那几年，外地的一位朋友常给我寄书。有一次，他给我寄来了 M. 克莱因的《西方文化中的数学》和郑毓信的《数学文化学》，两本书一下子深深吸引了我。尤其是，书中有关数学文化、数学文化价值的论述，使我对上述问题获得了一些解答。后来则一发而不可收拾，只要一有关于数学文化的书籍，我总会第一时间买来，然后阅读、思考。再后来，则尝试在自己的教学实践中体现一些数学文化的观念、想法。仅此而已。

二、什么是数学文化

陈：在你看来，什么是“数学文化”呢？

张：这个问题并不好回答。记得 2006 年，我在《人民教育》“新星档案”栏目上刊登《用文化润泽数学课堂》一文后，就有不少朋友在论坛上不止一次地向我提过这一问题。当时，我还真说不太清楚。后来，朋友的一句“以其昏昏，使其昭昭”，逼迫我不得不去查阅更多相关资料，以获得对这一问题的清醒认识。然而，不查则罢，一查才发现，仅关于文化的定义，就有 160 余种之多(见《文化：概念和定义述评》)。作为其下属概念的数学文化，理论界“仁者见仁，智者见智”，也就更不足为奇了。尽管如此，我还是想从众多观点的梳理与整合中，给出自己对数学文化这一概念的解读。因为我深知，只有对数学文化这一概念的内涵给出清晰的、自明的界定，才会为今后更深入、持续的研究找到支点。否则，一切都像空中楼阁一样，没有根基和生命力。

陈：文化的多义性必然会带来数学文化概念的多义性。对于这样的概念，只要能给出自圆其说的界定就可以了。你最后给出的又是怎样的解释？

张：这还得从文化这一概念说起。我比较倾向于对文化的如下阐释：“文化者，以文化之也。”在这里，文化既可作名词来理解，同时，它也可以作动词来使用。作为名词的文化并不难理解，它和“自然”相对。凡一切非自然的，由人类自身创造的物质与精神财富，均可视为文化。这也是文化最广义的一个定义。相应的，所谓数学文化，即是以数学家主导的数学共同体在从事数学研究活动中所创造的物质与精神财富。显性的，如具体的数学知识及其物化的呈现形式，而隐性的则为内蕴于具体数学知识、过程之中的数学方法、数学思想、数学观念、数学精神等。我所理解的数学文化，内涵即在于此。当然，仅仅从名词的角度察看数学文化，并不是我的初衷。毕竟，研究数学也好、数学文化也罢，归根结底还是要落到具体的教学行动中来。也就是说，我们要关注实践层面上数学文化对学习者的影响与改造。背离了这一点，一切关于数学文化的探讨只能停留于理念层面，而无法转化为实实在在的教学影响力与生产力。文化之“化”，恰恰具有这样的内涵与旨趣：化者，教化也。这里的教化并不简单等同于传统意义上的道德教化，如果宽泛地将其理解为“转化与改造”，或许更妥帖。这样一来，数学文化也就具有了双重意义与性格：作为名词，它泛指人类从事数学活动后的一切创造物和智慧结晶；而作为动词，数学文化则又表现出对从事数学活动的主体(包括学习者)所具有的“反向”的影响力和改造力。

陈：为什么叫“反向”?

张：数学文化由人创造，最终又作用于人，并影响与改造人。“反向”指的就是这层意思。

陈：那么，你所理解的数学文化，是更倾向于名词意义上的，还是动词意义上的?

张：应该更倾向于后者，因为后者更符合教学实践者的立场，它注重的是数学文化对学习者的价值与影响力。当然，二者本身并不完全剥离，而应相互融合。作为教学实践者，我们理应在实践过程中外化数学的文化价值与影响力，使学生在从事数学学习与活动的过程中，感受数学文化的魅力，接受数学文化的熏陶与感染，提升自身的数学素养。

三、研究数学文化的曲折历程

陈：实践层面上，像你这样持续探索数学文化的年轻教师并不多。一路上很顺利吗?

张：就目前而言，实践层面上对数学文化的探索并不多，成功的经验也相对匮乏一些。因而，一路上并不很顺利，甚至还走过一些弯路。

陈：能不能具体谈谈?

张：一开始，大家对于数学文化的全部理解似乎都与数学史有关。我们很难简单地说，这是对的，或是错的。之所以如此，有其复杂的历史渊源与现实背景，只言片语很难说清。但可以肯定的是，数学文化不能简单等同于数学史，前面对数学文化的阐述已经清楚地表明了这一点。这里，

我想就数学史与数学文化的关系再作一说明。首先，数学史作为数学文化的重要组成部分，无疑具有独特的文化价值。但是，在许多教师，包括自己曾经的课堂上，数学史所具有的丰富的文化价值已经削减为"中西方就某一数学结论谁发现得更早"的简单攀比以及由此带来的狭隘的民族自豪感。这种价值取向并不可取，是对数学史料文化价值的一种窄化。事实上，历史是过程与时间的沉淀。一切的数学历史，无不凝聚着数学家及其共同体在从事数学活动过程中所表现出的方法特征、思想精髓、人格魅力以及精神气质等，这才是数学史料的全部文化价值之所在。其次，这种文化价值并不是通过对数学史料的简单呈现便可实现的。事实上，目前许多课堂上，有关数学史料的教学依然停留于此，这不能不说是一种遗憾。其实，重现历史是为了还原历史背后的全部真相，并让这些真相"说话"，实现对后人的"教化"功能。至于如何还原，就涉及具体的教学策略问题了。比如，江苏蔡宏圣老师教学的"用字母表示数"一课中，学生个体认识"用字母表示数"的这一"明线"与数学史上人类"用字母表示数"的发展历程这一"暗线"水乳交融般地交织在一起，学生正是在"像数学家一样经历用字母表示数"的完整过程中，实现对新知的理解与建构的。这种行动方式，值得我们借鉴。

陈：可是，并不是每堂课上都可以渗透数学史的。那么，剩下的课堂里，数学文化又该何去何从呢?

张：这个问题实际上十分具有普遍性。有人甚至据此提出，数学文化只是极少数数学课堂上的奢侈品，它是数学课堂的精神贵族，不具有平民性格。我以为，这恰是对数学文化的曲解。数学课程标准说得很明确："数学是人类的一种文化"，这是对完整的数学而言的。也就是说，一切的数学均为文化；一切的数学，均具有内在的文化价值。并且，这种文化价值最终能依托具体的教学实践，外化为学生数学成长的动力源泉。从这一角度来看，数学文化并非精神贵族，而恰恰具有最为一般的平民性格。比如《三角形的内角和》一课上，"猜想、实验、验证""不完全归纳法""朴素的证明过程"等，留给学生的，无疑是极为有用的数学方法论的启蒙；"动手实验中误差的必然性与结论的科学性"，带给学生的，则是数学研究严谨、科学的态度与精神熏染；大小、形状截然不同的三角形，其内角和竟无一例外地等于180度，这种源自内在统一性的深刻和谐感与美感，同样是其他课堂上所不易获得的重要体验。所有这一切，显然都与数学史料无关。而有谁能否认，这一切，都与数学的文化价值无关？

四、今后研究的新取向

陈： 有人说，你最近执教的几节观摩课，都有很明显的数学文化的价值取向与特征。如何看待这一评价？

张： 做得还不够，算是努力的方向吧。同样是研究数学文化，一般教师和专业理论工作者的立场及研究视角肯定会有不同。作为教师，课堂教学无疑是其最重要的研究田野，这也是我最近执教的几节观摩课上努力要去尝试数学文化的重要原因。从《圆的认识》到《美妙的轴对称图形》，从《因数与倍数》到《交换律》，再到新版的《圆的认识》，应该说，持续的实践探索，确实让自己对数学文化有了更真切的理解。尤其是，每一次新的实践，都会不同程度改变自己对数学文化的原有认识。从而，实践探索的过程，也就自然成为自身不断超越、不断前行的过程。

陈： 但是，观摩课毕竟不能代表一个教师课堂教学的全部。要想使数学文化的研究继续深入下去，从观摩课走向家常课，无疑是一次重要的转移。对此，你如何看待？

张： 是的，数学文化要真正确立其“平民立场”，由观摩课向家常课的转移，无疑是至关重要的。事实上，我给自己 2008 年的研究定位正是“走向日常课堂的数学文化探索”。前面提到的《三角形的内角和》一课，正是这一探索活动的重要成果之一。而且我也深信，日常课堂完全有能力承担起数学“文而化之”的责任来。关键是，我们如何去看待并面对每一天看似平淡无奇的数学课堂。有人说，数学教师应该拥有两副眼镜。一副是望远镜，重在远观。戴上它，教师可以对数学有一个整体、宏观、全面的把握，能清晰地洞察到数学的知识线索、方法脉络和思想渊源。另一副是显微镜，重在内视。戴上它，教师可以对每一个具体的数学内容，从思维科学、学习心理、认知规律等角度作出深入解读，并努力使学生品味其中的文化意蕴，获得数学文化素养的提升。从这样的角度看，就算再简单的数学，比如 1、2、3、4，加、减、乘、除，长方形、正方形、三角形、平行四边形，我们都可以自信地说：它们的背后，一定蕴藏着丰富的宝藏，值得我们去开掘。正所谓“一石一世界、一花一天堂”。一旦真正走进了数学的内在世界，谁能怀疑，展现在我们面前的，将会是一个怎样瑰丽的世界？我会为走进这一世界而继续努力，也期待能有更多的人一路同行。

技艺解读篇

Jiyi Jiedu Pian

智慧、情趣、诗意、深邃……当朋友们试图从他者的角度关注数学文化课堂，并由此开掘出关于数学文化更为一般、更加具象的面貌和风骨时，我更愿意相信，他们给出的与其说是一种中肯的评价，不如说是一种带有想象的鼓励与期待。于是，所谓的技艺解读，自然便成为了一种他人视角下对数学文化课堂如何进一步走好的指引与帮助。我愿意循着他们所指的方向，继续前行。

文化课堂，倾听他者的声音

《中国教育报》张齐华教学艺术系列报道之一

教学智慧彰显在细节中

陈惠芳

密斯·凡·德罗是20世纪最伟大的建筑师之一，在被要求用一句话来描述他成功的原因时，他只说了5个字，“成功在细节”。成功的课堂教学又何尝不是如此。对细节的正确把握，是一堂课出彩的关键。

在教学《分数的初步认识》一课时，张齐华老师将教材(如下图)中的等分线作了隐藏处理，先出示第一条，告诉学生把一张纸条全部涂色，可以用数“1”来表示，请学生估计一下，现在涂色部分是几分之一。

1

( )

( )

学生有的猜1/3，有的猜1/2。课件验证后得出涂色部分是1/3。教师继续出示第三张纸条，同样请学生估计。许多学生一下子就估计出是1/6，老师让学生交流是怎么估的，有没有什么窍门。原来学生用第三张与第二张纸条的1/3进行比较，发现这次涂色部分只有它的一半，所以确定用1/6来表示。

教师随即总结说：“瞧，借助观察和比较进行估计，这是多好的思考策略呀!”这个小小的一个细节却有思想在其中。然而，精彩的还不仅仅停留于此，接下去，张老师凭借这张小纸条做大文章，让学生观察这里的涂色部分和对应的数，并谈谈发现。学生有的发现了同样一张纸条，它的1/3要比 1/6 大；1 里面有 3 个 1/3，1 里面有 6 个 1/6；平均分的份数越多，涂色的一份也就越小……学生唧唧喳喳，思维异常活跃。这是一个充满灵性的课堂，从预设教案到动态生成，从学生估计意识的培养，到数学思维策略的综合训练，再到极限思想的有机渗透，朴素的内容承载着丰厚的数学内涵，一切精彩源于老师关注细节。

从这样的角度去分析，笔者还发现在教学《交换律》一课时，张老师勇做教材的创造者，而不是消费者。

张老师先讲了一个“朝三暮四”的故事，接着问学生想说些什么。

结合学生发言，教师板书：3＋4＝4＋3。

师：观察这一等式，你有什么发现？

生 1：我发现，交换两个加数的位置和不变。(教师板书这句话)

师：其他同学呢？(见没有补充)老师的发现和他很相似，但略有不同。(教师随即出示：交换 3 和 4 的位置和不变)比较我们俩给出的结论，你想说些什么？

生 2：我觉得您(老师)给出的结论只代表了一个特例，但他(生 1)给出的结论能代表许多情况。

生 3：我也同意他(生 2)的观点，但我觉得单就黑板上的这一个式子，就得出“交换两个加数的位置和不变”好像不太好。万一其他两个数相加的时候，交换它们的位置和不等呢！我还是觉得您的观点更准确、更科学一些。

师：的确，仅凭一个特例就得出“交换两个加数的位置和不变”这样的结论，似乎草率了点。但我们不妨把这一结论当作一个猜想(教师随即将生 1 给出的结论中的“。”改为“?”)。既然是猜想，那么我们还得——

生：验证……

北京师范大学数学科学学院曹一鸣先生在评课时认为：从整节课看，“加法结合律”只是一个触点，“减法中是否也会有交换律?”“乘法、除法中呢?”等新问题，则是原有触点中诞生的一个个新的生长点。统整到一起时，作为某一特定运算的“交换律知识”被弱化了，而《交换律》本身、“变与不变”的辩证关系、“猜想—实验—验证”的思考路线、由“此知”及“彼知”的数学联想等却一一获得凸显，成为超越于知识之上的更高的数学课堂追求。当我们在课堂上欣赏孩子沉思时的宁静、疑惑时的迷茫、顿悟时的愉悦、争辩时的激越，聆听时的惊讶、论证时的流畅，成功后的欢畅时……一个享受思辨的课堂，皆因张老师对细节的关注而精彩纷呈。

基于这样的思考，我还发现课堂上密切关注学习动态、对学生资源的有效利用，也是张老师引领学生进入思考境界的法宝。在学生写36约数的练习中，他有意选择了两份不同的作品进行讲评：

36的约数：1、2、3、4、6、9、12、18、36。

36的约数：1、36，2、18，3、12，4、9，6。

他首先让两个孩子分别介绍自己寻找约数的方法：第一个孩子说采用的“逐一法”，第二个孩子采用的是“配对法，两个两个找”。张老师不动声色，让其他同学比较哪一种方法最好，为什么。很多孩子自然认为“配对法”好，一一寻找，不易丢失答案。张老师并不满足于这样的“异口同声”，立即反问：“难道第一种方法没有值得肯定的吗?”这幽默一问，化解了第一个孩子的窘境。孩子们静心思考，独立反省，终获顿悟。最后，他追问那个采用“逐一法”的孩子：“如果继续让你找因数，你打算采用哪一种方法?”在这个教学细节中，张老师将“比较”方法演绎得淋漓尽致：第一层次的比较，学生学会了不同方法之间获得“最优化”的思想；第二个层次的比较，学会了“辩证分析”的思想，看问题不能简单化；第三个层次的比较，获得了“欣赏借鉴”的思想，只有放大别人的优点，才能共享智慧之果。三次“比较”，不仅仅是一种数学方法的传授，更是一种思想价值的渗透。

用一颗灵动的心去感应，用一双智慧的眼睛去捕捉，用“蹲下身，走进去”的育人情怀引领学生触摸数学的精彩，贵在于细微处着笔墨。张老师对教材的深加工，对文本的精加工，随时捕捉学生的疑问、想法、创见等精彩瞬间，使课堂成为师生互动、心灵对话的舞台，成为师生共同创造奇迹、唤醒各自沉睡的潜能的时空。

《中国教育报》张齐华教学艺术系列报道之二

评价的智慧：如芬芳的野花一路绽放

陈惠芳

“听张齐华的课很舒服、很轻松、很悦耳，很自在……”这是老师们的

共识，而这又或许与张老师丰厚的人文底蕴、扎实的语言功底，尤其是他那清新自然、精练洒脱的评价语有关。细数他的数学课堂，我们能听到：

当有学生提出不同意见时，张老师没有忽略前一位学生的心理感受，而是面带微笑着对他说："有人挑战你了，高兴吗？""高兴！"学生自信地回答。

当出示了练习题时，张老师会伴着温暖的眼光问："同学们，有困难吗？那么，谁先来说？"在展示学生作品时，张老师会用关注的目光问："你想给这份作业提点什么？""还有什么需要补充吗？对于他的方法想不想说点什么？"然后转身告诉其他学生，没有必要迷信别人。当觉得没有其他答案时，张老师会提醒大家："没有不同想法也可以大声说出来。"他的话语不由得让人感到温馨。

我们还欣赏到这样一组镜头：

师：瞧！刚才的一折，一撕，还真创造出了数学中的轴对称图形。说实话，数学呀，有时就这么简单。如果没有记错的话，大家对轴对称图形并不陌生，在我们认识的平面图形中，应该也有一些轴对称图形。

（出示轴对称图形的习题，让学生判断是否为轴对称图形）

师：练习之前，我要给你们一些忠告，有时候，不要过分相信自己的眼睛，看上去像轴对称图形的也许不是，看上去不像的也许偏偏却是。

（教师让学生根据经验大胆猜想，选择自己最有把握的说一说，也可以结合手中的学具，6 人小组合作，一起折折，验证自己的猜想。学生在小组内进行交流，对于平行四边形是不是轴对称图形引起了争论。）

生 1：我认为平行四边形是轴对称图形，沿着高把它剪下来，可以拼成一个长方形，对折后，左右两边能完全重合。

生 2：我认为平行四边形不是轴对称图形，把平行四边形对折后，两边的图形不能完全重合，所以我认为它不是。

师：（特意走过去，跟生 2 握着手）我跟你握手不是我赞成你的说法，而是感谢你为课堂创造出了两种不同的声音。想想，要是我们的课堂只有一种声音，那该多单调啊！

（在学生再次进行操作实践后，第一个学生改变了自己的看法，知道了平行四边形不是轴对称图形）

师：你的退让我们更接近真理！

（在接下去的环节中，教师引导学生找出对称图形的对称轴）

师：都说实践出真知。数学讲究的是深究，就这5个图形，难道你们就不想深入研究说点什么？这个梯形是轴对称图形，但是……

此时无声胜有声。充满智慧的评价一下子扣紧了学生的心弦，激活了学生的思维。学生盯着那5个图形，继续找呀，辨呀，老师精彩的旁白无疑成了学生思维的推进器。

他的评价语极富哲理。学生在探讨9个珠子组成的两位数能被9整除时，马上误以为8也有这样的规律。“真是这样吗?”张老师诱发学生进一步思考。当学生发现8个珠子不行，7个珠子也不行的时候，又产生了“其他都不行”的错误想法。张老师接口说：“可别盲目地否定一切。”寥寥数语，张弛有度。

在《圆的认识》一课中，有学生交流画圆经验时说：“我们组在绳子的一端系上一块橡皮，抓住绳子的另一端一甩，也同样出现了一个圆。”对于这样的意外生成，张老师评价说：“尽管这一方法没有能在白纸上最终‘画’出一个圆，但他们的创造仍然是十分美妙，不是吗?”课堂里响起了热烈的掌声。这掌声，源于学生内心的一种欣赏与激励，一种接纳与认可，是一种真情流淌。

张老师的语言富有磁力，常常是“未成曲调先有情”，蕴涵着无限的意趣。如“省略号来得太迟”“边做作业边思考，再作出决策”“不要忙于下结论”，他时刻召唤学生积极地思考。

一位学生在写36的因数时，漏掉了2。面对学生的错误，张老师幽默地说道：“看了以后，你想说点什么吗?”“听听他是怎么找的。”“有很多人一个也没漏掉，相信他们一定有窍门，一起看看吧!”……一句句简短的心灵对话，一个个与学生心灵交汇的眼神动作，无不渗透着关爱。

“感人心者，莫先乎情。”有人说，语言的舒展即是思想的流畅，语言的优美源于思想的精致，语言是世界上最美的智慧之花。课堂上，常听到张老师不失时机的赞美：“非常善于联想!”“很不错!”“哎呀，真了不起!”“太棒了!”不经意的一句评价语，一句鼓励话，他娓娓道来，或幽默、或诙谐、或深情、或睿智，总能将学生的学习情绪调适到最佳状态，使之产生自主学习的积极心理倾向。他那流转自如的教学语言，亦诗亦歌亦画的教学韵味，用渲染创设美好的意境，用真情激起心灵的震撼，用启迪拨开重重的迷惑，用诱导触发深远的思考，使课堂时时弥漫着与生命萌发相通的浓郁的人文气息。他用真情言说引发学生的真知灼见，他用自信从容催发学生的创新火花，他用诗情解读引领学生走向数学学习的美妙境界，课堂上时时有“倾听幼竹拔节声”的情景图。这种独特而富有魅力的课堂评价，诠释着师生新角色，灵动演绎着课堂。分享他的课堂，我们分明感到在教育生命的跋涉中，智慧如芬芳的野花，在课堂里一路绽放，每踏出坚实的一步，便会看到山花烂漫……

《中国教育报》张齐华教学艺术系列报道之三

用情境营造情趣盎然的教学磁场

陈惠芳

张齐华老师善于在数学课堂上设置一些情境，将教育、教学内容镶嵌在一个多姿多彩的生活大背景中。

在认识“长方体”一课中，“长方体的长、宽、高”作为一个知识点，教师一般都直接告诉学生。然而，张齐华老师教学时却创设了这样的问题情景：如果将长方体12条棱擦掉1条，你还能想象出这个长方体的大小吗？如果擦掉2条、3条甚至更多条呢？试一试，看至少留下几条棱，才能确保想象出长方体的大小。当学生在经历尝试、探索、操作、优化等数学活动后不约而同地选择了长、宽、高三条棱时，规定性的数学常识“长、宽、高”在这一刻被“活化”了。张齐华老师认为，像这样的“头脑创造”可以还原数学概念的内在生命力，相对于概念的授受而言，其文化价值更大。这种基于问题研究而设计的有趣的教学情境，由一个问题逐步引发新问题的产生，学生始终围绕问题去研究，从而实现思维的攀升。在这个教学环节中，学生寻找的是途径，感悟的是规律，掌握的是方法而不仅仅是知道了长方体的“长、宽、高”，对后续学习无疑很有价值。

张齐华老师认为，一个真正意义上的情境应该能激发学生乐于参与、关注和活动的“情”，并引导学生浸润于探索、思维和发现之“境”，它固然需要以具体的场景作背景、载体，然而，场景的呈现能否有效唤起学生的认识不平衡感、问题意识以及认知冲突，场景本身是否能吸引学生主动参与到问题的探究、思考中来等问题还都有待进一步探索。

基于这样的数学思考，执教《分数的初步认识》一课时，张老师出示了自己1周岁时直立的照片。他让学生猜照片上的孩子是谁。一位学生激动地说："我觉得是张老师。"

师：真有眼力！这是1周岁时的我。仔细观察。（动画演示：身高约是头高的4倍）

师：发现了吗，1周岁婴儿，头的高度约是身高的几分之一？

生：1/4。

师：长大后，情况又会怎样呢？

教师出示现在自己的直立照片，并动画演示：头高约是身高的1/7。

师：现在，头的高度约是身高的几分之一？

生：1/7。

师：其实，不同的年龄阶段，相应的分数也不一样。同学们今年10岁左右，那么，一个10岁左右的儿童，他的头高又约是身高的几分之一呢？想知道吗？

生：（激动地）想！

教师随即邀请一个学生上台，其他同学一起现场估计。

学生有猜头的高度约是身高的1/5，有的认为是1/6，有的说比较接近1/7。张老师告诉大家：估计时出现误差很正常。至于10岁左右儿童头的高度究竟大约是身高的几分之一呢，课后同学们不妨去查一查资料。那位学生回到了座位上，其余孩子仍兴趣盎然，面露喜色。

我想此时由一张照片创设猜想分数的教学情境，其"醉翁之意不在酒"。题材的新颖、活泼且不说，关键是学生在看一看、比一比、估一估等一系列的操作活动中加深了对分数的认识。这一引入，有机拓展了学生的认识视野，使他们真切感受到分数在日常生活中的广泛应用，切实体验到学习分数的价值。

在《因数与倍数》新课导入部分，张老师创设了操作情境，巧用模型来建构知识，揭示概念内涵；《交换律》课始又创设了故事情境，为新课学习搭建思考平台；《简单统计》中，创设让学生现场调查的情境，增进学生对统计方法及价值的理解；教学《认识整万数》时，又从拨数游戏开始，在拨数过程中，唤起了学生对计数器、计数单位、数位等相关经验的回忆。

诚然，新课改背景下如何创设有效的教学情境一直是大家关注的热点，而在张老师的数学课堂中，不管是赏心悦目、富有情趣的童话故事，还是新颖别致、妙趣横生的操作情境，每节课的设计都基于学生不同的文化背景和生活经历，努力挖掘生活实际中可能出现的新鲜的活动内容，以情境为亮点，以情感为纽带，以思维为核心，以生活世界为源泉，将数学知识融入广阔的生活背景下，融入生命成长的舞台里。

张老师在创设教学情境时，已打通了学科课堂的堡垒，以各学科的整合来制造课堂的热能效应，拓展了学习活动的外延，将学习活动立体化，学生在习得知识的同时，积累文化，积淀人文精神。他以问题带动和砥砺学生思辨的深入，以课堂上师生对话实现智慧的碰撞和经验的共享，以师生之间、生生之间的有效互动，或唤起认同，或触动联想，或引导猜测，或激发疑虑……从而使学生对于知识的认识趋于丰富、完整、准确和深刻，以此来打造充满活力、情趣盎然的教学磁场。

《中国教育报》张齐华教学艺术系列报道之四

一路诗意地追寻数学文化

陈惠芳

提起张齐华，便不能不提到数学文化。

张齐华常常思考，数学究竟能否从根本上改变一个人，使其变得更有力量和精神涵养？数学学习，对于学生的生命和精神成长能给予怎样的影响和润泽？于是，他把教学看做生命中的一部分，课堂上，为孩子搭建了一个个展示自我的舞台，动手折折、剪剪、拼拼，小组说说、议议，让孩子在体验的过程中去经历审美、想象，去感悟数学的自然美。这样的师生交往意味着对话，意味着参与，意味着心态的开放，个性的彰显，教学过程变成了一种分享理解的过程，课堂里时时闪动着师生生命的灵光。

在《圆的认识》一课，他借助大自然中美妙的水纹、向日葵、光环、电磁波以及人类社会、生活、文化、艺术领域中美轮美奂的圆的介入，充分展示圆的美丽和内蕴的文化气息。《轴对称图形》一课，又从剪纸中的对称、建筑物中的对称、著名标志中的对称、桂林山水中的对称现象来展示轴对称图形的美妙。或许刚开始理解的数学文化之美，更多依赖数学以外的一些东西，依托媒体的精彩演示，把自然、科学、社会、文化等加以整合，而在《因数和倍数》一课的诸多环节，却折射出张老师对于数学文化的深度思考与文化张力的高度关注。

我们不妨做个镜头回放：

师：同学们的想法都很有价值！的确，100 以内的自然数中，60 不算大，但它的因数却最多。正是 60 的这一特点，使它在数学和天文学的发展历史上扮演了重要的角色。(出示资料：我们都知道，1 小时＝60 分，1 分＝60 秒。然而，史学家通过考证却发现，时间的进率之所以定为 60，是因为“在 100 以内的自然数中，60 的因数最多，共有 12 个”。据说，这样就可以使许多有关时间的运算变得十分简便。)

师：怎么样，没想到时、分、秒之间的进率定为 60 竟和我们数学中因数的个数有着密不可分的联系，数学的奇妙有时真是让人难以置信！其实，作为数论的一个小分支，因数和倍数领域中类似美妙的数学现象比比皆是。这里，老师还想给大家介绍一个特别的数，那就是 6。想知道为什么吗？

生：想。

师：那就让我们一起来做个小实验吧！第一，写下 6 所有的因数；第二，除去 6 本身，将剩下的因数相加。你发现了什么？

生：(惊讶地)结果还是等于 6。

师：正因为这样的数很特别，所以数学家们将具有这一特点的数称为完美数。6 就是第一个完美数。千万别小看这些数，因为，它们非常罕见。想知道第二个完美数是多少吗？

生：想！

师：透露一下，比 20 大，比 30 小。组内分工合作，看看哪一小组最先找出第二个完美数！学生分组合作，很快，几个小组都找出了第二个完美数 28，兴奋之情溢于言表。

师：其实，人们对于数探索的兴趣是永无止境的，找到了第二个完美数，人们就开始寻找第三个、第四个……就这样，一个又一个新的完美数被不断发现。这时，课件配乐依次呈现：496，8128，33550336，8589869056……

不难发现，在引领孩子寻找“完美数”的过程中，完美数之少，凸显数学家求索之路的艰辛，这无疑是对数学精神的引领。接着，在古罗马建筑宏伟壮丽中，张老师告诉孩子，这座建筑之所以历经千年沧桑，因为里面隐藏着倍数和因数的秘密。伴随着一首首优美和谐的旋律缓缓流淌，张老师又提醒孩子，音符之间的和谐源自于倍数和因数的关系，这不就是数学的魅力展示吗！可以想象，丰富的数学猜想，希腊建筑、音乐、完美数的神奇美感，孩子们发自内心地体会到了数学的应用价值和神奇力量，在对完美数的惊讶中，为我国古代人民的勤劳智慧兴奋不已时，爱祖国、爱科学、爱数学的种子已悄然萌发，这不正是数学的力量吗？

至此，我还忆起《分数的初步认识》课尾张老师给大家带来那则有趣的广告。男孩冬冬将蛋糕平均分成 4 份后，却发现一共有 8 个小伙伴，灵机一动，他从中间横着切了一刀，将蛋糕平均分成 8 份，正在这时，第 9 个男孩出现了。怎么办呢？冬冬又将自己分得的一份分成 2 份，将 1 份送给了他……小小的一个广告，蕴涵着丰富的数学内涵及浓浓的人文关怀，及时关注了学生的情感体验，巩固了分数的认识，还唤醒了学生心灵深处的那份爱心，那份纯真，那份友谊，那份责任。学生不仅仅收获了知识，还收获了一种高尚的品德，一个美好的心灵。这种文化代表着学生对于这个世界的认识和经验，显示着学生特有的价值观、思维方式和行为方式。这也许就是张老师所说的"臻善，享受数学给予的精神力量"吧！

在张齐华老师的讲座《从朴素走向深刻》一文中，我还知道《简单统计》中，如何渗透统计思想；"找规律"中，如何从变中求同，上升为"一一对应"的数学思想；"确定位置"中坐标思想如何落实，尤其是那个不规则图形钢琴背面的面积计算——化曲为直，其间所渗透的微积分思想……

张齐华老师以一种古典、审美的情怀，关注学生数学思考的提升、数学思维方式的培养，关注数学精神品质的有机渗透，不仅丰富了数学文化的内涵，更为今后开展数学文化的理论探索和实践研究，开掘出新的思路，展现新的契机，描摹新的未来。

如今，在他的数学课堂上，我们可以随时随地触觉到数学的源头、数学的历史、数学的精神乃至数学的力量，似乎呈现在我们眼前的不再是一两页薄薄的教材，而是一幅源远流长的数学画卷。数学从表面上看是枯燥无味的，然而却有着一种隐蔽的、深邃的美，一种感性与理智融合的美，数学美是数学科学本质力量的感性与理性的呈现，是一种人的本质力量通过人的数学思维结构的呈现，是一种真实意义上的美，是一种彰显人文精神的科学美。

“我喜欢旅行，因为旅行见证着一种姿态，一种不断行走、不断思索的姿态。在数学教育的旅途中，我甘愿做一个行者。”这是张齐华老师的肺腑之言，我深信，对于数学文化，张齐华老师还会添加诸多新的“精神元素”；对于数学教育，在他精心演绎的智慧课堂里，一定会更加充满生命的活力，弥漫诗意的人性光辉，更加灵动与飘逸。

追寻诗意的数学课堂

——张齐华课堂教学语言艺术赏析

张培新

听张齐华老师作观摩课，常令我们一唱三叹，拍案叫绝。开讲时“一语天然万古新”，导入处“未成曲调先有情”，点拨时“巧把金针度与人”，结尾时“能探风雅无穷意”……张齐华老师精彩绝伦的课堂教学，正是源于他拥有着更精彩、更智慧、更诗意的课堂教学语言。拙人多赘语，无须多言，还是让我们放平心绪，静心品味张齐华老师如诗、如歌、如梦的语言艺术吧！

一石激起千层浪——巧引入

[回眸]张齐华老师执教的《圆的认识》片段

师：对于圆，同学们一定不会感到陌生吧？（是）生活中，你们在哪儿见到过圆形？

生：钟面上有圆。

生：轮胎上有圆。

生：有些纽扣也是圆的。

……

师：今天，张老师也给大家带来一些。见过平静的水面吗？（见过）如果我们从上面往下丢进一颗小石子（播放动态的水纹，并配以石子入水的声音），你发现了什么？

生：（激动地）水纹、水纹、圆……（声音此起彼伏）

师：其实这样的现象在大自然中随处可见，让我们一起来看看。（伴随着优美的音乐，阳光下绽放的向日葵、花丛中五颜六色的鲜花、光折射后形成的美妙光环、用特殊仪器拍摄到的电磁波、雷达波、月球上的环形山等画面一一展现在学生的眼前。）从这些现象中，你同样找到圆了吗？

生：（惊异地，慨叹地）找到了。

师：有人说，因为有了圆，我们的世界才变得如此美妙而神奇。今天这节课，就让我们一起走进圆的世界，去探寻其中的奥秘，好吗？

生：（激动地）好！

[赏析]苏霍姆林斯基曾说过："让学生带着一种高涨的激动情绪，从事学习和思考，对目前所展示的真理感到震惊。"张老师的导入，宛若一首优美的散文诗。在老师充满诗情的吟诵中，学生的学习心情也经历了注视——好奇——激动——惊羡——高涨这一连串的复杂变化，课堂里弥漫着与生命萌发相通的浓郁的人性气息。在这种融融的人文氛围中，学生似乎已隐约触摸到了"圆"跳动的脉搏，感觉自己正慢慢地融合进"圆的世界"里。当听到"有人说，因为有了圆，我们的世界才变得如此美妙而神奇。今天这节课，就让我们一起走进圆的世界，去探寻其中的奥秘，好吗？"这样的句子，学生会发现这里似乎没有精彩可言，这是最普通的词语，表达着最直接的情感，然而它也是对他们《圆的认识》最诱人的煽情之语。信手拈来、举重若轻，这也许就是张齐华老师课堂语言的精髓所在吧。

腹有诗书气自华——巧夸赞

[回眸]张齐华老师《圆的认识》片段

师：俗话说，"没有规矩，不成方圆"。意思是说，如果没有圆规，是——

生：画不出圆的。

师：同学们都准备了一把圆规，你能试着用它在白纸上画出一个圆吗？

生：能。（学生尝试用圆规画圆，交流，明确圆规画圆的基本方法。）

师：可要是真没有了圆规，比如在圆规发明之前，我们就真画不出一个圆了吗？

生：不可能。

师：今天，每个小组还准备了很多其他的材料。你能利用这些材料，试着画出一个圆吗？

生：能。（学生以小组为单位，利用手中的工具和材料画圆。）

……

师：可是，既然不用圆规，我们依然创造出了这么多画圆的方法，那么俗语中为什么还会有“没有规矩，不成方圆”的说法呢？

生：我想，大概是古时候的人们没想到这些方法吧？（生笑）

生：我觉得不是这样，因为，或许一开始，“没有规矩，不成方圆”指的是没有圆规和“矩”画不出方和圆，但是流传到后来，它的意思已经发生了改变，不再仅仅指原来的意思了，而是指很多事情，必须要讲究规矩，遵循章法。

师：真没想到，一条普通的数学规律，经过千年流传，竟逐渐成为我们生活中一条重要的人生准则。当然，同学们能够利用各自的智慧，成功演绎“没有规矩，仍成方圆”，足以说明大家不凡的创造力了。

[赏析]寥寥数语，张齐华老师的学问底色显露无遗。张老师虽然是研究数学教学，但他博通经史，深谙考证，根基既厚，思路才能如此开阔，发言才能如此感人，于课堂教学评价之时才能游刃有余。当孩子出现了我们意想不到的语言，我们该怎么处理？我想，尊重是第一位的。要让他充分地把他的意见表达出来。千万不能置之不理，或过早地下结论。由此可见，张老师是一位评价高手，于无形之中给予了学生终身难忘的激励。因为张老师懂得：尊重学生就是最好的教育手段，一个不懂得尊重学生的老师，将永远成不了一个好老师。正如法国作家贝尔纳诺所说：“重要的是提高人的价值，也就是说，使他意识到自己的尊严，相信自己的精神的自由。”

柳暗花明又一村——巧点拨

[回眸]张齐华《轴对称图形》片段

……

生 1：我认为平行四边形是轴对称图形，因为平行四边形分成两个部分，就可以完全重合了。

生 2：我认为不是。因为平行四边形如果沿着对称轴对折不可能重合。

师：我想和你握一次手。握手并不表示赞同你的意见。而是因为你给我们的课堂带来了第二种声音。大家想一想，如果我们的课堂只有一种声音，那会多单调啊。

……

师：数学学习讲究深入。就五个图形，我们还有话要说，如第一个梯形是轴对称图形，但是……

［**赏析**］一次握手，二三妙语，莫不体现出张齐华老师精湛的教学艺术。这段话，不仅仅是对发言学生的一种欣赏与激励，也表达出教师对课堂交流多元、多样意识流的尊重，更是老师所追求的教育理念的自然物化。

天光云影共徘徊——巧延伸

［**回眸**］**张齐华老师执教的《圆的认识》片段**

师：西方数学、哲学史上历来有这么种说法，“上帝是按照数学原则创造这个世界的”。

对此，我一直无从理解。而现在想来，石子入水后浑然天成的圆形波纹，阳光下肆意绽放的向日葵，天体运行时近似圆形的轨迹，甚至于遥远天际悬挂的那轮明月、朝阳……而所有这一切，给予我们的不正是一种微妙的启示吗？至于古老的东方，圆在我们身上遗留下的印痕又何尝不是深刻而广远的呢。有人说，中国人特别重视中秋、除夕佳节；有人说，中国古典文学喜欢以大团圆作结局；有人说，中国人在表达美好祝愿时最喜欢用上的词汇常常有“圆满”“美满”……而所有这些，难道就和我们今天认识的圆没有任何关联吗？那就让我们从现在起，从今天起，真正走进历史、走进文化、走进民俗、走进圆的美妙世界吧！

［**赏析**］诗意，从来没有像这节课这样，以一种开阔、深邃、美丽的形式流淌在我们的数学课堂。听着听着，突然有一种错觉：张齐华老师不是站在讲台上，甚至也不是在学生中间，而是和学生们围坐一圈，闲闲地叙，淡淡地笑——漫谈，吟诵，引领，拓展——于恬淡从容的氛围里，教学语言如春风化雨般滋润着学生们的心田，教学流程如一幅意含山水的画卷，在诗情画意之中徐徐舒展。有人说，语言是世界上最美的智慧之花。张齐华老师的语言，岂止可赞为智慧之花，简直犹如点点音符，拨动着学生们情感的琴弦。

我们在欣赏张齐华老师珠圆玉润、流转自如的教学语言的同时，也应认识到一点：唯有千锤百炼，不断提升和锻造自己，使自身具备深厚的文化底蕴、开阔的文化视野和高深的文化品位，张齐华老师才能置身于“情动而辞发”的“无为”之语言艺术境界吧。

走在通往智慧的路上

——张齐华数学课堂教学艺术赏析

周卫东(江苏省著名特级教师)

认识齐华并对之产生深刻的印记，与其说是他那流云行水的文字和灵动大气的课堂，毋宁说是从他的一切教学行为所折射出的、与其年龄不太相称的教学智慧和教学个性。

从2003年参加全省赛课获第一名的《圆的认识》，次年在全国展示的《轴对称图形》，到2005年参加全国赛课荣获一等奖的《分数的初步认识》，再到近期展示的《因数和倍数》《认识整万数》，每节课我都有幸欣赏地、学习过，甚至还把有些教学环节摘录下来，进行了较为详细的揣摩和玩味。每及于此，作为虚长几岁的大哥(蒙齐华这么称呼)，我都由衷地感到高兴和敬佩!

“以高超的教学智慧赢得课堂”

齐华的课堂是生动的，更是灵动的，这种生动与灵动源自他高超的教学智慧!

我们不妨先领略一下他执教的《轴对称图形》一课的教学片断。

出示长方形、正方形、圆、平行四边形、等腰梯形五个平面图形，让学生判断哪些是轴对称图形，哪些不是，三分钟后，组织全班交流。

师：很多小组基本上达成了共识，下面我们进入汇报的阶段，因为机会并不是很多，只有5个，每个同学你可以选择最有把握的一个图形说说，它是不是轴对称图形，并简要地说说，你是怎么想的?

生：我觉得平行四边形是轴对称图形，因为只要你把右边的这个小三角形拼在左边，就变成了长方形，把这个长方形从中间对折，左右两边就相同了，所以是轴对称图形。

师：挺有道理，都是这样想的吗?

生：我觉得平行四边形不是轴对称图形，如果从中间对折之后，它的两边没有完全重合，所以它不是轴对称图形。

师：我很想跟你握一下手，不是因为我赞同你的观点，而是你，为我

们的课堂创造了两种不同的声音，同学们想想，要是咱们的课堂里都是同一种声音，那多单调啊！

师：两种观点，两种声音，怎么办？

师：让张老师来了解一下，同意是轴对称图形的举手！是同意的举手！

师：平分秋色。

师：既然是势均力敌，那双方亮出自己的观点。

师：这儿有一个大的平行四边形，老师就知道大家就想拿！

生：我把这个平行四边形对折后，它的两边没有完全重合，所以它不是轴对称图形。

生：我认为平行四边形剪拼之后，只是面积相同，它不是轴对称图形。

师：噢，剪拼之后，图形的性质可能会发生一些变化，是这样的吗？

生：把平行四边形右边的小角剪到左边去以后，就不是平行四边形了，所以它不是轴对称图形。

师：你的发言有闪光的地方，但也有些小问题，先说说你的问题好吗？

师：你认为长方形是轴对称图形吗？

生：是。

师：你的意思是说，我们研究的是这个平行四边形的性质，而不是改装以后的平行四边形，是这样的吗？（对“这个”加重语气）

师：（俯下身来。对起始答错的学生）如果就指定是这个平行四边形，你认为是不是轴对称图形？

生：如果单讲这个平行四边形，不能裁剪的话，就不是轴对称图形。

师：你的退让，让我们更进一步接近了真理。

……

摘录下这则片断后，我脑海中即刻浮现出罗恩·米勒的一句话：“一种教育如果始于标准、政府命令、伟大作品的选集或者课程计划——简言之，始于预定的课程——那么它就不是灵性的，因为它失去了成长、学习和探索人类生活的活生生的现实。”

的确，一种灵性的课程不是教师带入教室的预先设定的计划，课程在教师、学生和世界的交互作用中显现，“是关心的发生催生了学习，是‘关

心关系’的建立使学生对外部影响和课程知识产生接受性。”（内尔·诺丁斯）

面对学生“平行四边形是轴对称图形”这一信息，张老师迅速洞察到其价值所在，尽情释放自己的创造精神，将自己独特的、不可为他人所取的教育智慧融入课堂教学的资源之中。“我很想跟你握一下手，不是因为我赞同你的观点，而是你，为我们的课堂创造了两种不同的声音，同学们想想，要是咱们的课堂里都是同一种声音，那多单调啊”“两种观点，两种声音，怎么办”……亲切的话语，关注的神情，将学生现实学习状态中的困惑、疑问和需要重新整合，形成新的又具有连续性的兴奋点和教学生长点，推动教学过程在具体情境中的动态生成，使结构化后的以符号为主要载体的书本知识重新“激活”。

“我觉得……”“我认为……”上千人的课堂上，学生能如此地坦露思维、直陈己见，需要何等的勇气！这与其说是在教学，毋宁说是在对话。教师不再是控制者、知识的权威，学生不再是服从者、被动的接受者，教师与学生是处在平等地位的、拥有完整生命的人。“你的发言有闪光的地方，但也有些小问题，先说说你的问题好吗”，允许不同意见的存在，创造一种宽松的环境，给学生决策权和选择权的机会，促进学生主动性、自主性的发展和自主学习的发生，学生在与教师的交往中，能够自由地与教师交换意见，坦率地表达自己的思想，发展自己的判断、选择能力。“你的退让，让我们更进一步接近了真理”，多么真诚的话语，多么富有煽动性的激励！可见，学生的人生发展、精神成长以及智慧审美价值的生成主要依靠教师的人格魅力、教学智慧去感染、鼓励和唤醒。

“引领儿童领略数学的理性力量”

认识圆周率的第二天，张老师给学生带来了《圆周率的历史》一书，学生们惊讶了：“小小圆周率，值得写一本书?”带着疑惑和探究的冲动，他们打开了这本书。于是，从圆周率诞生的时代背景，到最初的“三倍多一些”，到后来的“3.1415926”与“3.1415927”之间，再到小数点后面几十位、几百位、几千位，乃至于今天利用计算机算出小数点后一万多亿位，这是何等惊人的数目！其间，还论述了东方人和西方人对圆周率持有的不同学术兴趣及运用范围等，学生大开眼界。

此情此景，张老师提问：“在没有任何实际价值的情况下，是什么力量驱使人们一次次完成着对圆周率小数位数的超越?”

“是圆周率本身所具有的神秘魔力”“是人们对数的好奇心”“是人们对智力极限的挑战”……学生的感受已接近事实本质，师生欣慰不已。

数学，如果我们把它打扮起来，就像一位光彩照人的科学女王。但是如果我们在数学课堂上呈现的仅仅是逻辑、仅仅是枯燥的几条公式，那么这个美女就变成X光下面的骷髅，就是X光的照片。我们现在更多地看到的是X光照片，看到她的骨骼，看不到数学科学女王的光彩照人的美容。不容否认，数学，确实有着强大的教化功能，如探索过程中的执著与坚韧，论证过程中的务实与严谨，数学创造过程中的开拓与超越，乃至耐心、责任感、敬业品质、民主精神等。而张老师的课堂正是努力实现着数学的这种强大的教化功能。

曾几何时，盲目的时间攀比、狭隘的民族主义时常蒙蔽我们的双眼，让我们不能以客观、理性的态度对待数学历史，然而研究数学，最可贵的精神之一就是，“应当采取客观的、理智的态度，而不应掺杂有任何主观的、情感的成分。”(郑毓信《数学文化学》)。圆周率从产生到发展到今天的数目，凝聚着东西方数代数学人的辛勤汗水和共同智慧，是世界文明的结晶，而不仅仅是“祖冲之最早……”。本案例折射的最大价值就在于：教学定位有着更为广远的视界，这样的数学史教育，可以将学生的精神世界拓展，情感境界升华，从永不满足的探索精神，到为数学献身的高贵品质，从数学与人类社会错综复杂的交互关系，到数学对于其他发展的支持等，让学生感受到，一部数学发展的历史，就是人类不断超越、自由创造的过程。

彰显数学的理性力量，张老师带给我们的还远不止这些！让我们再次游历课堂，去领略其意蕴所在。

教学《交换律》一课，张老师以“朝三暮四”的故事为由头，引导学生形成“一个例子，究竟能说明什么”的疑惑感，让其感受到“仅凭一个特例，就得出‘交换两个加数的位置，和不变’这样的结论，似乎草率了点”的认识，进而把这一结论当作一个触点，展开由此及彼的联想，形成“验证猜想，需要怎样的例子?”的教学研讨。学生“五六个吧”“至少要十个以上”“我觉得应该举无数个例子才行。不然，你永远没有说服力。万一你没有举到的例子中，正好有一个加法算式，交换它们的位置，和变了呢?”“举无数个例子是不可能的，那得举到什么时候才好？如果每次验证都需要这样的话，那我们永远都别想得到结论!”在大量的、广泛的举例论证之后，学生的认识趋于统一，并纷纷发表自己的收获：“我发现，只举一两个例子，是没法验证某个猜想的，应该多举一些例子才行”“举的例子尽可能不要雷同，最好能把各种情况都举到”……在此趋同的思想基础上，学生进行了充分的举例和验证活动，教师不时地卷入其中，组织过程、撩拨、点引，“加法交换律”这一名称及其内容以及“在这一规律中，变化的是两个加数的位置，但不变的是它们的和”的深刻内涵也被完全地揭开了其神秘的面纱。

……

“对现实的研究应当是精确的、定量的，而不是含糊的、直觉的”这一思想不仅直接关系到科学研究的基本方法，而且也表明了科学研究的基本目标，是“自然界是有规律的，这些规律又是可以认识的”这一基本思想的具体体现，因而它成为数学理性最核心的特征。(郑毓信《数学文化学》)。

实践证明，数学不仅可以拥有这一特征，而且可以演绎这一特征。

由“3＋4＝4＋3”得出“交换两数的位置，和不变”的猜想，似乎再自然不过了，然而，齐华老师的课堂“旁逸斜出”，以“交换3和4的位置，和不变”的细微变化，催使学生深思，正如案例中所提及的，“一个例子究竟能说明什么”，是得出结论？还是仅仅是触发猜想和验证的一根引线？这里关乎知识的习得，更关乎方法的生成，关乎学生对于如何从事科学研究的态度和方法的启蒙!

“验证猜想，需要怎样的例子”的探讨，更是折射出了张老师实事求是的科学精神和深邃的教学智慧。在传统的教学中，学生举例一二，教师引导学生匆匆过场，似乎也有观察、也有比较、也有提炼。然而，我们却很少琢磨：观察也好、提炼也罢，它究竟该建立在怎样的基石之上？再换言之，在“简洁”和“丰富”之间，谁才是“举例验证猜想”时应该遵循的规则？张老师的尝试与表达无疑是对传统教学的一种突破。“举例”不应只追求简约，例子的多元化、特殊性恰恰是结论准确和完整的前提，是科学思想的启蒙，是研究方法的历练，更是理性精神的唤醒!

“带领儿童在思维世界里奔跑”

由于数学并非对客观事物或现象量性特点的直接研究，而是通过相对独立的“模式”的建构，因而它有重要的思维训练功能，对于创造性思维的发展尤其具有重要意义。"数学是思维的体操"，这是不容置疑的共识。

齐华的数学课堂里，关注学生思维发展、培养学生数学思考的足迹随处可见。

在2006年展示的《认识整万数》一课中，张老师给我们又带来了新的尝试。

在学生用三颗珠子，拨出3、30、300、3000后。

师：看来，同样的三颗珠子，拨在不同的数位上，表示的数的大小也不同。既然大家已经找到规律，猜猜看，第五个数该拨谁了？

生：三万。

师：(屏幕呈现30000)30000是一个较大的数，看看这个数，再看看你手中的计数器，你能想办法拨出这个数吗？

生：能。

生：不能。

师：瞧，出现不同的声音了！认为能的同学，先来说说你们的想法。

生：可以在千位上拨30颗珠子。因为10个千是一万，30个千就是三万。

结合他的回答，教师利用课件的交互功能，随机在屏幕上呈现下图。由于珠子远远超出9颗，反对的同学发出一片欷歔声。

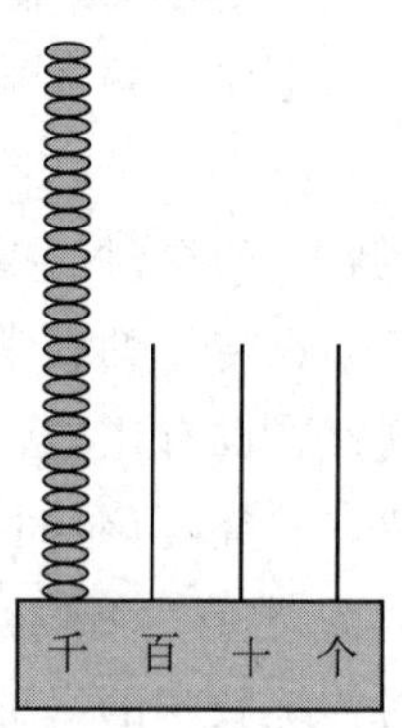

师：听起来好像有不同的想法，谁来说说？

生：我觉得不能这样拨，计数器每个数位上最多只有9颗珠子，哪来30颗珠子？

生：我有补充，在计数器上拨珠，满十就得进一，更不要说满三十了。

师：那你们觉得，拨不出三万是因为珠子不够吗？

生：不对，是数位不够。

师：（随机询问同桌的两位同学）你的计数器有几个数位？（四个）你的呢？（也是四个）不过，如果老师允许同桌俩合作，看看哪些小组能想出巧妙的方法拨出三万这个数。

学生稍作思考，随后兴奋地投入到数学活动中来。

师：谁来说说你们是怎么摆的？

生：我们发现一个计数器只有四个数位，于是把两个计数器合并到一起，并在左边的计数器的个位上拨上 3 颗珠子。

教师随机借助多媒体呈现该生的拨法。（见下图）

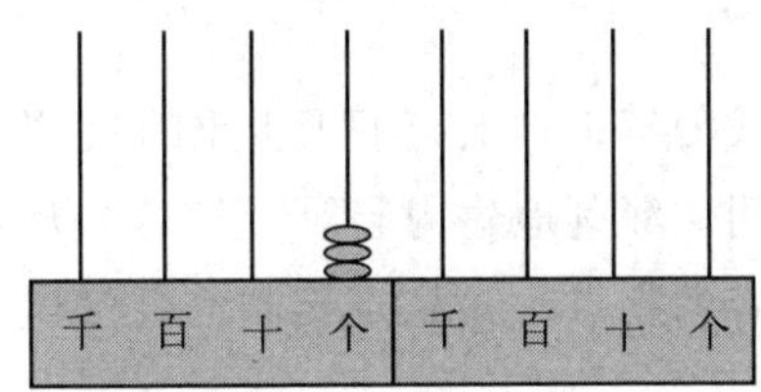

生：我有补充。个位上拨三颗珠子，表示的是三，不是三万。我觉得应该把左边这个计数器上的"个"改成万。

生：因为"千"的左边应该是"万"。

生：改成"万"以后，这一位就成了"万位"，万位上拨三颗珠子，正好是三万。

生：我还有补充，既然这里的"个"改成了"万"，那左边的"十""百""千"也该改一改。

师：说得真好！那你们会改吗？试试看。

同桌俩合作，边讨论，边试着将左边的"十""百""千"改成"十万""百万""千万"。（也有个别小组改动时有误，教师作个别辅导）

学生交流调整结果，教师在屏幕上依次呈现最终结果。

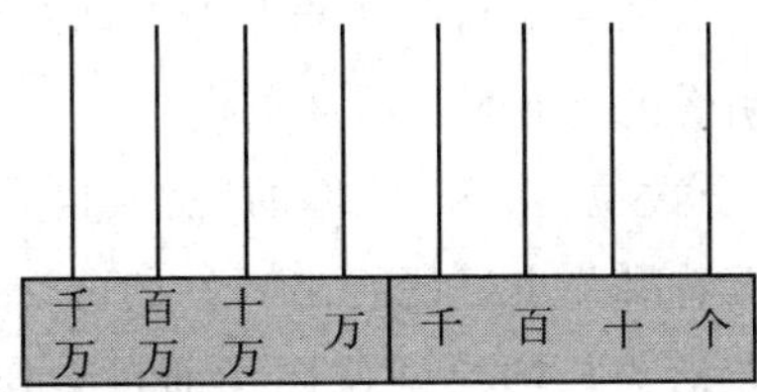

师：可是，有些同学调整时居然没用橡皮，你们知道他们又是怎么调整的吗？

生：他们直接在“十”的后面添上“万”就成了十万，同样，在“百”“千”的后面添上“万”，就成了“百万”“千万”。

生：我就是这样改的，因为我发现原来“十”的位置正好对应着“十万”，所以我就直接添了一个“万”字，“百万”“千万”也一样。

师：这样看来，新增加的计数单位千万、百万、十万、万和原来的四个计数千、百、十、个之间还存在着一一对应的关系呢！

多媒体演示万级四个计数单位与个级四个计数单位之间的一一对应关系。

……

看完这一片断，我的笔记本上记下了重重的“思维”二字。

如何引导学生鲜明、深刻地建构起对“级”这一规定性知识的认识，是《认识整万数》这一内容的拐点，并将直接制约着学生对整万数的意义、读法及写法的掌握。

从3、30、300、3000……拨数的过程，是学生对计数器、计数单位、数位的一次回顾，是他们相关经验储备的唤醒和复苏。可以帮助学生感受“同样的数字在不同的数位上表示的数大小不同”，渗透位值制原理，为后续整万数的学习奠定基石。此时此刻，学生的思维已经起跑，并孕育了充足的后劲。

好的思维是撩拨出来的，而这种撩拨是需要不凡的教育智慧的！这方面，齐华老师深谙此道。

如何在一个只有千位档的计数器上拨出30000？此问对学生的影响，不亚于在做膝跳反射实验时对被试者的刺激。学生的认知平衡被打破，数学思考被引发与激活。

在千位档上拨出30颗珠来表示30000，是学生既有知识的高度整合，可谓“用心良苦”，但随后的一片欷歔声更是学生不安于现状、求变求简的信号，是思维之火被引燃的前奏！

“你的计数器有几个数位？（四个）你的呢？（也是四个）不过，如果老师允许同桌俩合作，看看哪些小组能想出巧妙的方法拨出三万这个数。”此话，引燃了学生的智慧潜力！同桌两位同学通过合作，很快想出“将两个小计数器合并成一个大计数器”，这里不仅仅是一个问题解决（如何拨出三万这个数)的过程，更是学生知识结构的一次“有意味”的拓展：“4＋4”的拼合过程，恰恰以一种直观、形象的方式构造出了“级”的雏形，为学生随后进一步感悟并理解“分级计数”的数学模型奠定基础。

随后的教学更是“思”味十足。拼成的新计数器中，右起第五个计数单位“个”为什么要改成“万”？相应的“十”“百”“千”又该作怎样的调整？为什么有些学生在调整计数单位时连橡皮都没用？这当中又蕴涵着怎样的一一对应的数学规律？这一规律与分级计数又有着怎样的内在关联……课堂中，对每一个问题的追问与慎思，事实上都促发了学生更深层面的数学思考，而关于计数单位、数位、级、分级计数等一系列的数学知识、方法、思想等，恰是在思考的过程中得以建构与生成的。

数学课要有“数学味”，而这种所谓的“数学味”，就是要展示数学最本质的一面，让学生经历观察、分析、猜测、实验、判断、调整、优化等一系列数学思维活动，让隐含于一切教学内容背后的数学思考、数学观念和数学内涵充分激活，为学生所触及、所分享，成为数学文化的现实力量。齐华的课堂正做着这方面的探索和努力。

记下上述内容后我陷入了沉思之中，为什么刚过而立之年的齐华老师，其课堂教学就已风靡大江南北？教育教学的思考和实践成果屡屡见诸《人民教育》等权威期刊？就已被众多的同行朋友誉为“数学王子”？

或许从尼采先生这番论述中可以找到些缘由。

尼采认为：通向智慧之路有三条必经阶段，先是“合群时期”，崇敬、顺从，仿效随便那个比自己强的人；继而进入“沙漠时期”，束缚最牢固的时候，崇敬之心破碎了，自由的精神茁壮成长，一无牵挂，重估一切价值；最终走向“创造时期”，在否定的基础上重新进行肯定。

我想，齐华老师想必已经进入了他通往智慧之路的“沙漠时期”阶段吧！

居高身自远

——张齐华数学教学的文化解读

祝鲲鹏

什么是文化？大学时读文化史课程的时候，老师这样告诉我们：从广

义上说，文化几乎无所不包，人类后天习得的物质的、制度的、精神的东西都可以文化称之，从狭义的角度出发，可以将文化视为一种社会成员习得的并为全体成员所共享的规范、价值观念、思想观念和行为方式的整合体。什么是文化课堂？我个人的理解是文化课堂是发生在课堂教学过程中的规范、价值观念、思想观念和行为方式的整合体。显然，我们这里所探讨的是狭义的文化。

文化课堂要求我们的课堂不仅仅是创造知识和传承知识，更应该成为“点染性灵，润泽生命”的场所，成为学生追求理想和人生抱负的途径。文化课堂的终极目的，是推动学生文明的进步，是为了使学生能够得到真正意义上的全面发展，使学生美好的信念和情感得到充分的张扬。一句话，是为了满足学生永恒的需要。教育总是把人类的未来作为自己的建设对象，充满了对人类命运的终极关怀，充满了对自己民族、对社会、对整个世界的责任意识和使命意识。我以为“知识课堂谓之器，文化课堂谓之道”，文化课堂应该凸显出教育的精神本质：卓越的审美意识，执著的价值追求，坚定的理想信念，崇高的神圣使命。

文化课堂的这些特征让我们教育者感受到沉甸甸的分量，因为教育担任着承传文化的历史使命，而作为教育的主要阵地的课堂，更应该成为文化传承的中心场所。但是，随着科学的迅猛发展，学科分类愈加细密，很多教育者已经只停留在器物层面的技艺传授上，而文化更深层的精神内涵和文化熏陶，在课堂中已逐渐势微。更多的教师以为没有广阔的文化背景和深厚的文化修养，只能成为一个只关注学科自身特点的、只关注学科知识传授而忽略精神濡染和心灵对话的“授业之师”。并且这样的趋势还有愈演愈烈之势。

但学科教学与文化的最本真、最原始的关系又是怎样的呢？应该说任何学科与文化都是密不可分的，没有超脱文化之外的学科，也没有离开学科的文化。因为虽然学科的分类日趋细密，但是无论怎样分，任何学科都是脱胎于整个人类分化的母体，它的文化属性永远不会磨灭。“不畏浮云遮望眼，只缘身在最高层”，教育者只有站在学科知识的源头，胸怀整个学科的发展过程，把握教育的根本目的，才能够把学科教育放在整个人类文化的大背景中加以关照。这应该是一种“大眼界、大胸怀、大学识”。

以下，我想从文化的三个层面(物质、制度、精神)来谈谈我对张齐华老师这一节数学课的认识：

首先是物质文化层面，可能许多人会认为，张老师的这节数学课怎么能和物质文化扯上关系呢？而我觉得，在物质文化层面，张老师给我最深刻的感受就是善于利用学具，放手让学生在创作的过程中探索、发现。我听了张老师两节课，在这两节课上，张老师都在课前给每小组的学生准备了一些学具，看似简单，实则意义深远，这些简单的东西在整个的学习过程中成为学生用以探索和发现“真理”的利器。在《轴对称图形》一课中，张老师为同学们准备的学具中有绘画用的颜料，这让我感到很惊奇，我一时无法想明白这件东西给教学内容有什么关系，直到张老师让学生利用手边的学具自己制作轴对称图形时，一些学生经过思考、讨论发现用颜料在纸上画的内容经过对折印在另一半纸上，也构成轴对称图形时，我才和学生们一样恍然大悟。我不禁为张老师的设计暗暗叫绝，也为孩子们的智慧和动手能力击掌叫好。教师对学具的构思和学生对学具的创作，难道不是这节课在物质文化层面的一种很好体现吗？除此而外，张老师的多媒体课件也给我留下了深刻的印象：简约而又实用，自然而又唯美。展现在学生面前的画面是物质的，但谁能否认这其中所蕴涵的文化意义呢？由此，我斗胆将张老师的课堂和物质文化联系起来。

其次是制度文化层面：对于课堂而言，制度就是方法，就是教师采用什么样的策略引导学生学习。在张老师的课堂上，我们可以非常清晰地感受到新课程理念中自主、合作、探究学习的痕迹。在学习的过程中，师生、生生的对话，师生、生生的操作，师生、生生的质疑、辨析占据了整个课堂的绝大部分时间，而这一切又都显得那么自然，那么和谐，没有一点斧凿雕琢的痕迹，这就是一种方法，更是一种境界。学生以自己个性化的方式，度过了一段时间，这就是体验。“纸上得来终觉浅，绝知此事要躬行”，这样的体验对于学生来说是难以忘怀的。在这种方法之下，学生思维高度活跃，并且对自己的理性思考可以立即付诸实践的验证，试问这样的活动所产生的效率怎能不高，效果怎能不优？在这个层面，张老师还有一点给我留下了极其深刻的印象，那就是善于联系生活。“学以致用”在张老师的课堂得到了最直接的体现，从导入到结束，生活无时不表现在课堂的每一个环节中，无论是张老师自己选取的素材，还是学生们自己发现的内容，无不和生活紧密联系，书本上的知识都走进了生活，还原于生活，学生当然是兴趣盎然，津津有味。这就是我所谈的这堂课的制度文化。

再次也是当下绝大部分课堂所欠缺的精神文化层面：我个人认为，在张老师的这堂课中，精神文化主要体现在这样几个方面：首先是学科文化，在这堂课上，我们可以发现，张老师不仅传授了数学知识，而且让学生简单的了解了这一知识的历史渊源，体会到数学文化的博大精神，从学生惊奇的神情中我分明感受到他们精神深处的震撼。还有就是审美文化，数字的枯燥和知识本身的乏味在张老师的这堂课上小时的无影无踪，从大自然的杰作，到人类的建筑，从古朴的太极八卦图，到充满现代气息的可口可乐标志，从传统的中国结到尖端的电磁波，无不让学生感受到自然的美，智慧的美，传统的美，现代的美，生活的美。这些通过课堂而留存于学生脑海中的印记将最终沉淀为学生对美的感受和体验，最终沉淀为学生审美观念的重要部分。另外还有交际文化，即教师和学生的交流，张老师的语言极具亲和力，形成了一种平等、宽松、和谐的对话氛围，让学生们感受到教师的人格魅力，因此，在整个学习过程中，学生的发言、讨论甚至是争辩，都是那样的有理有节，温文尔雅，体现了学生的文明素质，虽然不能完全归功于这堂课，但张老师的言传身教无疑起到关键性的作用。同时渗透民族文化，从对两千年前古人在这一知识上的重大成就的介绍让学生感受到我们祖先的聪明，让学生从内心深处生发出强烈的民族自豪感和荣誉感，最后生成了学生对民族的热爱之情。

我个人觉得，张老师的这堂课是文化课堂的杰出代表。它扎根于学科教育而有超越了学科教育，它立足于课堂而又走出了课堂，这堂课所涵盖的信息和内容已经远非一节单纯的数学课所能承载。杜威先生有一句名言：每走出课堂一步，就意味着对学科的超越，选择了一种教育，就选择了一种生活。难道这不是对张老师这堂课最鲜活的注解吗？

由张老师的课想到张老师的人，由张老师想到了所有的老师，当新课程的大旗在改革的春风中猎猎作响的时候，我们——教师应该如何让自己的课堂更有文化的味道，更有精神的传承？如何重建文化课堂？如果我们顺着这个问题追溯到原点，答案只能是一个：做一个有文化的教师。文化是人创造出来的，文化课堂是教师创造出来的，重建文化课堂应该从重建我们的教师开始，我以为，一个文化的教师应该努力锻造自己的以下素质：

(一)由衷而又终极的关爱情怀

传统意义上的师爱，是非平等的，非双方自愿的，有强加之嫌，具有施舍倾向和功利色彩。教师居高临下的爱，常常“为了学生好”却“不讨学生好”；一些教师急于求成，甚至演出了一幕幕“爱”的悲剧。

教师的爱，应该是一种由衷的，发自心灵深处的，这是一种情怀，一种更高的境界；是对“人”的尊重，对“人”的珍视，对“人”的终极关怀。这种博大的爱，至少要具备三个要义：一是同情，对弱小者，落后者，不幸者的同情；但这种同情又不是简单意义上的怜悯，而是一种理解。二是宽容，对幼稚的原谅，对错误的包容，对冒犯的宽恕。三是赞赏，由衷地赞赏每一个儿童，相信每个儿童都是可造之才，挖掘他们身上的闪光点，珍视他们的体验，感悟，潜能，智慧，鼓励他们一次次微小的进步。

（二）广博而又丰腴的文化底蕴

教师的文化根底不仅要“渊”要“深”，更应强调“博”和“广”：一是要成为杂家。广收并蓄，对人类文化的各个领域，各个层面都要有所涉猎，熟谙诸子百家，略通天文地理，总之要有一定的文化自觉综合力。二要丰腴。要广泛猎取，并消化吸收，长成自己身上的人文血肉。使之面对学生能得心应手，举一反三，旁征博引，左右逢源，而授予学生的东西，也是教师自己人文思想的独特理解和感悟。为了改变课程缺乏整合的现状，教师不仅要广收博采，而且更要“整合”，自成一家，形成自己对生命，对历史，对社会的独特理解、感悟、观点和信念。

（三）敏锐而又深刻的时代感悟

教师的时代感悟，首先表现为一种积极感受时代气息的精神状态。凡是现实生活，当代社会的各个领域，各个层面，都应是教师视野所及。

教师的时代感悟，更应是一种悟性。感受各方面的信息，更要悟有所得，所得才是特有的，个性化的，它包括深刻的洞察和体验，反思和批判，感悟和思考，有理的启迪，情的激荡，美的浸染，从而不断提升自己的智慧和灵性。教师的审美文化品位，应该是智慧而又优雅高尚的。智慧，让学生感受到恬静和陶醉；优雅高尚，让学生崇敬而向往。这种审美文化品位成为了一种氛围，一种力量，一种磁场，体现了教师的仪表，言谈，举止，体现在教学内容的呈现，教学手段的选用，教学程序的设计上。以美激情，以美发辞，以美育德，以美立人。通过富有美感的教育过程，起到“润物细无声”的效果。实现对学生情感以智慧的滋养和润泽。

（四）独特而又鲜明的个性魅力

教师积极而又多彩的生活情趣，可以展现他独特而又鲜明的个性。这种独特性，应渗透于教育的全过程；对教材独特的感悟，对教学素材独特的呈现方式，对学生反应独特的处置方法，形成了独具风格的教育艺术。个性的鲜明性，将使教师的教学具有特色。它将让学生看到有血有肉的人师，它将潜移默化地熏陶和感染学生，让他们形成对生命的理解，对生活的感悟，对人生的信念。

教师的独特而鲜明、准确而优美的语言是沟通师生之间的一个重要桥梁。教育是一门科学，也是一门艺术，教师的语言也应当是艺术化的，是表意准确而且形象鲜明的，是善于运用语言来创造鲜明的形象，架好学生形象思维向抽象思维过渡这一桥梁的。艺术化的语言将形成一种教学的风格，感染学生，震撼学生。

有了这几个方面的修养，才有可能形成像张老师一样的文化课堂。

最后我想：有文化的教育意味着追求无限广阔的精神生活，追求人类永恒的终极价值：智慧、美、真、公正、自由、希望和爱以及建立与此有关的信仰，真正的教育理应成为负载人类终极关怀的有信仰的教育，它的使命是给予并塑造学生的终极价值，使他们成为有灵魂有信仰的人，而不只是热爱学习和具有特长的准职业者。我们每一位教师都应该向张老师一样，做勤读书，善思考的文化教师。